한국 사회학의
지성사

3

비판사회학의 계보학

한국 사회학의
지성사

3

비판사회학의 계보학

Genealogy of Critical Sociology in Korea

정수복 지음

푸른역사

사회학의 새로운 미래와
미래의 새로운 사회를 꿈꾸는 모든 사람들에게

일러두기

1. 이 책의 고유명사 표기는 국립국어원 외래어 표기법을 따랐다. 예를 들어 'Karl Marx'는 '카를 마르크스'로, 'Émile Durkheim'은 '에밀 뒤르켐'으로 적었다. 단, 직접인용문의 경우 원 인용문 표기를 그대로 살렸다.
2. 이 책의 참고문헌은 부별로 정리하였다.

《한국 사회학의 지성사》 1~4권은 한국사회학회와 포스텍 융합문명연구원의 출판 지원을 받아 출간되었다.

책을 펴내며

인간이 사는 사회는 주류에 의해 질서가 유지되고 비주류에 의해 변화가 일어난다. 사회학계에도 주류와 비주류가 있다.[1] 주류 사회학은 학계의 구성원인 동료 사회학자를 주요 청중으로 삼아 전문적인 학술 지식을 생산하는 전문가 중심의 사회학professional sociology이다.[2] 주류 사회학자들은 상아탑 안에 머물면서 이론적 관점에서 양적 자료를 수집

---

[1] 주류를 '정통orthodoxy', 비주류를 '이단heterodoxy'이라고 부르고 있는 Craig Calhoun and Jonathan VanAntwerpen, "Orthodoxy, Heterodoxy, and Hierarchy: 'mainstream' Sociology and Its Challengers", Craig Calhoun ed., *Sociology in America: A History*(Chicago: University of Chicago Press, 2007), pp. 367~410 참조.

[2] 주류와 비주류 사회학의 구별을 마이클 뷰러웨이의 틀을 활용하여 설명하자면 주류는 전문사회학과 정책사회학을 포괄하고 비주류는 비판사회학과 공공사회학을 포함한다. Michael Burawoy, "For Public Sociology", *American Sociological Review*, Vol. 70, No. 1, 2005, pp. 4~28.

하고 그것을 통계분석으로 가공하여 사회학적 지식을 구성한다. 때로 그런 지식을 근거로 공적인 정책 형성에 관여하기도 한다. 그때 주류 사회학은 정책사회학policy sociology이 된다. 정책사회학이 이미 위에서 결정된 정책에 학문적 정당성을 제공하는 역할policy based evidence-making을 하지 않고 사회학적으로 분석된 객관적 자료를 바탕으로 합리적 정책 형성evidence based policy-making에 기여한다면 나름 중요한 역할을 하는 것이다.[3]

그러나 주류 사회학이 전제하는 존재론적·이론적·이념적·방법론적 가정은 영구불변의 객관적 진리가 아니다. 학문의 발전을 위해서는 그런 전제들을 상대화하고 성찰하고 비판하고 재구성하려는 노력이 필요하다. 비주류 사회학으로서의 비판사회학critical sociology은 그런 성찰성에서 시작된다. 다시 말해 비판사회학은 성찰 사회학reflexive sociology이기도 하다. 의문을 제기하고 도전하는 세력으로서의 비판사회학은 사회질서를 유지하는 이데올로기에 문제를 제기하고 지금과는 다른 사회적 권력관계를 만들기 위한 지식 창출을 목표로 한다. 비판사회학이 사회를 구성하는 일반 시민들이 제기하는 문제를 공적 의제로 만들고 연구자로서 그들과 함께 문제를 해결하는 데 기여하는 지식을 창출할 때 공공사회학public sociology이 된다. 주류 사회학이 전문가 중심의 사회학과 정책사회학의 성격을 갖는다면 비판사회학은 성찰 사회학과 공공사회학이라는 두 측면을 갖는다. 주류 사회학의 진리 주장을 상대화하

---

3 이 영어 표현은 2019년 9월 29일 이화여대에서 열린 한국 사회학회 행사에서 〈교육과 사회이동〉이라는 주제로 발표한 정인관(숭실대)에게서 빌려온 것이다.

고 밑으로부터 제기된 문제를 공적인 의제로 만들어 사회 구성원 다수가 동의하는 방식으로 해결해나가는 데 기여하는 지식의 창출이야말로 비판사회학의 근본 임무이다.

이런 점에서 비판사회학의 부흥을 위해서는 주류 사회학의 실증주의적 방법론과 통계학적 분석이 안고 있는 인식론적 한계를 밝히고 그에 맞서는 대안적 인식론과 방법론을 마련해야 한다. 그런 기초 위에서 양적 자료와 질적 자료를 종합하고 연구자로서의 자율성을 잃지 않는 범위 안에서 현장의 목소리를 존중하는 대안적 연구방법을 발전시켜야 한다. 그러기 위해서는 존재론과 인식론을 중심으로 '사회과학의 철학'에 관심을 기울여야 하며, 사회사를 중심으로 역사학과 대화해야 하며 일반 시민들과 소통하는 일에도 관심을 기울여야 할 것이다.

이 책은 총 네 권으로 구성된 《한국 사회학의 지성사》 3권이다. 1권 《한국 사회학과 세계 사회학》은 한국 사회학 전체 역사를 통사로 서술하고 세계 사회학의 역사 속에 넣어 조망했다. 2권 《아카데믹 사회학의 계보학》은 주류 아카데믹 사회학의 형성 과정을 다루었다. 3권 《비판 사회학의 계보학》은 비주류 비판사회학의 계보를 다룬다. 4권 《역사사회학의 계보학》에서는 비주류 역사사회학의 계보를 구성할 것이다.

한국에서 공식적인 사회학 연구는 미 군정 시기였던 1946년 서울대학교 문리과대학에 국내 최초의 사회학과가 만들어지면서 시작되었다. 한국전쟁 종전 이후 본격적으로 시작된 한국 사회학은 제2차 세계대전 후 세계 사회학계의 중심이 된 미국 사회학을 자연스럽게 수용했다. 그러나 1960년대에 들어서 이효재, 김진균 등 몇몇 비판적 사회학자들에 의해 미국 사회학의 무비판적 수용에 대한 문제 제기가 시작되

책을 펴내며

었다. 그것은 한국의 역사적 현실에 뿌리내리는 주체적이고 자율적인 사회학을 만들기 위한 긴 여정의 출발점이 되었다.

거기에는 한국의 역사와 문화 속에 들어 있는 고유한 경험과 특성을 살리려는 민족주의적 열정과 위로부터 사회를 이끄는 권위주의를 비판하고 밑으로부터 올라오는 절실한 요구를 반영하려는 민주적 의식이 깃들어 있었다. 1970년대 유신체제하에서 그런 씨앗이 발아하여 한국의 비판사회학이 자라기 시작했다.

1970년대 후반 한완상의 '민중사회학'과 이효재의 '분단시대의 사회학'으로 표출된 한국의 비판사회학은 1980년대 광주항쟁 이후 급진화하는 양상을 보였다. 자본주의 체제가 제 모습을 갖추고 노동 문제가 등장하자 민주화를 주장하던 학생운동 세력은 노동계급을 자본주의의 모순 해결을 위한 주체로 설정하고 '노학연대'라는 이름으로 학생운동과 노동운동의 결합을 추구했다. 사회운동의 일각에서는 민족의 통일을 최우선적 과제로 설정하는 이른바 '주사파'가 등장하기도 했다.

그런 상황에서 민중·민족·민주를 지향하는 진보사회학이 태동했고 김진균은 그런 흐름을 대표했다. 이 책은 미국의 표준사회학conventional sociology을 준거로 삼는 한국의 주류 사회학에 반기를 든 이효재, 한완상, 김진균 세 사람의 삶과 사회학에 관한 이야기이다. 그들이 어떤 문제의식에서 주류 사회학을 벗어나게 되었으며 어떤 상황에서 비판사회학으로 나아가게 되었는가를 개인적 삶, 정치·사회적 맥락, 학계의 상황을 배경으로 삼아 밝혀보는 작업이다.

오늘날 한국 사회학계에서 비판사회학은 한국비판사회학회Critical Sociological Association of Korea라는 학술조직을 중심으로 모인 학자들이 한국 사회에 대한 진보적이고 개혁적인 의제를 설정하고 사회적 약자의 정치적·사회경제적 이해를 학문적·실천적으로 대변하는 사회학적 경향으로 이해된다. 1984년 "한국 사회과학의 비판적 혁신과 진보적 연구를 통한 사회변화를 표방하며 만들어진 한국산업사회연구회"가 한국 비판사회학을 대표하는 학술조직임은 자명한 사실이다. 그러나 한국 비판사회학의 역사적 뿌리를 1984년에 결성된 산업사회연구회에 한정시키는 것은 비판사회학의 역사를 축소하는 결과를 초래한다.

산업사회학회 결성 이전에 주류 사회학을 비판하고 비판사회학의 길을 모색한 지적 노력을 조명하여 한국 비판사회학의 형성 과정을 총체적으로 이해할 필요가 있다. 그런 의미에서 이 책에서는 일찍부터 주류 사회학을 비판하고 비판사회학의 길을 추구한 이효재, 한완상, 김진균의 삶과 학문을 다룬다. 이 책은 세 명의 사회학자가 어떤 시대적 상황에서 어떤 삶을 살았고 어떤 연구업적을 남겼는가를 이야기한다. 먼저 학자들의 생애를 재구성하면서 그들의 문제의식과 내면세계를 살펴보려고 했다. 다음에는 그들이 출판한 논문과 저서 전체를 대상으로 학문적 업적을 정리했으며, 마지막으로 후학들이 그들의 학문적 유산을 비판적으로 계승하기 위한 방향을 제시했다. 그런 순서로 그들이 이룬 학문 세계를 그들이 살았던 시대적 배경과 사회학계라는 학술장academic field의 사회적 조건social condition 속에서 이해하려고 했다.

무슨 일에서나 그렇듯이 처음 하는 일에는 실수와 오류가 있게 마련이다. 한국 비판사회학의 계보를 밝힌 이 책에도 크고 작은 오류가 있을 것이다. 그 책임은 전적으로 저자에게 있다. 눈 밝은 독자들의 지적은 개정판에서 바로잡고자 한다. 앞으로 이 책에서 밝힌 한국 비판사회학의 계보를 발판으로 삼아 누군가 1980년대 이후 오늘날까지 계속되고 있는 한국 비판사회학의 역사 전체를 체계적으로 조망하는 저서를 출간할 수 있기를 기대한다. 그것은 아마도 1960년대에 태어나 1980년대에 학창시절을 경험한 세대의 사회학자들에 의해 이루어질 것이다. 이 책이 그런 연구를 자극할 수 있기를 바란다.

2021년 5월 5일
인왕산 자락 청운산방에서
정수복

2부

한완상의
민중사회학

3부

김진균의
민중·민족사회학

부록

대중과 소통하며
'응답하는 사회학'

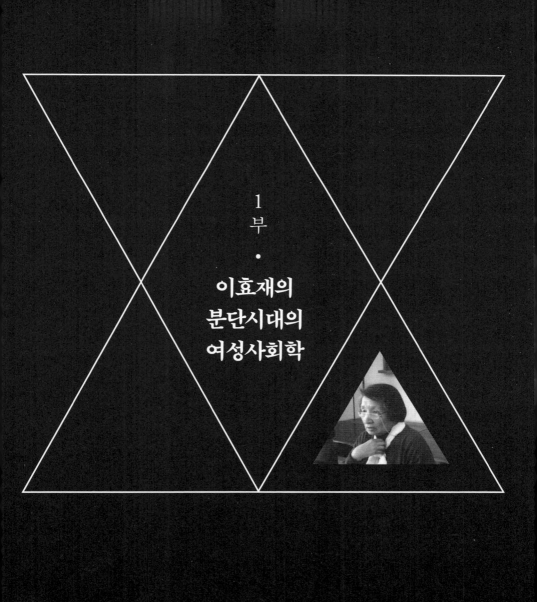

1부
•
이효재의
분단시대의
여성사회학

1.

이효재의
비판사회학

인류의 역사는 남성들의 역사History였다. 학문의 역사도 마찬가지였고 사회학의 역사도 그러했다. 콩트와 스펜서, 마르크스와 토크빌, 베버와 뒤르켐 등 고전사회학자들은 모두 남성이었다. 그러나 사회과학과 사회학의 초창기에 독창적인 생각을 펼친 여성들이 있었다. 여성들의 역사Herstory는 남성들이 드리운 그늘에 가려져 알려지지 않았을 뿐이다.[1]

---

[1] 서양 사회과학의 역사에서 묻혀 있던 여성 이론가들을 발굴해서 정리하고 소개하고 있는 캐나다 사회학자 린 맥도널드의 다음과 같은 저서와 논문을 참조할 것. Lynn McDonald, *Women Theorists on Society and Politics*(Waterloo, Ontario, Canada: Wilfrid Laurier University Press, 1998); "Classical Social Theory with the Women Founders Included", Charles Camic ed., *Reclaiming the Sociological Classics: The State of Scholarship*(Malden and Oxford: Blackwell, 1997); *The Women Founders of Social Sciences*(Ottawa: Carlton University Press, 1994). 페미니즘과 현대 사회학 이론에 대해서는 Ruth Wallace ed., *Feminism and Sociological Theory*(Newbury Park, CA.: Sage, 1989)

한국 사회학의 역사에서 이효재는 여성으로서 동시대 남성 사회학자들과 구별되는 독특한 학문적 업적을 남겼다. 이효재는 해방 직후 미국 유학을 통해 사회학에 입문했지만 점차 미국 주류 사회학의 패러다임에서 벗어나 독자적 패러다임을 추구한 실천적 비판사회학자였다.

아카데믹 사회학이 가치중립을 내세우며 있는 그대로의 사회를 객관적으로 설명하는 연구에 주력하는 반면 비판사회학은 바람직한 가치를 설정하고 그에 따라 현실의 문제점을 드러내며 그 문제를 해결할 행위주체의 형성과 문제 해결의 방법을 모색한다.[2] 불평등한 사회적 관계에 관심을 기울이는 비판사회학은 사회적 약자의 입장에 서서 사회적 관계를 평등하고 민주적인 관계로 만들기 위해 노력한다.[3]

1970년대 이후 형성된 한국의 비판사회학은 민주주의와 민족주의와 민중주의라는 가치를 내세웠고 정치적 억압, 경제적 불평등, 사회적 소외, 문화적 가부장제, 분단의 지속 등을 해결해야 할 문제로 제시했으며 민중, 노동자, 농민, 여성, 청년, 지식인 등을 문제 해결의 주체로 설

참조.

2 뷰러웨이는 학계 내부의 성찰적 사회학을 '비판사회학critical sociology'이라고 불렀고 학계 밖의 일반 대중을 대상으로 성찰적 사회학을 '공공사회학public sociology'이라고 이름 붙였는데 이 글에서 말하는 비판사회학은 뷰러웨이가 구분한 '비판사회학'과 '공공사회학' 양자를 포괄하는 넓은 의미에서의 비판사회학이다. Michael Burowoy, "For Public Sociology", *American Sociological Review* Vol. 70, No. 1, 2005, pp. 4~28.

3 억압적인 체제하에서 비판사회학자는 해직, 구속, 고문, 추방의 대상이 된다. 1970년대 라틴아메리카의 비판사회학자들, 1980년대 남아공의 비판사회학자들과 한완상, 이효재, 김진균 등 한국의 비판사회학자들이 그 보기이다.

정했다. 흔히 비판사회학을 대표하는 학자로 한완상과 김진균을 떠올리지만 이효재의 독특한 위치에 주목할 필요가 있다.

이효재는 한완상과 김진균의 스승인 이만갑과 이해영 세대에 속한다. 한완상과 김진균은 이효재가 1957년 미국에서 귀국한 직후 서울대학교에서 개설한 사회심리학 강의를 듣기도 했다.[4] 이효재가 비판사회학자로서 본격적으로 활동한 시기는 1970년대이지만 이미 1960년대 중반부터 미국 주류 사회학의 이론과 방법론을 한국 사회에 무비판적으로 적용하는 작업에 대해 비판적 입장을 취했다. 특히 비판사회학과 여성학을 결합시켰다는 점에서 이효재는 한국 '비판사회학의 어머니'라고 부를 수 있다.[5]

이효재의 삶은 일제강점기와 해방 공간, 한국전쟁과 분단의 고착, 4·19혁명과 5·16쿠데타, 유신독재와 광주항쟁, 민주화와 외환위기로

---

4 훗날 한완상과 김진균은 이효재를 예우했다. 한완상은 저자와의 인터뷰에서 자신이 1993년 통일부총리가 되었을 때 이효재를 통일원 고문으로 추대했다고 증언했고, 김진균은 1980년대 초 해직교수 시절 해직교수협의회를 만들어 함께 활동하면서 이효재와 사회학적 관심을 공유했다. 김진균, 《불나비처럼》, 문화과학사, 2005, 36쪽과 41쪽.

5 미국 사회학의 '어머니들'에 대해서는 Patricia Madoo Lengerman and Gillan Niebrugge, *The Women Founders: Sociology and Social Theory, 1830~1930*(New York: Mcgraw Hill, 1997) 참조. 이효재의 제자 이재경에 따르면 이효재의 여성사회학은 기존의 패러다임—가부장제든 남성 중심적 학문이든—에 대한 도전이라는 의미에서 한국 비판사회학의 시작이라고 볼 수 있다. 한완상의 민중사회학은 비주류의 관점이라는 차원에서는 이효재의 사회학과 유사하지만 여성사회학처럼 패러다임의 전환을 꾀하지 않는다는 점에서 다르다.

이어지는 20세기 한국 역사 속에서 전개되었다. 그의 사회학은 이런 역사적 상황에 대한 지적 대응이었다. 일찍이 1948년 미국 유학길에 올라 1957년에 귀국한 후 이효재는 농촌과 도시 가족을 주제로 하는 조사 연구에 참여했다. 그러나 1960년대 중반 한국 사회의 심층을 파고들지 못하는 조사 연구의 피상적 성격에 불만을 갖게 되었다. 그러다가 1970년대와 1980년대 권위주의 체제를 거치면서 이효재의 사회학은 가부장제의 철폐, 민주화, 그리고 분단체제의 극복이라는 이념적 지향과 실천적 목표를 가진 비판사회학으로 바뀌었다.

이효재는 가치중립을 내세우는 실증주의 사회학을 거부하고 민주주의, 분단 극복, 여성해방이라는 가치를 적극적으로 실천하는 비판사회학의 지형 안에서 한국 여성과 가족에 대한 연구를 지향했다.[6] 앎과 삶, 학문과 실천의 일치를 추구한 이효재는 민주화운동, 여성 노동운동, 생활협동조합운동, 가족법 개정운동, 일본군 '위안부' 진상규명운동, 남북 여성연대운동, 지역문화운동 등 여러 실천 영역에 적극적으로 개입했다. 팔순에 즈음하여 그는 자신이 추구한 학문의 의미를 이렇게 밝혔다.

나에게 한국 사회학은 민주화를 통한 통일에의 역사발전을 이룩하기 위한 사회발전의 이론과 실천 방법을 모색하는 학문이었다.[7]

---

6 이재경, 〈이효재의 여성·가족사회학〉, 한국가족문화원 10주년 기념 학술대회 발표문, 2004, 1쪽.
7 이효재, 《조선조 가족과 사회—신분상승과 가부장제 문화》, 한울, 2003, 10쪽.

크게 봤을 때 이효재의 사회학은 실증주의 가족사회학 연구에서 분단시대의 가족사회학, 분단시대의 여성학으로 변화를 겪었다. 한국 사회의 분단과 산업화 과정에서 가부장제 가족과 여성 문제에 관심을 기울였고 한국 가족의 사회사와 여성 노동자의 역사를 여성 주체적 시각에서 다시 쓰기도 했다.[8] 이효재의 사회학은 우리 사회가 겪은 역사적 체험의 맥락에서 문제의식을 도출하고 경험적 연구를 축적하여 이를 토대로 사회적 실천의 길을 모색한 한국 비판사회학의 한 줄기를 이루었다.

---

8 강인순, 〈이효재와 분단시대의 사회학〉, 《한국 사회학》 50집 4호, 2016, 19쪽.

2.

이효재의
비판의식 형성 과정

가족사회학자 이효재가 볼 때 "가족은 사회조직의 가장 원초적 집단으로서 개인이 나서 자라며 그의 인격이 형성되는 보금자리다. 가족 속에서 자아 중심적인 어린이들이 한 공동체 속으로 연결 지어지며 개인의 한계를 초월한 사회적 인간으로 만들어지는 시련장이기도 하다."[9] 그렇다면 이효재는 어떤 가족에서 태어나 어떤 사회적 인간으로 성장했는가?

이효재는 1924년 마산에서 아버지 이약신과 어머니 이옥경 사이에서 5녀 1남 가운데 둘째 딸로 태어났다.[10] 평북 정주 출신의 아버지는 목사였고 어머니는 마산의 사업가 집안의 딸이었다. 친가와 외가 모두

9   이효재, 《가족과 사회》, 진명출판사, 1979, 3쪽.
10 여성운동가로서의 이효재의 삶을 다룬 읽기 쉬운 평전으로 박정희, 《이이효재, 대한민국 여성운동의 살아있는 역사》, 다산초당, 2019 참조.

기독교 집안이었기에 개화된 분위기에서 딸 아들의 구별 없이 자랐다.[11] 온화한 성격의 아버지는 아이들을 부드럽게 대한 반면 어머니는 자식들을 청교도적 규율을 바탕으로 엄격하게 키웠다.[12] 아버지는 아이들에게 자기 생각을 강요하지 않고, 늘 "너희가 알아서 해라"는 말로 각자 자율적인 인간이 되기를 바랐다.[13] 가족예배 시간에는 늘 우리나라가 일본의 압제로부터 벗어나게 해달라고 기도하며 자랐다.

아버지의 목회 임지를 따라 진주에서 유치원을 다녔고 부산에서 호주 선교사들이 운영하는 초등학교를 졸업했다. 호주 선교사들이 운영하던 여학교가 신사참배를 거부하고 자진 폐교하자 아버지는 딸을 캐나다 선교사들이 만든 원산의 루씨여고로 전학시켰다.[14] 태평양전쟁 시절 이효재는 출전 병사 환송대회나 부상병 위문행사에 동원되기도 했

---

11 이효재의 친가는 할아버지 할머니 때 유교를 버리고 기독교로 개종한 집안이고, 아버지 이약신은 주기철 목사와 오산학교 동기생이었다. 외가도 외할아버지가 일찍 기독교로 개종했다. 그러니까 이효재는 3대째 기독교인이었다. 이재경, 〈여성 구술 생애사로 본 한국의 근대: 분단: 이효재 구술 녹취록〉, 이화여자대학교 '근대와 여성의 기억' 아카이브, 2015, 2쪽과 8쪽.

12 이효재는 기독교적 집안 분위기가 만든 결과를 다음과 같이 쓰기도 했다. "우리 가정의 청교도적인 분위기와 어머니의 민족문화에 대한 편협함으로 우리는 전통문화의 기반에서 뿌리 뽑힌 생활을 했다." 이효재, 《아버지 이약신 목사》, 정우사, 2006, 132쪽.

13 이재경, 〈여성 구술생애사로 본 한국의 근대: 분단: 이효재 구술 녹취록〉, 2015, 10쪽.

14 이 학교의 영어 교사는 훗날 정신대 문제를 제기한 윤정옥의 외삼촌이었는데 1945년 이화여대에 입학하여 윤정옥을 만나 친구가 되었다. 두 사람은 뜻을 모아 일본군 '위안부' 문제를 여성 인권의 차원에서 제기했다.

고 조선의 독립을 원하는 글을 썼다가 처벌을 받기도 했다. 여고시절에는 일본 소설을 멀리하고 이광수의 《마의태자》, 《이차돈의 사》, 김동인의 《젊은 그들》, 《운현궁의 봄》 등 우리말 역사소설을 즐겨 읽었다.

가정교육과 학교교육을 통해 형성된 이효재의 기독교 신앙과 민족의식은 평생 그의 학문적 활동에 방향을 지시하는 등대가 되었다.[15] 이효재의 기독교 신앙은 민족의식과 더불어 여성의식을 갖게 했다. 일제강점기에 대다수 한국인들의 삶은 가족의 생존과 안정을 위한 유교적 관습과 무속적 신앙의 테두리를 벗어나지 못하고 있었다. 그러나 기독교는 양반과 상민, 여성과 남성 사이의 분리와 차별의 벽을 허물고 만민평등의 사상을 가르쳤다. 교회는 "하나님의 형상대로 지음받은 남녀가 그리스도 안에서 평등한 자녀이며 신분의 차별 없이 자유를 누릴 수 있는 공동체"였다.[16]

이효재는 루씨여고를 졸업하고 만주로 갔다. 신사참배를 거부한다는 이유로 일제 경찰의 추적을 받는 아버지와 어머니가 만주로 피신해 있었기 때문이다. 그 무렵 일제는 일본군 '위안부'를 동원하고 있었기 때문에 부모님과 친척들은 이효재에게 결혼을 강권했다. 그러나 딸의 마음속에는 무언가 큰일을 해야겠다는 포부가 있었다. 그래서 가출을 단

---

15 이효재는 일제강점기에 "기독교인으로의 개종은 한국인들에게 바로 새로운 민족국가 건설의 꿈을 이루려는 욕망과 직결되었다"고 보았다. 이효재, 《아버지 이약신 목사》, 정우사, 2006, 29~30쪽. 이효재의 가족사와 기독교 신앙의 형성에 대해서는 이효재·이승희, 〈나의 학문, 나의 인생: 이효재〉, 《역사비평》 24호, 1994, 238~239쪽 참조.

16 이효재, 《한국의 여성운동, 어제와 오늘》, 정우사, 1996, 131쪽.

행했다. 훗날 독신으로 살게 된 특별한 이유가 있느냐는 질문에 이효재
는 이렇게 답했다.

> 특별한 이유가 있었던 것은 아니고, 그저 막연하나마 여학교 교육까지
> 받았으니까 우리 민족의 독립을 위해 뭔가 해야겠다는 생각은 있었어
> 요. 그래서 교육을 더 받아야겠다는 생각이 간절했는데 집안이 어려우
> 니 유학을 갈 수도 없고 열아홉 살 때 여학교를 졸업했는데 그때가 되니
> 정신대 문제가 생겼어요. …… 당시는 가정과 직업의 양립이란 있을 수
> 없고 여자가 혼인한 다음에 진학한다는 것은 상상할 수도 없었으니까,
> 혼인한다는 것은 막다른 종착역이었어요. (부모님의 결혼하라는 말을 들
> 으니까) 꼭 소가 푸줏간 들어가는 기분이더라고요. 그래서 약혼 말이 나
> 오자 친척집으로 도망가 버렸어요.[17]

이효재가 독신 여성으로 꿋꿋하게 자신의 길을 걷게 된 배경에는 고
모 이시애가 있었다. 이시애는 부모를 잃은 후 어린 동생 이약신을 목
사로 키워낸 신여성이었다.[18] 일찍이 세브란스병원 간호과를 졸업한
이시애는 3·1운동 후 만주로 건너가 신흥군관학교 간호장교로 일했

---

17 이효재·이승희, 〈나의 학문, 나의 인생: 이효재〉, 240쪽.
18 이재경, 〈여성 구술생애사로 본 한국의 근대: 분단: 이효재 구술 녹취록〉, 2~3쪽.
    이효재의 지적 지향성을 이해하기 위해서는 식민지 시대 신여성 전반에 걸친 이해
    가 필요하다. 일제강점기 신여성에 대한 연구로 김경일, 《여성의 근대, 근대의 여
    성》, 푸른역사, 2004; 김경일, 《신여성, 개념과 역사》, 푸른역사, 2016; 김수진, 《신
    여성, 근대의 과잉》, 소명출판, 2008 참조.

다. 그 후 귀국해서는 독립운동과 사회봉사를 하며 독신으로 살았다. 이시애의 기독교 신앙, 민족의식, 여성의식은 이효재에게 큰 영향을 미쳤다.[19]

1945년 해방되던 해에 이효재는 이화여전 문과에 입학했다. 1946년 이화여전은 이화여대가 되었다. 그 무렵 이효재의 관심은 문학과 철학에 있었다. 그러던 중 1947년 11월 미 군정청으로부터 여권 수속을 하라는 통지를 받게 된다. 해방 직후 이효재의 아버지 이약신 목사는 마산의 미 군정청에서 종교와 문화 부문을 담당하던 미 군정관이었던 카우치라는 인물의 자문에 응하며 가깝게 지냈다. 어느날 미국에서 편지가 왔다. 앨라배마대학 수학 교수였던 그가 미국으로 돌아간 후 이효재와 이은화 자매를 위해 입학허가서, 왕복 여행경비, 재정보증서를 보내왔던 것이다. 미국 유학을 떠나게 된 당시의 심정을 이효재는 다음과 같이 회고했다.

그야말로 보수적인 기독교 신앙에 사로잡혀서 그저 막연하고 관념적으로 이 나라를 구할 수 있는 길이 뭔가? 여성으로서 내가 할 수 있는 일은 뭔가? 하는 막연한 생각만 갖고 떠났습니다. 몇 년 정도 있겠다는 생각도 물론 없었고, 내가 노처녀라는 생각도 전혀 안 했어요.[20]

미국에 도착하여 장차 조국을 위해 기여하리라는 마음으로 공부하던

---

19 이재경, 〈여성 구술생애사로 본 한국의 근대: 분단: 이효재 구술 녹취록〉, 6쪽.
20 이효재·이승희, 〈나의 학문, 나의 인생: 이효재〉, 241쪽.

중 폐결핵 진단을 받았다. 요양원에서 투병 생활을 하는 중에 한국전쟁이 터졌다. 외국에서 겪은 동족상잔의 비극은 민족 문제를 더 깊이 생각하는 계기가 되었다.[21]

> 미국에 있는 동안 6·25동란이 터졌어요. 그 일도 내게는 민족 문제를 생각하는 계기가 되었어요. …… 연일 신문, 잡지, TV, 영화에서 가난한 피난 행렬, 죽어가는 고아들 …… 전쟁 상황이 보도되는 거예요. 우리 민족으로서 너무 수치스럽고 마음 아픈 일인데 우리 민족의 못난 면만을 이리저리 까발리면서 미국 젊은이들이 한국의 자유와 민주주의를 위해서 얼마나 희생하고 피 흘리는가에만 초점을 맞춰서 내보내는 거예요. 내가 한국을 떠날 때만 해도 통일의 희망이 있었는데 이것을 보고 완전히 민족이 분단됐구나 생각했어요.[22]

이효재는 미래에 대한 불안과 절망 속에서 공부할 의욕을 잃었다. 유학 생활에 회의가 들었다. 그래서 귀국할 생각도 했으나 아버지가 보낸 격려 편지를 읽고 다시 마음을 잡았다. 아버지는 딸에게 "나라와 민족의 장래를 위해 현실에 대한 걱정과 염려보다 학문에 전력하며 하나님의 은총에 대한 굳은 신앙을 잃지 말 것을 당부하셨다. 기독교 신앙을

---

21 이효재는 이렇게 말했다. "나는 유학 중 한국전쟁을 보았습니다. 외국에서 내가 할 수 있는 일은 없었지만 민족 문제에 대한 절실한 인식을 갖게 되었습니다." 임영일, 〈여성해방의 길에 놓인 큰 디딤돌〉, 《사회와 사상》 5호, 1990, 348쪽.

22 이효재·이승희, 〈나의 학문, 나의 인생: 이효재〉, 242쪽.

바탕으로 선진적인 서양 문물을 배우고 전문지식을 얻는 교육을 많이 받아 후진적인 우리 사회를 위해 큰 일꾼이 되라는 당부를 하셨다."[23]

다시 마음을 다잡고 공부를 계속하여 앨라배마대학에서 사회학 전공으로 학사학위를 받았다. 하지만 조사방법과 통계분석 위주의 사회학에 큰 흥미를 느끼지 못했다. 그래서 한국에 돌아가면 기독교 계통에서 일할 생각으로 1953년 버지니아주에 있는 신학교Presbyterian School for Christian Education로 가서 2년 동안 기독교 교육학을 공부했다. 그러다가 시민의식을 가지고 사회 활동을 하는 미국 여성들을 보면서 뜻한 바 있어 1955년 뉴욕의 컬럼비아대학으로 가서 사회학 공부를 계속했다.[24]

종교적인 측면만 가지고는 안 되겠더라구. …… 그러면 내가 다시 사회학을 다시 해야겠다. 사회를 알아야 되고. 여성이 이제 사회활동을 제대로 하게 하려면 사회학을 해야 되겠다는 생각으로.[25]

컬럼비아대학에서 사회학 석사 과정을 이수하면서 사회조사방법과 사회계층론, 근대화와 가족 등의 강의를 들었고 조선조 사회에서의 신

---

23 이효재, 《아버지 이약신 목사》, 정우사, 2006, 205쪽.
24 참고로 1946년 컬럼비아대학 사회학과 조교수로 부임한 밀스C. Wright Mills는 1949년 시카고대학에 방문교수로 갔다가 1950년 다시 컬럼비아대학으로 돌아왔고 이매뉴얼 월러스틴Immanual Wallerstine은 1954년 컬럼비아대학 사회학과에서 "McCarthysism and the Conservative"라는 석사학위 논문을 썼다. 리처드 호프스태터, 유강은 옮김, 《미국의 반지성주의》, 교유서가, 2017, 30쪽.
25 이재경, 〈여성 구술생애사로 본 한국의 근대: 분단: 이효재 구술 녹취록〉, 2015, 14쪽.

분 이동에 관한 논문을 썼다. 그리고 1957년 가을 곧바로 귀국했다.[26] 당시에는 "석사학위만으로도 강단에 서는 것이 어렵지 않았고 빨리 고국으로 돌아가서 일을 해야 한다는 일념"이 있었기 때문이다.[27]

내가 논문도 빨리 이제 마치고 그래 내가 돌아오려고 하니까 내 동생은 …… 지금 모두 한국은 전쟁으로 인해서 떠나고 가도 할 일이 없을 텐데 왜 가느냐. 그러고 말리는 거야. 말렸는데도 나는 마음이 급했지. 마음이 급해서 '어쨌든 빨리 가야지' 하는 생각에서 내가 이제 박사학위까지 하고 오려면 시간이 또 얼마나 오래 걸릴 테고 기다릴 수가 없더라고.[28]

이효재는 한국전쟁 당시 고국에 있지 않았다는 부채의식과 무언가 의미 있는 일을 해야겠다는 사명감을 갖고 서둘러 귀국했다.[29] 해방 후

26　석사학위 논문은 귀국 후 곧바로 발표했다. Hyo-Chai Lee, "A Study of Social Mobility in the Yi Dynasty of Korea, In the Light of the Functional and Value Theories of Social Stratification", 《문리대학보》 6권 2호, 서울대학교, 1958, 43~53쪽.

27　강인순, 〈이효재와 분단시대의 사회학〉, 《한국사회학》 50집 4호, 2016, 11쪽. 이효재는 1979년에 쓴 글에서 "미국으로 떠나는 여자대학 졸업생들 중에 진정 그들이 전공하고 싶은 전문분야의 실력을 닦고 전문가로서의 자격을 국제적으로 인정받기 위해 긍지를 가지고 유학을 떠나는 여성들이 정말 몇 사람이나 되는 것일까. 유학의 기회가 궁극적으로 도피이민의 한 방법으로 이용되고 있지는 않은지?"라고 물었다. 이효재, 《분단시대의 사회학》, 한길사, 1985, 284쪽.

28　이재경, 〈여성 구술생애사로 본 한국의 근대: 분단: 이효재 구술 녹취록〉, 15쪽.

29　이효재는 9년 동안의 유학 생활을 마치고 귀국할 때 미국과 한국의 심한 격차 때문에 "서양 선교사가 남의 나라 땅을 밟는 그런 기분이 들었다"고 한다. 이효재·이승

미국 유학 첫 세대 사회학자였던 이효재는 1958년 선배 사회학자 고황경과 함께 이화여자대학교에 사회학과를 창설했다.[30] 그러다가 고황경이 중심이 되어 새로 개교한 서울여자대학교 사회학과로 자리를 옮겼다. 그 무렵 이효재는 사회학자로서의 자신의 역할에 깊은 회의를 느꼈다.

4·19, 5·16을 거치면서는 정치적인 문제 때문에 사회가 얼마나 혼란했습니까? 사회적으로도 도시화로 인한 산업노동자 문제와 빈민 문제가 심각했어요. 한강변, 청계천변에 사는 빈민들을 전부 성남시로 강제 이주시키고 한양대학 뒤의 몇 만 세대를 강제로 이주시켜서 빈민 문제가 굉장히 심각했거든요. 노동자 문제, 빈민층 문제, 정치 문제 같은 것이 혼란스럽게 일어나는 현실에서 가족 연구나 하고 미국 사회학이나 가르치고 있었으니, 도대체가 불만스럽고 무슨 의미가 있나 회의도 많이 들었어요. 특히 여학생들을 상대로 한 사회학 교육이라는 것이 아이들도

희, 〈나의 학문, 나의 인생: 이효재〉, 245쪽. 김정인에 따르면 "선생은 기독교 집안 출신으로 미국 유학을 다녀온 다른 지식인들처럼 선민의식으로 열등감을 극복하려 하지 않았다. 그녀는 어둡기만 한 역사와 현실에서 실마리를 찾았다." 김정인, 〈한국 여성학의 선구자 이효재 선생님 인터뷰: '이제 서울. 그들만의 잔치에 관심 없어요'〉, 《월간 참여사회》 110호, 2006년 1월호, 10쪽.

30 이효재는 미국 유학을 마치고 돌아온 직후, 1957년 가을 학기에 서울대학교 심리학과에서 강사 자격으로 사회심리학을 가르쳤다. 첫해에 강의실에서 만난 학생들이 강신표, 김경동, 한완상, 임희섭 등이었고 이들보다 후배인 김진균, 이동원, 김재온 등에게도 사회심리학을 가르쳤다. 이효재, 〈앞서 떠나신 김 선생에게 보내는 편지〉, 《벗으로 스승으로》, 문화과학사, 2005, 138~139쪽.

지겹고 나로서도 메아리 없는 가르침이었지요. 그래서 이 학문이 우리 사회에 맞는 학문이 아니구나, 그렇다면 어떤 이론과 사상을 가지고 가르쳐야 우리 사회를 이해할 수 있을지 고민이 많았어요.[31]

그런 고민 끝에 이효재는 1965년 서울여자대학교를 떠나 미국 캘리포니아 버클리대학으로 두 번째 유학을 떠났다. 한국을 포함한 동아시아 사회가 근대화 과정에서 겪는 문제를 좀 더 깊이 연구하고 싶었기 때문이다. 그러나 그곳에서 이효재는 다시 실망하게 된다. "아카데미즘에 푹 빠져서 미세하고 세밀하게 분석해 들어가는" 미국 사회학의 보수주의 분위기에 실망하여 공부를 계속하지 못하고 귀국하게 된다.

이후 이효재는 이화여대 사회학과로 돌아와 연구와 교육에 몰두했다. 남성 우월주의와 가부장적 권위주의가 지배한 한국 사회에서 이효재는 "여자대학에 있었기에 교수라는 전문직업인으로 성장할 수 있었다."[32] 1969년에는 이화여대 안에 여성자원개발연구소를 설립했고 1970~1971년에는 한국사회학회 회장을 역임했다. 1970년대에 들어서면서 이효재는 점차 독재 권력과 분단 현실을 비판하는 '공적 지식인public intellectual'으로 활동하게 된다.

1980년 봄에는 김대중 사건에 연루되어 해직되면서 대학 밖에서 비판적 지식인으로 더욱 적극적으로 활동했다. 1984년 복직 이후에는 줄곧 이화여대에서 연구하고 뜻있는 제자들을 양성하다 1990년 정년퇴

---

31 이효재·이승희, 〈나의 학문, 나의 인생: 이효재〉, 246쪽.
32 이효재·이승희, 윗글, 253쪽.

임했다. 1991년에는 윤정옥 등과 함께 '한국정신대문제대책협의회'를 조직하여 개인적 피해의 차원에 머물렀던 일본군'위안부' 문제를 공적 의제로 제기했다. 1994년에는 서울 생활을 청산하고 고향 진해로 내려 가 '기적의 도서관' 건립 등 지역사회 문화운동에 헌신하며 못다 한 한 국 가부장제의 역사에 대한 연구를 마감했다. 삶의 종착역에 이르기 전 북녘땅이 보이는 강원도에 가서 살고 싶다는 뜻을 피력하기도 했던 이 효재는 2020년 가을 비판사회학자로서의 삶을 마감했다.

3.

미국 사회학에 대한 회의와
비판사회학 모색

1. 미국 주류 사회학에 대한 회의

1948년에서 1957년 사이에 이루어진 미국 유학에서 이효재는 젊은 시절 자신이 생각했던 실천 지향적 학문을 배우지 못했다. 제2차 세계대전 이후 1950년대 미국 사회학은 밀스C. Wright Mills가 요약한 대로 '추상화된 경험주의'와 '거대 이론'이라는 양대 지주 중심으로 구성되어 있었다.[33] 라자스펠드Paul Lazarsfeld로 대표되는 세밀한 연구 주제를 엄

---

33 C. Wright Mills, *The Sociological Imagination*(New York: Oxford University Press, 1959). 밀스는 1946년부터 1962년까지 컬럼비아대학 사회학과 교수로 가르쳤다. 이효재는 1955년부터 1957년까지 같은 학교 사회학과에서 석사 과정을 밟았으나 이효재가 밀스의 강의를 들은 흔적은 없다. 밀스는 1956~1957년에 코펜하겐대학에서 가르쳤다. 그럼에도 불구하고 이효재의 비판사회학과 밀스의 비판사회학 사이에는 유사성이 있다.

밀한 통계적 기법으로 측정하는 계량주의 사회학과 파슨스로 대표되는 지나치게 추상적인 구조기능주의 이론은 이효재의 지적 갈증을 해소해 주지 못했다.[34]

자신이 기대했던 바와는 다른 미국 주류 사회학을 공부하고 귀국한 이효재는 한국 사회의 현실과 부딪치면서 미국에서 배운 사회학의 한계를 더욱 분명하게 느끼기 시작했다. 한국 사회의 심각하고 긴급한 현실적 문제를 경험하면서 미국 주류 사회학의 현실 적합성에 대해 회의하게 된 것이다.[35]

이효재는 1957년 귀국 이후 "몰가치적 실증주의를 과학적 사회학과 동일시"하던 시대의 풍조에 따랐던 자신의 학문 초창기를 이렇게 회상했다.

---

34 머튼과 라자스펠드가 이론과 방법론의 양대 축을 이루고 있던 1950년대 컬럼비아대학 사회학과의 분위기에 대해서는 James Coleman, "Columbia in the 1950s", Bennett Berger ed., *Authors of Their Own Lives: Intellectual Autobiographies by Twenty American Sociologists*(Berkeley and Los Angeles: University of California Press, 1990), pp. 75~103 참조.

35 1965년 고영복과 벌인 지상 논쟁에서 이효재는 미국 사회학의 단순한 적용보다는 한국 현실 속의 '빈궁'을 연구할 것을 제안했다. 이효재, 〈한국 사회학의 과제: 고영복 씨의 '한국 사회구조의 분석'을 비판함〉, 《사상계》 13권 9호, 1965, 238~244쪽. 고영복은 1997년 고정간첩 혐의로 구속되었을 때 "전향서를 쓰면 풀어주겠노라고 했는데 자신은 고정간첩이 아니지만, 사회주의를 신봉하는 사람이라고 하면서 전향서를 끝내 쓰지 않았다고 한다." 유팔무, 《사회학으로 세상 보기》, 한울, 2017, 185쪽. 그렇다면 고영복이야말로 내심으로는 '빈궁의 사회학자'였다는 말인가?

보수적인 미국 사회학의 실증주의 방법론을 비판적으로 소화시켜 수용할 능력도 없는 상태에서, 더욱이 우리 근대사에 대한 지식이나 민족사적 역사의식조차 확립되지 않았던 상태에서 50년대 말부터 한국 사회 연구를 시작하였다.[36]

그렇다면 이효재의 미국 주류 사회학에 대한 회의와 비판의식은 어떻게 형성된 것일까? 이효재는 기독교 신앙, 민족의식, 여성의식을 가지고 미국 유학을 떠났다. 그렇다고 이효재가 유학을 떠날 당시에 좌파적 사상을 가졌던 것은 아니다. 이효재는 해방 이후 유학을 떠나기 전까지 자신의 내면 상황을 다음과 같이 회고했다.

나는 좌우 이념이나 대립된 학생운동이나 좌우익의 정치 갈등에 혐오를 느꼈다. 보수적인 종교 교육의 영향을 받은 나는 대학생들이 계급의식을 앞세워 투쟁에 나서는 좌익사상에 별 관심이 없었다. 종교적 신앙의 입장에서 실존철학에 관심을 갖고 가까운 친구들과 실존철학 강의를 들었다.[37]

이효재는 미국 유학 초반 앨라배마대학교에서 사회학을 공부하는 동안 기대하던 기독교적 사회개혁에 대한 지식과 영감을 얻지 못했다.

---

36 이효재, 《분단시대의 사회학》, 한길사, 1985, 3쪽.
37 이효재, 《아버지 이약신 목사》, 정우사, 2006, 185쪽.

인류학, 가족 문제, 범죄 등 초보적인 사회조사 과목만 가르쳐서 영 재미 없어서 사회학에 불만과 회의를 느끼다 몸이 약해져서 2년간 폐병 요양 원에서 정양도 했어요.[38]

1950년대에 들어서는 매카시즘이 휩쓸면서 맑시스트들은 대학에서 쫓겨나 설 땅이 없었어요. …… 사회학에 불만과 회의를 느낄 수밖에 없었어요.[39]

미국 유학 중 이효재는 회의 속에서 사회학을 떠나 신학으로 갔다가 다시 사회학으로 돌아오는 지적 방황을 겪었다.

남장로교파 계통 신학교에 가면 신학 공부를 할 수 있다고 해서 2년 동안 신학 공부를 했어요. 남장로교는 일반적으로 보수적인데 신학교 교수 한 분이 당시로서는 꽤 진보적인 입장이었어요, 역사가 예정대로 움직여 종말이 오고 심판이 오는 것이 아니라 인간 역사의 발전과 신의 계시도 진보적으로 증대되어 간다는 말씀을 하셨으니 나에게는 충격이었지요. …… 인간이 자유의지를 가지고 역사 발전에 주체적인 역할을 할 수 있다는 입장을 갖게 되니 다시 사회학을 공부하고 싶다는 욕망도 생겨나더군요.[40]

---

38 이효재·이승희, 〈나의 학문, 나의 인생: 이효재〉, 243쪽.
39 이효재·이승희, 윗글, 243쪽.
40 이효재·이승희, 윗글, 243쪽.

그러나 이효재는 컬럼비아대학 사회학과 대학원에서 다시 한번 실망하게 된다.

뉴욕시에 있는 컬럼비아대학원으로 갔는데 나의 과제였던 한국 사회를 민주화시키고 변화시키는 데 기여할 수 있는 사회개혁 프로그램에 대한 아이디어를 얻을 수가 없었어요. …… 이때는 민주화의 개념도 아주 단순해서 산업화, 도시화가 이루어져야 민주화가 된다는 근대화론 입장에 있었어요.[41]

귀국 후 이효재는 남성 사회학자들에 의해 이미 형성된 한국 사회학계의 주도적인 분위기에 적응하는 기간을 거쳤다. 처음 발표한 〈서울시 가족에 대한 사회학적 고찰〉이라는 연구논문은 근대화론의 관점에서 실시한 실증적 조사 연구의 결과물이었다.[42] 그 무렵 이효재는 고황경, 이만갑, 이해영과 함께 한국 농촌사회의 가족에 대한 조사 연구를하고 인구증가와 가족계획에 대한 글을 쓰기도 했다.[43] 1982년에 발표

41　이효재·이승희, 윗글, 243쪽.

42　이효재, 〈서울시 가족의 사회학적 고찰〉, 《논총》 1호, 1959, 9~72쪽.

43　이효재, 〈이상적인 가족계획: 사회학적 입장에서〉, 《형정》 10호, 치형治刑협회, 1961, 30~33, 38쪽; 이효재 〈한국의 인구 번식에 대한 사회학적 접근〉, 《이화》 15호, 1961, 32~44쪽: Hyo-Chai Lee, "Size and Composition of Korean Families on the Basis of Two Recent Sample Studies", *Bulletin of Korean Research Center*, No. 15, 1961; Hyo-Chai Lee, "Sociological Review of Population Growth in Korea", *Koreana Quarterly*, Vol. 5, No. 1, Spring, 1963, 135~151쪽.

한 〈분단시대의 가족 연구〉에서 이효재는 자신의 초창기 가족사회학 연구에 대해 다음과 같이 솔직한 자기 비판을 남겼다.

한국의 도시가족을 가족사회학적인 입장에서 연구하기 시작한 것은 1959년 실시한 〈서울시 가족의 사회학적 고찰〉이 첫 효시를 이루고 있다. 이 연구는 필자가 주동이 되어 그 당시 사회학계에 종사한 몇 분 교수들의 도움으로 계획하고 실시한 것이었다. 이 당시 필자는 장기간의 미국 유학을 마치고 귀국한 직후여서 분단과 전쟁으로 당한 수난과 고통의 직접적 경험이 결여되어 있었다. 관념적으로 알고 있었지만 경험을 갖지 못했다. 더욱이 가족의 실태를 연구하는 입장이 미국 사회학의 깊은 영향으로 한국의 역사적이며 구체적인 사회현실을 접근하는 데 주체의식이 결여되어 있었다.[44]

1960년대에 들어서 한국 사회를 직접 경험하며 "역사적이며 구체적인 사회현실"을 인식하게 된 이효재는 1970년대에 들어서면서 한국 사회의 현실에 뿌리내린 비판적 문제의식을 갖기 시작했다.

6, 70년대를 통해 우리 사회 민주화의 요구와 기대는 억압당하며 좌절만이 거듭되었다. 급격한 산업화와 정치발전에 주권자로 참여해야 되는 민중들의 요구는 탄압당한 채 관권에 의한 동원의 대상으로 소외되었

---

44 이효재, 《분단시대의 사회학》, 한길사, 1985, 216쪽.

다. 권력을 절대화시키려는 유신체제와 이를 뒷받침하는 금력의 집중은 사회적 불평등을 심화시켰다. 이로써 이에 항거하는 민주화운동의 열기 속에서 민주통일의 갈구는 더욱 강렬해졌으며 분단사회에서의 피해적 삶에 비판적 인식을 갖게 되었다. 분단으로 인한 피해를 가족과 여성 문제의 차원에서뿐만 아니라 분단국가를 유지하려는 체제로서 형성된 사회구조적 성격의 차원에서도 관심을 갖게 된 것이다.[45]

비판사회학자로서 이효재는 문제 해결을 위한 실천 방안으로 가족에서 시작하여 국가에 이르는 여러 수준에서 민주적 공동체운동을 전개할 것을 제안했다.

분단을 극복하고 새로운 민주공동체를 창조해야 할 역사적 과제 앞에서 사회구조에 대한 이론적 관심은 공동체적 접근인 것이다. 민주적 공동체로의 발전을 전제한 입장에서 일차 집단인 가족공동체를 위시하여 모든 사회조직의 구조와 기능의 비민주적 성격에 비판적일 수밖에 없었다.[46]

기독교 신앙, 민족의식, 여성의식의 결합은 애초부터 그 내부에 실천적 지향성을 함축하고 있었기 때문에 미국 주류 사회학에 불만을 느끼던 이효재는 1970년대 억압적 권위주의 시대의 현실을 몸으로 겪으면

---

45   이효재, 《분단시대의 사회학》, 3쪽.
46   이효재, 《분단시대의 사회학》, 4쪽.

서 분단시대의 비판사회학을 구체화시키기 시작했다. 1980년 김대중 내란음모 사건에 연루되어 학교에서 해직된 경험은 이효재의 비판사회학을 더욱 풍부하게 만드는 계기가 되었다.

2. 여성의식과 실험적 여성 공동체운동

이효재는 1960년대부터 한국 여성학의 기초 형성을 위한 연구를 계속했다. 그렇다면 이효재의 여성의식은 어디서 온 것일까? 이효재는 한국의 첫 세대 여성학자이지만 1950년대 유학 당시 미국에서 페미니즘에 눈뜰 기회가 없었다. 미국의 본격적인 여성운동은 1960년대 후반에 가서야 등장하기 때문이다.[47] 이효재의 여성의식은 일제강점기에 싹을 틔웠고 미국 유학 생활을 마치고 귀국한 후 한국 여성의 현실을 연구하면서 자생적으로 형성된 것이었다.

당시 미국 사회 일반에서는 여성의 지위에 대한 비판적인 글은 소개된

---

47 베티 프리단의 《여성의 신비》는 1963년에 출간되었고 여성운동단체 National Organization for Woman(NOW)이 결성된 것은 1966년이다. Betty Fridan, *The Feminine Mystique*(New York: W. W. Norton, 1963). 이 책의 우리말 번역판으로는 베티 프리단, 김행자 옮김, 《여성의 신비》, 평민사, 1976 참조. 이효재는 자신의 편저 《여성해방의 이론과 현실》, 창작과비평사, 1979의 1부 〈서양여성해방운동의 배경과 이념〉에서 베티 프리단을 소개했다.

것이 없었어요. …… 중류 가정에서는 단란한 부부 중심의 핵가족화가 진행되고 있었어요. 그때만 해도 나는 노동자로서의 의식, 생산자로서의 여성에 대한 의식보다는 가정에서의 재생산자로서의 위치와 지역사회의 일원으로서 또 시민으로서의 (여성의) 역할에 더 관심이 많았어요. 1960년대 중반이 되어서야 미국 사회에서 흑인운동과 학생운동, 월남전 반대운동이 일어나고 여성운동도 1960년 후반부터 일어나 1970년을 전후로 여성학이 생겨났지요. 그러니까 여성 문제에 대해서 미국에서 특별하게 영향을 받은 일은 없었지요.[48]

이효재는 귀국 이후 미국에서 배운 사회학 이론과 사회조사방법을 가르치면서 한국의 가족에 대한 경험적 연구를 진행했다. 그의 가족사회학은 여성의 지위 향상이라는 실천적 목표를 가지고 있었지만 그가 미국에서 배운 조사방법론이나 구조기능주의 이론에서는 여성을 사회변동의 주체로 변화시키기 위한 이론적 자원을 찾을 수 없었다.[49]

미국 사회학의 조사방법은 사회를 분석하고 해석하는 데는 적합했지만 이것으로는 여성들을 사회변혁의 주체로 변화시킨다거나 우리가 개혁해야 할 사회조직의 대안이라든지 운동 프로그램 같은 것에 대한 아이

---

48 이효재·이승희, 〈나의 학문, 나의 인생: 이효재〉, 244쪽.
49 이효재, 〈고전 사회학의 가족이론과 파슨스의 핵가족론〉, 이효재 편, 《가족 연구의 관점과 쟁점》, 까치, 1988, 11~32쪽

디어가 생기지 않았어요.[50]

　이효재는 지적으로 불만족스러운 상태에서 교수 생활에 회의를 느껴서 1965년 박사학위도 받을 겸 다시 유학을 떠나게 되었다. 이번에는 미국 동부의 오래된 대학이 아니라 서부의 캘리포니아 버클리대학으로 떠났다. 비서구 사회의 근대화 과정을 깊이 있게 연구하는 데 도움이 되는 이론을 갖추기 위해서였다. 버클리대학에 중국 사회를 연구하는 독일 출신 사회학자가 있었다.[51] 그러나 아카데미즘에 젖어 있던 미국 사회학은 이효재의 지적 갈증을 채워주지 못했다. 이효재는 당시 버클리의 분위기를 다음과 같이 전한다.

　매카시즘 선풍에서 막 벗어난 터라 맑시즘적 전통이나 사회비판적인 요소가 완전히 없어져 버렸어요. 그야말로 캠퍼스는 아카데미즘에 푹 빠져서 미세하고 세밀하게 분석해 들어가는 보수주의 분위기였고, 학생들은 현실에 맞지 않는 수업 때문에 불만이 꽉 차 있었어요.[52]

50　이효재·이승희, 〈나의 학문, 나의 인생: 이효재〉, 247쪽. 버클리대 사회학과의 커리큘럼 변화에 대해서는 윤영민, 〈최근 미국사회학의 위기와 대응—버클리대와 워싱턴대의 사례를 중심으로〉, 한국 사회학회 엮음, 《21세기의 한국 사회학》, 문학과지성사, 1994, 69~106쪽 참조.

51　컬럼비아대학에서 조선 시대 계층을 주제로 한 역사사회학 분야의 석사학위 논문을 쓴 이효재는 아마도 당시 버클리대학 사회학과의 중국 사회사 전공 교수 볼프강 에버하르트Wolfgang Eberhard의 지도로 박사학위 논문을 쓸 계획이었던 듯하다.

52　이효재·이승희, 〈나의 학문, 나의 인생: 이효재〉, 247쪽.

그런 분위기에 실망하고 다시 귀국하여 이화여대 사회학과로 복귀했다.[53] 그러나 두 번째 유학이 완전히 무의미한 것은 아니었다. 그때 만난 이스라엘 유학생을 통해 신생국 이스라엘에서 건국 이후 진행된 민족통합 과정과 다양한 사회적 실험에 깊은 관심을 갖게 되었기 때문이다.[54] 이효재는 수소문 끝에 1966년 이스라엘 노총의 초청을 받아 3개월 동안 이스라엘의 노동조합, 협동조합, 생활공동체, 군대 등에서 여성들이 활동하는 모습을 관찰할 수 있었다.

노동운동이나 노동 분야, 협동조합 분야, 그리고 또 이 여성들, 여군들, 여군들의 이제 활약이나 역할 같은 거. …… 새로운 사회를 자기들 나름으로 이제 세워가는 데 소셜 플랜에 그 이론이 있어. 이런 게 마 내가 얘기를 들으니까 너무 그냥 황홀해. 그래서 내가 60년대에 이스라엘에 갔었잖아. 이스라엘에 가 가지고서 어, 진짜 참 그때 그냥 너무 내 나름으로 참 이럴 수도 있으나. 이렇게 인간사회가 어, 이렇게 새로운 국가사회를 계획을 하면서 건설할 수 있구나 하는데.[55]

---

53 이효재·이승희, 〈나의 학문, 나의 인생: 이효재〉, 246쪽. 당시 버클리대 사회학과 교수로는 블루머, 콘하우저, 스멜서 등이 있었다. 이효재가 박사학위 과정을 마치지 않고 그냥 귀국한 데는 미국 사회학의 보수적 성격 말고 다른 개인적 이유도 있었을 법하다.

54 팔레스타인과 이스라엘 사이의 갈등이 이스라엘의 사회학을 포함한 지적 생활 전반에 미친 영향에 대해서는 Uri Ram, *Israeli Sociology: Text in Context*(New York: Palgrave Macmillan, 2018)을 볼 것.

55 이재경, 〈이효재의 여성·가족사회학〉, 한국가족문화원 10주년 학술대회 발표문,

이스라엘에 체류하면서 얻은 공동체운동에 대한 아이디어를 바탕으로 이효재는 1970년 이화여대에 '여성자원개발연구소'를 설립하고 서울시 영등포구 화곡동에서 실험적인 협동조합운동을 시작했다.[56] 그곳은 여성들이 주체가 되어 지역을 기반으로 공동 구매, 협동 보육, 놀이터 공동 관리, 지역학교 교육 참여 등을 실천하는 여성들의 사회 활동 실험실이었다. 그러나 그 실험은 1972년 유신체제 선포 후 정부의 탄압을 받아 오래 지속되지 못하고 1976년 아쉽게 막을 내리게 된다.[57]

3. 한국 사회 현실과 비판의식의 심화

학문의 발전은 학자들 사이의 대화와 토론을 통해 발전한다. 학문공동체 구성원들이 동료들의 연구 결과에 관심을 갖고 세심하게 모니터링하면서 비판하고 경쟁하는 과정에서 학문 연구의 새로운 방향이 나타나기도 한다. 그러나 냉전체제와 유교적 전통이 지속되던 1960년대 한

2004, 17쪽.

56 "지역사회의 주인은 여성이다"라는 화두를 들고 여성들이 주체가 되어 만든 지역 협동조합운동은 1972년 유신체제의 등장으로 중단되었지만 1980년대 '여성민우회'의 생활협동조합운동으로 이어진다. 강인순, 〈이효재와 분단시대의 사회학〉, 13~14쪽.

57 이효재는 이후에도 공동체운동에 관심을 기울여 1990년에는 미국 동부 지역의 코뮌과 스페인 코뮌의 몬드라곤을 방문하기도 했다. 한국가족문화원 홈페이지 참조.

국 사회학계에서 논쟁다운 논쟁은 찾아보기 힘들었다.

1965년 고영복과 이효재 사이에 이루어진 논쟁은 매우 예외적이었다.[58] 고영복이 근대화 이론에 사회조사 결과를 곁들여 발표한 한국 사회의 근대화 방향에 대한 글을 이효재가 비판하자 고영복이 이에 답변하는 것으로 토론은 끝났지만 이 토론은 이효재의 사회학을 비판사회학으로 향하게 하는 계기로 작용했다. 이효재는 당시 이만갑과 이해영이 주도하고 그의 제자와 후배들이 뒤따르고 있던 사회조사 위주의 사회학 연구를 다음과 같이 비판했다.

지난 몇 해 동안 우리 사회학계의 활동은 각 대학 및 정부 단체의 주최로 성행한 시사 문제에 관한 여론조사를 위시하여 사회학자들의 개인 연구를 위한 태도조사, 가족조사, 농촌조사, 도시조사 및 기타 여러 종류의 조사가 통계자료 수집을 위하여 광범위하게 실시되어 왔다. 이러한 활동이 일반인들에게는 한국 사회학의 눈부신 발전을 의미하는 것으로 보일 것이며 그리고 사실상 한국 사회를 단편적으로나마 기술하는 기초 숫자 자료를 많이 축적해온 데 대하여 사회학 연구에 종사하는 우리들로서 스스로 축하해야 할 일인 줄 안다. 그러나 한국 사회학을 체계적 학

---

58 고영복, 〈한국 사회 구조의 분석〉, 《신동아》 1965년 2월호; 이효재, 〈한국 사회학의 과제─고영복 씨의 '한국 사회구조 분석'을 비판함〉, 《사상계》 1965년 8월호; 고영복, 〈한국 사회구조의 분석 재론─이효재 씨의 반론에 답함〉, 《동아일보》 1965년 8월 5일 자. 이 세 편의 글은 손세일 편, 《한국 논쟁사 4─사회·교육편》, 청람출판사, 1976, 23~75쪽에 재수록되었다.

문으로 이끌어나가려고 생각하는 심각한 연구자들에겐 기초자료를 수집하는 데 있어서 좀 더 비판적이며 이론적 뒷받침이 있는 개념체계의 결핍과 수집한 자료에 대한 무책임한 해석에 염려와 불만을 느끼지 않을 수 없을 것이다.[59]

1960년대 한국 사회학자들이 수행한 이론적·개념적 뒷받침 없는 피상적 수준의 사회조사에 회의를 표명한 이효재는 심층적 사례 연구를 대안으로 제시하면서 "부정부패야말로 모든 한국 기관에 공통된 현상으로서 몇 개의 기관을 선택하여 분석하면 한국적 부정부패의 성격이 한 유형으로 드러날 것"이라고 보았다.[60] 이효재는 당시 부정부패가 만연한 원인을 "우리 역사상 긴 세월 동안 계속되어온 빈궁 상태"에서 찾으면서 한국 사회학의 방향을 다음과 같이 제시했다.

그러므로 나는 빈궁(을) 우리 사회구조를 설명할 수 있는 선행적 요인으로 보며 따라서 우리 한국의 사회학을 빈궁의 사회학이라고 부르고

---

59 이효재, 〈한국 사회학의 과제—고영복 씨의 '한국 사회구조 분석'을 비판함〉, 《사상계》 1965년 8월호, 238쪽. 이효재는 노창섭 등이 공저한 《개발과정에 있는 농촌사회연구》, 이화여자대학교출판부, 1965에 대한 서평에서 이 책이 "농촌개발 과정을 충분하게 분석하고 있는지 또 그것을 적절하게 제시하고 있는지 의심이 든다"라고 쓰기도 했다. Hyo-Chai Lee, "Book Review: 'A Study of Three Developing Rural Communities' by Chang-Sub Roh", *Journal of Social Science and Humanities*, Korea Research Center, No. 23, December, 1965, 48쪽.

60 이효재, 〈한국 사회학의 과제—고영복 씨의 '한국 사회구조 분석'을 비판함〉, 242쪽.

싶다.[61]

이후 이효재는 1982년에 발표한 〈분단시대의 가족 연구〉에서 분단 과 산업화 과정에서 지리적 이동과 직업이동을 겪으며 온갖 수난과 고통을 겪은 사람들의 경험을 연구하기 위한 연구방법의 필요성을 다음과 같이 주장했다.

이러한 통계적 현상의 이면에 숨겨지고 아직도 파헤쳐지지 않은 가족적 삶의 처절한 수난의 경험들은 이 시대 가족 연구가 접근하지 않은 미개 척 분야로 남아있는 것이다. 그리고 이것이 체계적으로 파악되기까지는 한국 가족이 지닌 문제들을 제대로 이해할 수 없을 것이다.[62]

이후 이효재는 사례 연구, 현장 연구, 역사적 접근, 문학사회학 접근 등 양적 연구방법과 통계적 분석을 보완하거나 대신할 수 있는 다양한 질적 연구방법을 모색했다.[63]

이효재는 사회학자의 정책 형성 과정 참여에 대해서도 자신의 비판 적 입장을 밝혔다. 1960년대 중반 이후 한국의 주류 사회학자들은 인

---

61 이효재, 윗글, 244쪽.

62 이효재, 《분단시대의 사회학》, 215쪽.

63 이효재, 《분단시대의 사회학》, 19~20쪽. 한참 후에 나온 조은의 《사당동 더하기 25》, 또하나의문화, 2012는 피상적 수준의 사회조사에 회의를 표명하며 심층적 사 례 연구를 대안으로 제시한 이효재의 주장을 현실화 한 것으로 볼 수 있다.

구학적 연구를 통해 경제개발 5개년 계획 수립에 필요한 정책 형성에 협력하고 있었다. 이효재도 1960년대 중반 보건사회부 산하 사회개발 위원회에 참여했다. 그러나 이효재는 이내 정부가 만든 제도 속에 들어가 정부의 정책 수립을 돕기 위한 사회학자의 참여가 갖는 한계를 다음과 같이 지적했다.

> 그러나 사회개발의 개념 설정과 방향 제시가 정치적 이데올로기와의 관련성으로 사회구조를 변화시키는 문제까지 침투할 수 없는 처지이므로 다만 사회생활 보장을 위한 복지정책 수립이 당면과제로 되고 있다. 그리고 기본 조사 활동을 위하여 전문가들의 자유스럽고 독립적인 실시를 허락하지 않고 행정기구에 종속적인 관계의 영향 속에서 움직여야 하므로 소정의 목적을 도저히 달성할 수 없는 결과가 될 것이 분명하다.[64]

이효재가 볼 때 정부의 지원과 관리하에서 이루어지는 조사 연구는 "사회발전을 위한 뚜렷한 목적 지향성과 이론적 방향의 인식의 토대 위에 서지 못했고 애매하고 피상적인 이론적 전제하에서 산발적이고 단면적인 연구를 안일하게 해왔을 뿐이다."[65]

1960년대와 1970년대 한국 사회는 경제성장이라는 목표 달성을 위해 정치적 억압이 강화되던 시기였다. 분단 상황의 지속과 반공 이데올

---

64 이효재, 〈체계 없는 '상식'의 단계 너머: 사회학, 한국 사회과학의 시련〉, 《정경연구》 45호, 1968년 1월호, 145쪽.
65 이효재, 〈체계 없는 '상식'의 단계 너머: 사회학, 한국 사회과학의 시련〉, 145쪽.

로기의 강화는 민주화를 요구하는 비판적 목소리를 잠재우고 대중들을 억압적 정치권력에 순응시키고 있었다. 그러나 1970년 전태일이 근로기준법 준수를 외치며 분신자살한 사건이 알려진 이후 밑으로부터의 노동운동이 일어나기 시작했다. 이효재는 동일방직, YH, 원풍모방 등에서 여성 노동자들이 벌이는 노동조합 결성을 위한 투쟁을 측면에서 지원했다. 유신체제의 억압성이 더욱 강화되는 1970년대 후반으로 갈수록 이효재는 한국의 역사와 현실에 바탕을 둔 사회학의 필요성을 더욱 강력하게 느꼈다.[66]

4. 흑인사회학이 준 충격과 가치 개입의 사회학

1970년대 중반 이후 유신체제하에서 한국의 체제 비판적 지식인들은 동시다발적으로 '민중론'을 전개했다. 서남동, 안병무, 김용복 등의 민중신학, 김지하, 조세희, 황석영, 백낙청, 염무웅 등의 민중문학, 박현채, 변형윤, 정윤형, 유인호 등의 민중경제학, 강만길, 김용섭 등으로 대표되는 민중사학, 한완상 등의 민중사회학은 '민주'에서 시작하여 '민중'과 '민족'을 강조하는 지적 흐름을 형성했다.

---

[66] 이효재는 1970년대 유신체제하에서 "체제유지를 핵심으로 하는 미국의 구조기능주의가 한국 사회 현상을 설명할 수 없다는 것을 인식하게 되었다." 강인순, 〈이효재와 분단시대의 사회학〉, 6쪽.

이효재의 분단시대의 사회학도 크게 보면 민중론이라는 비판적 한국 사회 인식의 큰 흐름에 속한다.[67] 이효재는 사회학의 역할을 인간해방으로 설정하고 억압받는 민중의 해방을 위한 '분단시대의 사회학'을 제창했다.[68] 1970년대 후반에는 비판적 지식인들 사이에 분단 상황이 민주화운동에 강력한 걸림돌이 된다는 의식이 일반화되어 있었고 이효재의 분단시대의 사회학도 그런 분위기에서 나온 것이지만 분단시대의 사회학이 형성되는 과정에는 그보다 더 결정적인 계기가 있었다.

그것은 '흑인 사회학Black Sociology'과의 만남이었다. 1974년 이효재는 미국 남부의 흑인대학인 피스크대학Fisk University에서 흑인 사회학과 만났다.[69] 그때 받은 인식론적 충격이 '분단시대의 사회학'을 제창하는 결정적인 계기로 작용했다.[70]

---

67 민중론에 대해서는 정수복, 〈대항 이데올로기로서의 민중론〉, 《의미세계와 사회운동》, 민영사, 1994, 101~130쪽 참조. 이효재의 화갑을 기념하여 나온 《분단시대와 한국 사회》, 까치, 1985에는 변형윤, 박현채, 송건호, 백낙청, 김진균, 박순경, 김용복, 최장집 등 당시 각 분야에서 민중론을 대표하는 지식인들이 기고했다.

68 강인순, 〈이효재와 분단시대의 사회학〉, 8쪽.

69 피스크대학은 이효재가 1947년 처음 유학했던 앨러배마대학과 지리적으로 그리 멀지 않은 테네시주 내슈빌Nashville에 위치해 있다. 미국 남부에서 젊은 시절을 보냈던 체험이 있었기에 감히 흑인 대학에서 안식년을 보낼 생각을 했을 것이다.

70 1866년 개교한 피스크대학의 졸업생으로는 흑인 사회학을 개척한 두보이스W.E.B. Du Bois가 있다. 시카고학파를 만든 로버트 파크Robert Park가 이 대학에서 교수로 가르치기도 했다. Wikipedia, 'Fisk University' 항목 참조. 하버드대학에서 흑인으로는 처음으로 박사학위를 받은 두보이스는 애틀랜타대학 교수로 인종 문제에 대한 사회학적 연구로 미국 사회학의 기초를 만들었다. 워드, 섬너, 스몰, 기딩스를 미국 사회학의 네 명의 창건자라고 하지만 두보이스도 그들 못지않게 중요

피스크대학이라고 미국에서 제일 오래된 흑인 대학에 교환교수를 자청해서 갔습니다. 거기서 한 학기 있으면서 흑인가족에 대한 연구를 했어요. (그 대학 사회학자들은) "흑인 사회학은 인종해방을 위한 사회학이다"라고 과감하게 주장했어요. 그것이 나에게는 굉장한 의식의 전환을 가져왔어요. 제3세계적인 시각도 얻게 되었고 그전까지는 재생산적인 측면에서 사회의 민주화를 위한 여성의 역할과 공동체적인 사회개혁을 구상하고 있었는데 흑인 사회학을 알고 나서부터는 민족해방과 민족통일에 기여하는 사회학이라는 사상을 갖게 되었다고나 할까요. 분단과 사회학을 연결 지어서 생각하게 된 것은 여기에서 연유한다고 봅니다.[71]

가치중립과 과학적 객관성을 내세운 아카데믹 사회학에 회의를 느끼던 이효재는 피스크대학에서 인종해방이라는 실천적 목표를 가진 흑인 사회학을 접하면서 자신의 학문적 입장을 분명히 할 수 있었다.[72] 이효재가 볼 때 흑인 사회학은 "사회학의 주류를 형성하고 있는 '백인 사회

한 업적을 남겼다. 두보이스를 중심으로 미국 사회학의 역사를 새롭게 해석하고 있는 Aldon Morris, *The Scholar Denied: W. E. B. Du Bois and the Birth of Modern Sociology*(Berkeley: University of California Press, 2015)를 볼 것.

71 이효재·이승희, 〈나의 학문, 나의 인생: 이효재〉, 248쪽. 미국 사회학 초창기 여자 대학과 흑인 대학에서 이루어진 사회학 연구와 교육에 대해서는 Vicky M. MacLean and Joyce E. Williams, "Sociology at Women's and Black Colleges, 1880~1940", Anthony J. Blaisi ed., *Diverse Histories of American Sociology*(Leiden: Brill, 2005), pp. 260~316 참조.

72 흑인 사회학의 네 가지 유형에 대해서는 Watson, Wilbur, "The Idea of Black Sociology", *The American Sociologist*, Vol. 11, No. 2, May 1976, 115~123쪽 참조.

학White Sociology'이 지닌 편견에 대한 거부와 반동이며, 압박과 빈곤에 시달려온 미국 흑인사회의 특이한 경험과 역사를 기반으로 한 사회학적 개념의 새로운 정의와 이론의 정립을 꾀하는 적극적인 움직임"이었다.[73] "백인 사회학이 흑인에 대해 압박을 가하는 지배층의 사회학이라면, 흑인 사회학은 이로부터 해방하려는 해방의 과학이다."[74]

앞에서 이미 논의했던 것처럼 이효재는 흑인 사회학을 만나기 전부터 가치중립과 객관성을 내세우는 실증주의 사회학에 비판적 입장을 견지하고 있었다. 1968년에 발표한 글에서 이효재는 바람직한 전체 사회에 대한 전망이 없이 '있는 현실을 그대로things as they are' 서술하는 몰가치적 사회학 연구를 다음과 같이 비판했다.

사회과학자들은 일부 미국 사회학자들의 영향으로 그들의 과학적 중립성을 지키는 입장에서 사회변화의 가치관 및 목적지향적인 측면을 외면해왔다. 이러한 이론적 인식과 소극적 태도로서 사회변동을 연구하는 사람들은 이미 자체의 법칙에 따라 변화된 사회현상을 객관적으로 측정하며 파악하는 기능을 고수하였던 것이다.[75]

---

73 이효재, 〈흑인 사회학Black Sociology의 대두〉, 《한국사회학》 9집, 1974, 71쪽; 강
    인순, 〈이효재와 분단시대의 사회학〉, 14쪽; Joyce Ladner ed., *The Death of White
    Sociology*(New York: Random House, 1973)도 볼 것.

74 이효재, 〈흑인 사회학Black Sociology의 대두〉, 71쪽. 이 인용문은 이효재가 Robert
    Staples, "What is Black Sociology?: Toward a Sociology of Black Liberation?"에서 인
    용한 것이다.

75 이효재, 〈체계 없는 '상식'의 단계 너머: 사회학, 한국 사회과학의 시련〉, 《정경연

가치중립적 사회학을 회의하던 이효재는 흑인 사회학을 접하면서 사회과학에서 가치중립성 유지는 불가능하며 '과학'으로서의 사회학 그 자체가 지배 이데올로기로 작용할 수 있음을 분명하게 인식하게 된 것이다. 그에 따라 이효재는 자신의 사회학은 억압받는 사람들의 해방을 위한 사회학이 되어야 한다는 입장을 취하게 되었다.[76] 학문적 탐구와 윤리적 가치판단을 연결시키는 '가치 개입의 사회학', '진보적 비판사회학'의 입장을 선명하게 취하게 된 것이다.[77] 훗날 이효재는 이와 관련하여 사회학자로서 자신의 학자 생활을 다음과 같이 회고했다.

보수적인 미국 사회학의 실증주의적 방법론을 비판적으로 소화시켜 수용할 능력도 없는 상태에서, 더욱이 우리 근대사에 대한 지식이나 민족사적 역사의식조차 확립되지 않았던 상태에서 50년대 말부터 한국 사회 연구를 시작하였다. 단지 부계혈통 계승에 기반을 둔 가부장제와 왕권 중심의 신분제 사회의 유산인 지배·복종의 위계질서를 극복하며 보편적 가치에 기반을 둔 민주주의 사회로의 발전을 갈망하는 입장에서 한국 사회의 변화에 관심을 기울여 왔다. 몰가치적 실증주의를 과학적 사회

구》45호, 1968년 1월호, 145쪽.

76 강인순, 〈이효재와 분단시대의 사회학〉, 14쪽과 19쪽. 이효재의 이런 입장은 다음 글의 주장과 맞닿아 있다. A. Alkalmat and Gerald McWhoter, "The Ideology of Black Social Science", *Black Scholar*, Vol. 1 No.2, December, 1969, 28~35쪽.

77 이재경, 〈이효재, 우리 여성학의 시작: 한국적 특수성을 소재로 일군 우리 여성학〉, 교수신문 편, 《오늘의 우리 이론 어디로 가는가— 한국의 자생이론 20》, 생각의나무, 2003, 324쪽.

학과 동일시하려는 그 시대적 풍조에도 불구하고 한국 사회의 변화를 가족의 민주화와 여권의 평등화를 전제한 가치 지향적 입장에서 가족과 여성에 대한 연구를 일관해 왔다. 이것은 민족 분단의 비극을 자유민주주의를 실천시키는 명분으로 보상받을 수 있으리라는 단순한 희망에 사로잡혔기 때문이다. 그러나 60~70년대를 통해 우리 사회 민주화의 요구와 기대는 억압당하며 좌절만이 거듭되었다. 급격한 산업화와 정치발전에 주권자로서 참여해야 하는 민중들의 요구는 탄압당한 채 관권에 의한 동원의 대상으로 소외되었다. 권력을 절대화시키려는 유신체제와 이를 뒷받침하는 금력의 집중은 사회적 불평등을 심화시켰다.[78]

이효재는 자신이 그동안 수행한 연구에 "미국의 기능주의적 측면들이 너무나 많이 반영되었다"고 평가하면서 "내 학문은 모두 식민지성의 반영이다'라는 식으로 통렬하게 반성" 했다.[79] 이런 학문적 자기반성 위에서 이효재는 한국 사회학의 과제를 다음과 같이 제시했다.

한국 사회학의 과제는 우리를 이 한스러운 구조적 상태에서 인간다운 삶을 구가할 수 있는 통일된 사회, 즉 자유와 평등과 사랑이 점차 구현될

---

78 이효재, 《분단시대의 사회학》, 창작과비평사, 1985, 3~4쪽.

79 이미경 인터뷰, 여성평우회 창립 20주년 기념행사준비위원회 편, 《여성평우회 발자취》, 2003, 64~65쪽. 강남식·오장미경, 〈한국여성학의 발달과 서구(미국)페미니즘〉, 한국학술단체협의회 편, 《우리 학문 속의 미국: 미국적 학문 패러다임 이식에 대한 비판적 성찰》, 한울, 2003, 291쪽에서 재인용.

수 있는 사회로 변화시켜 가는 데 이바지하는 지식과 실천적 방법을 제공하는 일이다. 불신이 없는, 소외된 계층이 없는, 빈부의 격차가 없는, 통일된 사회를 이룩하는 것은 민족적 통일 사회를 향한 점진적인 실천이기 때문이다.[80]

아래에서는 이렇게 형성된 이효재의 비판사회학이 어떻게 전개되었는지를 구체적인 연구업적을 통해 정리해본다.

---

80 이효재, 〈분단시대의 사회학〉, 《창작과 비평》 14권 1호, 1979년 봄호, 268쪽. 또는 《분단시대의 사회학》, 한길사, 1985, 33쪽.

4.

이효재 사회학의
전개

이효재는 20세기 한국의 근현대사라는 역사적 경험을 사회학이라는 학문을 통해 이론화하려고 노력한 사회학자였다. 그는 일제강점기에 초·중·고등학교를 다녔고 해방 직후 대학에 입학했다가 미국에 유학한 첫 세대 사회학자에 속한다. 이효재는 다소 어색한 문체에도 불구하고 같은 세대의 다른 남성 학자들에 비하여 많은 양의 논문과 저서를 발표했다.[81] 이효재는 "그렇게 왕성하게 집필할 수 있었던 비결"의 하나로 그의 독신 생활을 들었다.

---

81 이효재 스스로 "나는 사회학적 논문이나 평론 쓰기에 길들여져 문체가 매우 딱딱한 편이다"라고 썼지만 일제 시대에 교육받고 해방을 맞이한 세대는 한글로 논문을 쓰는 일이 쉽지 않았다. 이효재, 《아버지 이약신 목사》, 정우사, 2006, 21쪽. 조한혜정, 조은 등 한글로 교육받은 다음 세대 여성학자들에 와서 글쓰기는 훨씬 더 자연스러워진다.

혼인도 안 했으면서 어떻게 가족 문제, 여성 문제를 얘기하느냐면서 빈 정거리는 사람도 있었지만, 혼인을 안 했기 때문에 생활이 단출해서 연구나 활동을 자유로이 할 수 있었다고 생각해요.[82]

아래에서는 편의상 이효재의 사회학을 가족사회학, 여성학, 여성 노동자·농민 연구, 분단시대의 사회학, 사회사라는 다섯 분야로 나누어 살펴본다.[83] 물론 다섯 개의 연구 영역은 시기별로나 주제별로 서로 밀접하게 연관되어 있으나 시대의 흐름과 문제의식의 변화에 따라 강조점을 달리하여 전개된 것이다.[84]

82　이효재·이승희, 〈나의 학문, 나의 인생: 이효재〉, 255쪽.

83　김주숙은 이효재의 30여 년 학문 생활을 가족 연구와 여성 연구로 요약하면서 계급론, 분단시대 인식, 사회사적 접근 등을 강조하고 있다. 김주숙, 〈책을 내면서〉, 여성한국사회연구회 편, 《한국 가족론》, 까치, 1990, vii∼viii쪽. 이 책은 이효재의 이화여대 정년퇴임을 기념하여 제자들과 후배 교수들이 펴낸 것이다.

84　이효재의 제자 오한숙희는 이효재의 문제의식을 양파에 비유하여 그 첫 껍질은 분단이라는 민족 문제이고 다음 껍질은 민주화의 문제이며 세 번째 껍질은 가부장제 가족 문제이고 가족 문제의 핵심은 여성 문제로 인식했다고 요약했다. 이효재는 "사적이고 정서적인 형태를 띠고 있어 비판의식을 갖기 어려운 것이 가족인데 그 안에서 의식화가 이루어질 때 진짜 사회운동이 시작되는 거라고 보았다." 이효재 에게서 "여성 의식화는 민주화와 직통"이다. 오한숙희, 2020년 4월 15일 인터뷰와 4월 16일 이메일. 이효재의 실천 지향성은 여성의 주체적 의식화가 가족을 민주화하고, 그렇게 민주화된 가족 구성원들이 사회변동의 주체가 되어 민주화를 이루고, 민주화를 바탕으로 형성된 사회세력이 민족 문제를 해결하는 방향성을 갖는다.

1. 이효재의 비판적 가족사회학

1953년 한국전쟁이 휴전협정으로 마무리된 후 초창기 한국 사회학의 중요 연구 주제는 농촌사회와 가족이었다. 1957년 유학을 마치고 귀국한 이효재도 그런 분위기 속에서 한국의 농촌과 도시의 가족에 대한 연구를 시작했다. 그는 자신이 가족사회학을 시작하게 된 동기를 다음과 같이 말했다.

내가 여자라는 것 그리고 사회의 민주화는 가정이 민주화되어야 가능하다는 생각에서 시작했어요. …… 사회변화 과정에서 도시 가족, 그중에서도 특히 여성에게는 어떤 변화가 있었는가 하는 것을 알고 싶더군요. (1957년 귀국 이후) 도시 가족 연구를 시작했고 1959년부터는 농촌 가족 연구를 했어요.[85]

1959년에 발표한 서울시 가족에 대한 논문에서 이효재는 가족 연구의 중요성을 다음과 같이 피력했다.

사회생활에 있어서 가장 기본적인 인간관계의 터전을 마련하여 인격 형성에 가장 중요한 역할을 하는 사회집단은 가족이다. 가족은 한 사회를

---

85 이효재·이승희, 〈나의 학문, 나의 인생: 이효재〉, 245쪽.

구성하는 하위적 공동생활체로서 혈연관계를 기반으로 하는 인간관계의 한 제도이다. 그리고 이것은 인간 존재와 사회 존속의 요구에 응하기 위한 사회 생활의 한 형태이므로 어느 사회에서나 보편적으로 찾아볼 수 있으며 사회집단의 기본적 단위를 이루고 있어 사회의 전체적 체제와 상호 관련되고 있다.[86]

이효재는 1950년대 말에서 1960년대에 걸쳐 한국 가족에 대한 여러 편의 연구논문을 발표했다.[87] 1960년대 한국 사회학계의 주요 연구 주제였던 가족계획과 인구증가에 대한 글을 쓰기도 했다.[88] 1958년 이후 이화여자대학교 사회학과에서 줄곧 가족사회학 강좌를 담당한 이효재는 자신의 강의 경험을 바탕으로 1968년에 《가족과 사회》라는 가족사회학 교과서를 출간했고 1971년에는 《도시인의 친족 관계》를 펴냈다.[89]

---

86 이효재, 〈서울시 가족의 사회학적 고찰〉, 《논총》 창간호, 이화여자대학교 한국문화연구소, 1959, 9쪽.

87 당시 이효재가 발표한 논문으로 〈서울시 가족의 사회학적 고찰〉, 《논총》 창간호, 1959; "Size and Composition of Korean Families on the Basis of Two Recent Sample Studies", *Bulletin of Korean Research Center*, No. 15, 1961; "Patterns of Change Observed in the Korean Marriage Institution", *Bulletin of Korean Research Center*, No. 26, 1967 등을 들 수 있다.

88 이효재, 〈한국의 인구 번식에 대한 사회학적 접근〉, 《이화》 15호, 1961, 32~44쪽; 이효재, 〈이상적인 가족계획: 사회학적 입장에서〉, 《형정》 10호, 치형治刑협회, 1961, 30~33, 38쪽.

89 1968년 민조사에서 처음 간행된 이효재의 저서 《가족과 사회》는 1968년 진명출판사에서 재간행된 후 1979년에는 5판이 나왔다. 1983, 1990, 1993년에 경문사에서

이효재의 가족사회학은 '한국 사회의 근대화가 가족에 어떤 변화를 가져오고 그것이 여성의 삶에는 어떤 변화를 가져오는가?'라는 질문에서 시작되었다.

그의 가족사회학에는 처음부터 여성의 역할 변화라는 여성학적 관점이 녹아 있었지만 1966년 이스라엘 방문 이후 여성의 사회적 역할이라는 이효재의 연구 관심은 더욱 분명한 실천 지향성을 담게 된다. 1970년대 초에 발표한 〈도시 주부생활에 관한 실태조사〉(1970), 〈사회변화와 여성의 역할〉(1971), 〈대학출신 여성의 취업구조와 취업의식에 관한 조사〉(1971), 〈도시 가족 문제 및 지역적 협동에 관한 연구〉(1972), 〈도시 중류층 가정의 문제와 여성의 역할〉(1973) 등 일련의 논문에는 도시 중산층 가족 여성들의 직업 생활과 사회 활동에 대한 이효재의 문제의식이 스며들어 있다. 뒤에서 다시 다루겠지만, 그렇기 때문에 이효재의 가족사회학은 자연스럽게 여성학과 이어진다. 농촌과 도시라는 지역별 가족 생활 연구에서 시작한 이효재의 가족사회학 연구는 1980년대 들어 계층과 계급의 관점을 도입하면서 도시 중산층 가족과 구별되는 노동자계급의 가족 연구로 확장된다. 이효재는 "중류계층 가족을 상대로 연구해온 그 제한성에서 탈피하여 사회토대를 이루는 민중의 가족을

다시 출간되었다. '한국연구원'의 지원으로 이루어진 《도시인의 친족 관계》는 "전근대적인 친족제도가 도시인의 의식과 행동에서 어떠한 형태로 지속되고 있는가를 파악"하고 "어떤 방향으로 그 변화의 가능성을 나타내고 있는지를 이해"하는 것을 목적으로 삼고 있다. 이효재, 〈머리말〉, 《도시인의 친족 관계》, 한국연구원, 1971.

종합적으로 연구해야 한다"고 주장했다.[90]

가족사회학에서는 생존이 위협당하는 상태에서 살아가는 이들의 가족적 구성이나 공동체적 유대 또는 결혼 및 친족 관계에 대한 의식상태가 어떠한 현상을 나타내는지 먼저 파악하여야 한다. 이러한 현상이 어느 정도로 비인간적 삶을 강요하고 있는가에 비판적으로 접근해야 한다. ······ 그들의 기본권리가 보장을 받아 가족생활의 안정을 누리지 못하는 상태에서 그들의 다양한 삶의 형태는 생존을 위해 강요당한 상태인 것이다.[91]

이론적 차원에서 볼 때 이효재는 기능주의 가족 이론에 반대할뿐더러 가족이야말로 여성 차별의 온상이기 때문에 가족 자체를 해체해야 한다고 보는 급진적 페미니스트들의 주장도 받아들이지 않았다. 그렇다고 가족을 계급 재생산의 기제로만 보는 마르크스주의 페미니스트들

90 이효재, 《분단시대의 사회학》, 227쪽, 1980년대 후반 이후 이효재가 주축이 된 여성한국사회연구회 회원을 중심으로 "노동자 가족, 화이트칼라 가족, 자영 소상인 가족, 도시 빈민 가족 등을 대상으로 마르크스주의 가족론에 입각하여 가족의 계급 재생산 기능 및 노동력 재생산 기능과 가족 전체의 생존을 위해 이들 가족이 선택하는 가족 전략, 가족 내 성 불평등 상황 등"이 연구되었다. 함인희, 〈가족사회학 연구 60년: 연구 주제 영역의 변화와 이론적 패러다임의 교차〉, 대한민국학술원 편, 《한국의 학술연구: 정치학·사회학》, 대한민국학술원, 2008, 510쪽. 그 보기로 이효재·지은희, 〈한국 노동자계급 가족의 생활 실태〉, 《한국 사회학》 22호, 1988, 69~97쪽 볼 것.
91 이효재, 〈분단시대의 가족 연구〉, 《분단시대의 사회학》, 219~220쪽.

의 입장에도 동의하지 않았다. 이 세 가지 이론과 달리 이효재는 가족을 사회변혁의 주체로 변화시킬 수 있는 방안을 탐색했다. 기존의 가족에 대한 사회학 이론들이 가족을 종속변수로 본 반면 이효재는 가족이 독립변수가 될 수 있는 가능성을 모색했다.

여성학 이론에서 가족이 여성을 노예화시킨다, 혹은 가족을 없애야 된다고 해도 가족은 인류 역사에서 그렇게 쉽게 없어질 것 같지도 않고 없어져서도 안 된다고 생각해요. …… 가족이 사회조직의 가장 원초적인 공동체 형태이지요. 지금까지의 가족 연구에서는 구조기능론의 입장에서도 계급론의 입장에서도 또 맑시즘의 입장에서도 가족을 여성을 착취하고 자녀를 억압하는 비민주적이고 전통적이고 보수적인 권위주의를 유지하는 사회조직으로만 봤어요. 계급사회에서 가족이 가부장제로 제도화, 관습화된 측면만을 보았기 때문이지요. …… (그러나 나는) 남녀가 부모나 자녀, 친척이나 이웃과 더불어 사는 가족이 독립변수로서 사회변혁의 주체로서 적극적인 기능을 할 수 있다는 가능성을 보게 되었어요.[92]

이효재는 가족이 민주적 시민의식을 가진 주체적이고 자율적인 인간을 키우는 장소가 되기 위해서는 가족 내의 부부관계와 부모자녀 관계가 평등하고 민주적인 관계가 되어야 한다고 주장했다. "가족과 같은 1차적 소공동체에서는 미성년자에 대한 친권이나 자녀 양육권 정도

---

92   이효재·이승희, 〈나의 학문, 나의 인생: 이효재〉, 250쪽.

의 권리만이 요구되어야 할 뿐이며 가족관계로부터 권력관계는 배제되어야 한다."[93] 가족이 민주적 사회의 기초 단위가 되려면 가족 생활은 지배와 복종의 관계가 아니라 자발적 협력관계가 되어야 한다는 것이다. 이효재는 가족법을 개정해야 하는 이유의 하나로 "자녀들을 책임감 있는 민주시민으로 기르며 자율적 인격체로 양육하기 위해서"라고 밝혔다.[94]

1995년에 발표한 〈한국 사회의 민주화와 가족〉에서 확인할 수 있듯 가족이 사회적 주체가 될 수 있다는 이효재의 생각은 변함없이 계속되었다.

> 가족은 사회구조와의 관계에서 종속적인 동시에 자율적인 인간공동체이다. 스스로 변화를 추구하며 사회변화에 주체적으로 대응하며 새롭고 다양한 삶의 형태를 창조할 수 있는 살아있는 기초 공동체이다.[95]

이효재는 가족 연구의 목표를 "우리 사회의 가장 원초적 조직을 이루고 있는 가족의 구조와 기능을 제도적인 것으로 민주화시킴으로써 부계혈통 계승과 종족의 통합을 목적으로 하는 가부장제 가족의 이념과 기능을 극복하여 민주적 가족관계로의 변화를 촉진하는 것"으로 설

---

93 이효재, 〈분단시대의 가족 연구〉, 《분단시대의 사회학》, 227~228쪽.

94 이효재, 〈분단시대의 여성운동〉, 《분단시대의 사회학》, 350쪽.

95 이효재, 〈한국 사회의 민주화와 가족〉, 여성한국사회연구회 편, 《한국 가족문화의 오늘과 내일》, 사회문화연구소출판부, 1995, 12쪽.

정했다.[96] 여성들이 사회에 참여하는 한편 양육 과정에서 자녀들의 주체성을 키워줌으로써 사회를 변화시킬 수 있다고 생각한 이효재는 "여성운동과 공동체운동의 결합에서 사회변혁의 희망"을 보았고 "혈연관계를 뛰어넘는 또 다른 가족공동체"를 꿈꾸고 실천했다.[97] 그러나 오랜 가부장제와 친족 중심주의에 뿌리내린 한국의 가족주의가 그리 쉽게 바뀌지는 않을 것으로 전망하기도 했다.

혈연관계 특히 부계 중심적 친족제도에 기반을 둔 친족주의는 한국 사회발전에 부합되지 않는 요소를 많이 지니고 있다. 그러나 한국인의 가족관계뿐만 아니라 일반 사회관계 및 종교관에 이르기까지 깊이 뿌리박고 있는 친족주의가 현대 도시사회에서 완전히 약화되리라는 것은 쉽사리 기대할 수 없는 것이다.[98]

그렇다고 이효재가 가족과 친족 중심주의를 벗어나 서구식 개인주의를 주장한 것은 아니다. 혈연 중심의 좁은 공동체적 연대감을 보편화시켜 민족이라는 더 큰 단위의 유대감을 형성하고 그 안에서 개인들이 자주적 상호관계를 이루는 것이 그가 기대하는 바였다.

---

96 이효재, 〈개정 가족법에 대한 학제적 고찰: 여성학적 고찰〉, 《가족학논집》 2집, 한국가족학회, 1990, 218쪽.
97 김정인, 〈한국 여성학의 선구자 이효재 선생님 인터뷰: '이제 서울. 그들만의 잔치에 관심 없어요'〉, 《월간 참여사회》 110호, 2006년 1월호, 10쪽.
98 이효재, 〈머리말〉, 《도시인의 친족 관계》, 한국연구원, 1971.

서양 사회학 이론에 의하면 도시화는 개인을 친족공동체에서 개별화시켜 합리적 계약관계를 토대로 한 보편주의적 인간관계로 전환하는 것을 주장하고 있다. 이러한 이론이 은연중 한국 학자들에게 영향을 미쳐 한국 사회 발전의 방향으로 기대하기가 쉬운 것이다. 그러나 우리는 서구식 개인주의를 피하며 한국 사회 전통 속에서 인간관계의 토대를 모색해야 할 것이다. 즉 특수적인 혈연관계에 기반을 둔 공동체 의식을 민족사회의 기저로 보편화시키는 방향으로 노력해야 할 것이다. 그리고 이 공동 유대 위에서 현대사회가 요구하는 전문화된 역할이 분화되며 이에 따라 개인들 간의 자주적인 상호관계가 이루어져야 한다.[99]

이효재의 가족 연구는 여성의식과 밀접하게 연관되어 있다. 가족 연구에서 이효재의 여성의식은 부계제에 대한 비판으로 나타났다. 이효재는 1971년에 펴낸 《도시인의 친족 관계》에서부터 부계제가 아니라 부모 양계제兩係制를 주장했다.

부계 친족주의의 인간관계는 더욱 좁은 범위로 특수화하기 쉬우며 현대사회의 보편주의적 요청에 역행하는 것이다. …… 부계주의적 친족은 사회를 인간화하는 데 제한성을 주고 있다. 공동체의 기반을 남녀평등한 양계적兩係的 기반으로 넓힐 수 있어야 한다. 친족주의의 양계화는 인간관계의 보편화로 향할 수 있는 중요한 단계인 것으로 생각한다. 이렇

---

99 이효재, 〈머리말〉, 《도시인의 친족 관계》.

게 친족 유대의 폭이 넓어지고 보면 도시인으로서는 온정적 공동체를 생물학적 혈연집단뿐만이 아니라, 지연, 직연 및 공통된 취향이나 이상과 같은 요인에 기반하여 발전시킬 수 있으면서 이로써 인간가족으로서의 사회를 지향할 수 있는 것이 아닐까 생각되는 것이다.[100]

1970년대부터 부모 양계제를 주장한 이효재는 1990년대 들어 아버지와 어머니 성 같이 쓰기 운동에 동참하여 자기 이름을 '이이효재'라고 표기하기도 했다.[101]

2. 이효재의 선구적 여성학 연구

1924년 출생한 이효재는 1948년 미국 유학을 떠나 1957년 귀국했다. 강고한 가부장제하에서 여성의 사회 활동이 극히 예외적이었던 한국 사회에서 여성이 학자로 살아간다는 것은 그리 쉬운 일이 아니었다. 그 시절 여성은 결혼해서 가정주부로 살아가거나 독신으로 살면서 사회 활동을 하거나 둘 중의 하나를 선택해야 했다. 이효재는 가부장제 체제

---

100 이효재, 《도시인의 친족 관계》, 한국연구원, 1971, 216쪽.
101 이이효재는 오한숙희에게 "최진실이 아이들의 성을 바꾸었을 때, 허수경이 비혼모를 선택했을 때, '그들의 용기에 박수를 보내는 진해 노인네 하나 있다'고 전하라"고 했다. 오한숙희, 2020년 4월 16일 이메일.

에 들어가지 않고 독신의 지위를 지키며 비판적 학자의 삶을 살았다.

　그는 자신의 여성의식이 형성된 어린 시절의 경험을 두 가지로 요약했다. 하나는 아들을 못 낳은 자신의 처지를 '집안 조상의 죄인'이라고 여긴 어머니가 뒤늦게 아들을 낳고 키우는 모습을 곁에서 지켜본 경험이다.[102] 다른 하나는 가난한 소작 집안 출신으로 부잣집에 팔려가거나 혼인을 했다가 집에서 쫓겨나 오갈 데 없게 된 여성들이 아버지의 교회로 찾아오는 모습을 안타깝게 바라본 경험이다.[103]

　　그런 데서 내가 참 이 한국 여성들의 처참한 삶을 알게 되고. 그때는 막연하게 나가(내가) 우리나라와 여성들을 위해서 무언가 해야 되겠구나. 그때는 뭔지도 모르게 그저 막연하게. 내가 교육을 충분하게 교육을 받으면 어쨌든 우리 여성들을 위해서 살 거, 일하고 산다는 이런 게 나한테 깊이 박혔던 건 사실이야.[104]

　이효재는 미국 유학을 마치고 귀국한 지 얼마 안 된 1961년에 발표한 글에서 여성의 삶을 억압하는 한국 사회의 현실을 지적하면서 다음과 같이 여성의 의식화를 주장했다.

102　이효재는 그런 경험을 바탕으로 훗날 '아들 절대주의 가치관'을 가족계획, 가족법, 조상 봉제사와 관련시켜 연구했다. 이효재, 〈한국인의 아들에 대한 태도와 가족계획〉, 《논총》 21호, 1973, 63~72쪽.

103　이재경, 〈여성 구술생애사로 본 한국의 근대: 분단: 이효재 구술 녹취록〉, 이화여자대학교, '근대와 여성의 기억' 아카이브, 2015, 12쪽.

104　이재경, 〈여성 구술생애사로 본 한국의 근대: 분단: 이효재 구술 녹취록〉, 12쪽.

우리 한국 여성들이 처해 있는 입장이란 남성들에 비하여 상당히 불리한 것이다. 이것은 어느 사회에 못지않게 비극을 자아냈으며 아까운 재질들이 천대와 멸시 속에서 피지 못하고 억울하게 죽어가는 사실이 늘 계속되고 있다. 이러한 처지에 있는 우리들은 이것을 마치 인간 여성의 운명인 양 즉 여자는 죄가 많아서 이러한 대우를 받고 살게끔 운명 지워진 것으로 세상을 체념하고 그것에 순응해서 살아온 형편이었다. 그러나 이 모든 것은 우리 여성이 깨어서 노력하고 개척해 나감으로써 우리도 인간 대접을 받을 수도 있으며 내 자신을 발전시킬 수 있는 생활을 할 수도 있을 것이다.[105]

이효재는 1965년에 쓴 글에서 여성도 한 사람의 인간으로서 개성의 발전과 자아완성을 추구해야 하며 그것은 가정의 울타리를 벗어나 넓은 범위에서 활동할 때 가능하다고 주장했다.

우리의 의식과 활동을 전체 국가사회의 범위로 확장시킴으로써 우리의 자아발달의 욕구는 그만큼 계속 충족될 수 있으며 따라서 계속적인 발달이 있을 수 있는 것이다.[106]

---

105 이효재, 〈자주적 여성: 내 자신을 위한 권리와 의무를 이행하는 여성〉, 《새길》 88 호, 1961, 법무부 형정부, 50쪽.
106 이효재, 〈여성의 사회진출: 안방 살림에서 사회 전역으로〉, 《사상계》 13권 11호, 1965, 217쪽.

미국으로부터 여성학과 여성운동의 물결이 밀려오기 훨씬 전인 1962년에 발표한 글에서는 여성과 남성의 차이를 차별의 근거로 만들기보다 상호보완의 관계로 봐야 한다고 주장했다.

남녀의 인간학적·생물학적 차이를 인정한다면 남녀가 지닌 능력 및 인성에는 마땅히 차이가 있어야 할 것이다. 그러나 여성이 지닌 특수성을 열등한 것으로 오해하는 점은 시정되어져야 한다. …… 여성의 특수성은 남성에게 예속되어 사는 데 있는 것이 아니고 남자와의 상호 보충적 역할을 하는 데 있는 것이다. 가정에서 어머니와 주부 노릇을 하는 것만이 여성의 특수성을 살리는 것이 아니며 가정생활에 있어서나 사회생활에 있어서나 여성의 특성을 살려 남성과의 조화를 이루어 나가는 데 있는 것이다. 그 특성을 일반적으로 감정의 섬세하고 예민한 점과 모성애적 희생적 정신에 있다고 할 수 있다. 남성들의 능동적이고 진취적인 성질에 대조하여 포섭적이고 화해적인 면을 살려 사회생활의 균형을 맞추어 나가는 데 여성으로서의 의의가 있을 것이다.[107]

이효재의 여성사회학은 미국에서 수입한 학문이 아니라 이효재 자신의 삶에서 우러나온 것이다. 이효재는 1950년대 후반 여성이 학문 활동을 한다는 것 자체가 낯설었던 시기에 사회학자로 활동을 시작하면서부터 어린 시절의 경험을 토대로 여성의식을 키웠다. 그는 자신의 역

---

107 이효재, 〈여성과 지도자〉, 《기독교사상》 6권 1호, 1962, 67쪽.

사적 체험을 바탕으로 여성을 위한 앎을 일구어낸 한국 여성학의 개척자였다. 1960년대와 70년대에 발표한 논문들은 오늘날 여성학이나 여성사회학에서 다루는 주제들을 선구적으로 논의하고 있다.[108] 1970년 이효재는 여대생들을 향해 가정 생활에 매몰되지 말고 직업 생활과 사회 활동을 병행하라고 권고했다.

그러므로 여성들은 그들의 일생을 결혼과 가정생활의 테두리에서만이 꾸려나갈 것이 아니라 직업을 통해서 그들의 소질을 살리며 단체활동을 통해서 사회활동에 참여해야 할 것이다. 좁은 가정생활의 테두리를 벗어나서 더 큰 사회를 활동의 영역으로 삼아 일생을 건설적으로 다양하게 살아갈 수 있어야 한다.[109]

이효재는 1960년대 말부터 이화여대 한국문화연구소에서 간행하는 학술지《논총》에 여성 관련 논문을 지속적으로 발표했다. 그 가운데 가정주부들의 지역사회 참여 실태를 연구한 논문에서 여성들의 가정 밖 활동이 증가했지만 그들 가운데 사회의식을 가지고 지속적이고 조직적인 단체 활동에 참여하는 경우는 별로 없음을 확인했다.

---

108 이재경, 〈이효재의 여성·가족사회학〉, 한국가족문화원 10주년 학술대회 발표문, 2004, 3쪽.

109 이효재, 〈미래대학의 사회적 요청〉, 《학생생활 연구》 4호, 숙명여자대학교 학생생활지도연구소, 1979, 80쪽.

(그들의 가정 밖 활동은) 어디까지나 그들의 가정생활과 개인적인 사회생활을 중심으로 한 사회활동인 것이다. 사회단체 활동이나 지역사회를 위한 클럽활동에 참여하고자 하는 강한 욕구는 보이지 않는다. 그리고 직업적 진출에 대한 강한 욕구를 표시한 바도 없다. 그들은 자녀의 성공과 경제적으로 넉넉한 가족생활 그리고 원만한 부부생활에 대한 희망과 요구에 치중하여 자신들의 인간현실을 문제 삼지 않는다.[110]

그런 실태 확인 위에서 이효재는 "여성단체들은 주부들 사이에서 어느 정도 잠재적인 참여의식을 지닌 사람들을 상대로 적극적인 접근을 기도해야 하는 한편 또한 전혀 무관심한 상태에 있는 대다수를 상대로 사회참여의 필요성을 인식할 수 있게끔 운동을 전개해야 할 것이다"라고 여성단체의 활동 방향을 제시했다.[111] 이효재가 바라는 여성단체 활동의 기본 방향은 여성들이 한국 사회의 민주화에 적극적으로 참여하는 것이었다.

한국 사회의 민주화는 여성들의 자주적인 사회참여 없이는 이룩될 수 없는 것이다. 여성이 가족과 사회 그리고 국가와 민족과의 관계에서 자주적 존재로 거듭나서 평등한 시민으로 사회에 참여해야만 한국 사회의 민주화가 가능할 것이다.[112]

---

110 이효재·정충량, 〈도시 주부생활에 대한 실태조사〉, 《논총》 16호, 1970, 282쪽.
111 이효재·정충량, 〈도시 주부생활에 대한 실태조사〉, 282쪽.
112 이효재, 《조선조 가족과 사회—신분 상승과 가부장제 문화》, 한울, 2003, 10쪽.

이효재는 여성의 사회참여 증진을 위해 1970년에 이화여대 안에 '여성자원개발연구소'를 설립하고 학교 밖으로는 서울시 영등포구 화곡동에서 지역을 기반으로 여성들이 공동 구매, 협동 보육, 놀이터 공동관리, 지역학교 교육에 참여하는 실천 지향적 활동을 실험했다.[113] 그러나 이 실험은 시민사회의 자율적 움직임을 탄압한 유신체제의 수립 이후 더이상 진행되지 못하고 막을 내렸다.

유신체제하에서 이효재의 여성의식은 두 번의 계기를 통해 더욱 분명한 형태를 갖추게 되었다. 먼저 1974년 피스크대학에서 접하게 된 흑인 사회학이 중요하게 작용했다. 피스크대학은 미국 사회의 동화정책을 거부한 채 인종 간 분리교육을 선택하고 오로지 흑인 학생만을 교육하고 있었다.[114] 이효재는 "기회의 평등을 근거로 한 어설픈 '통합'보다는 흑인 고유의 정체성"을 지키면서 이등 시민의 지위에서 벗어나는 전략을 모색하는 '흑인학Black Studies'에서 지적 자극을 받아 여성이 남성사회에 어설프게 통합되는 것보다는 여성만의 주체적 단체 활동을

---

113 이효재의 제자 강인순은 이효재가 1970년대 초중반 수업 시간에 강조한 "지역사회의 주인은 여성이다"라는 말을 듣고 여성의 주체성과 성 평등에 대한 인식을 확고히 하게 되었다고 회고했다. 강인순, 〈나의 비판사회학: 월영별곡〉, 《경제와 사회》 125호, 2020, 463쪽.

114 피스크대학의 흑인 사회학에 대해서는 Stanley H. Smith, "Sociological Research and Fisk University", James Blackwell and Morris Janowitz ed., *Black Sociologists : Historical and Contemporary Perspectives*(Chicago: University of Chicago Press, 1974), pp. 164~180 참조.

해야 한다는 생각을 굳히게 되었다.[115]

그 후 1975년 멕시코에서 열린 제1차 세계여성대회에 참석하여 서구와는 구별되는 제3세계 여성운동과 여성해방론을 만나면서 자신의 여성의식을 한 차원 높일 수 있었다.[116] 멕시코 세계여성대회는 평등, 발전, 평화라는 주제로 성평등 의제를 발굴하고 여성정책의 구체적인 방법과 전략을 모색했다. 이 회의에 한국 대표로 참석하면서 이효재는 세계적인 차원에서 "여성운동의 흐름과 방향을 이해하고 파악할 수 있게 되었다."[117] 피스크대학 체험과 멕시코 세계여성대회 체험은 이효재가 "한국 사회에서 이등 시민의 위치를 차지하는 여성을 위해 여성학 Women's Studies이 필요하다는 믿음을 갖게 하는 계기"가 되었다.[118]

이효재의 여성 주체의식은 1970년대 후반 미국에서 여성학이 도입되는 시기를 맞이해 한국의 여성사회학으로 발아했다.[119] 1975년 이효

115　이재경, 〈한국 사회학에서의 여성연구〉, 조대엽·신광영 외, 《한국 사회학의 미래: 사회학의 위기진단과 미래전망》, 나남, 2015, 358쪽.

116　이효재는 이미 1972년에 스톡홀름에서 열린 제1차 유엔 인간환경회의에 한국여성단체협의회 대표로 참석했다. 이효재, 〈나와 여성학〉, 이화여자대학교 한국여성연구원 30년 편찬위원회 편, 《한국여성연구원 30년: 1977~2007》, 이화여자대학교 한국여성연구원, 2008, 306~307쪽. 이후 이효재의 제3세계 여성 문제에 대한 관심은 제자들과 함께 펴낸 여성평우회 편, 《제3세계 여성노동》, 창작과비평, 1985으로 표현되었다.

117　문소정, 〈이효재 가족 연구에 대한 고찰〉, 《가족과 문화》 16집 2호, 2004, 177쪽.

118　이재경, 〈한국 사회학에서의 여성연구〉, 358~359쪽.

119　유엔이 '여성의 해'로 정한 1975년 이화여자대학교에 여성학 교양과목 설치를 위한 교과과정 개발위원회가 조직되었고 1976년 정의숙과 조정호의 번역으로 케이

재는 현영학, 정세화, 이남덕 등과 함께 이화여대에 여성학 과정 개설을 위한 기초연구를 실시했다.[120] 1976년 가을 학기에는 사회학과 4학년 학생을 대상으로 '여성사회학' 과목을 개설했고 김주숙과 공저로 《한국 여성의 지위》를 출간했다. 1977년에는 여성자원개발연구소를 폐지하고 '한국여성연구소'를 만들었으며 사회학 이외에 법학, 정치학, 문학, 경제학, 심리학과 전공 교수들의 강의와 조별 토론으로 이어지는 팀티칭 방식으로 여성학 과목을 개설했다.[121] 1982년에는 이화여대 대학원에 여성학과 설립을 지원하면서 한국 여성학의 제도화에 기여했다.[122]

트 밀레트의 《성의 정치학》(현대사상사)이 출간되었으며 1977년 여성학을 전교생 대상 교양과목으로 개설했다. 이효재는 1977년 사회학과에 여성사회학을 개설했다.

120 현영학·정세화·이남덕·이효재, 〈여성 능력 개발을 위한 여성학 과정 설치의 제안〉, 《한국문화연구원 논총》 28호, 1976, 377~390쪽. 이 논문에서 연구자들은 서로 차이가 나는 워싱턴대학University of Washington과 미시간주립대학Michigan State University의 여성학 과목을 참고하면서 한국 실정에 맞는 여성학 교과목을 제안했다.

121 이재경, 〈한국 사회학에서의 여성연구〉, 359쪽. 1977년 여성학 강의를 보완하는 조별 토론의 조교는 이미경, 지은희, 이계경, 이경숙, 이옥경 등이었다. 이화여자대학교 한국여성연구소 편, 《여성학신론》, 이화여자대학교 한국여성연구소, 1977. 교재 집필에는 이효재를 비롯하여 김영정, 정의숙, 윤후정, 현영학, 서광선, 이동원, 조형 등이 참여했다. 이 책은 1979년 《여성학》으로 제목을 바꾸어 이화여자대학교출판부에서 출간되었다.

122 1984년에 한국여성학회가 만들어져 한국 여성학 연구의 제도적 기반이 마련되었다. 초대 회장은 윤후정이었다.

1977년에 발간된 한국 최초의 여성학 교재인《여성학신론女性學新論》
에 기고한 글에서 이효재는 "정치·경제·가족 구조상의 불평등을 조장
하는 요인을 이해하여 이것을 제거하기 위한 사회운동과 여성의 적극
적 참여가 요구되는 것"이라면서 여성학의 실천적 성격을 강조했다.[123]
이효재의 여성 연구는 여대생, 중산층 주부, 농촌 여성, 여성 노동자,
성매매 여성, 분단시대의 여성, 일본군'위안부' 문제에 이르기까지 다
양한 배경의 여성들과 함께하며 지속되었다. 그의 여성사회학은 유교
적 가부장제라는 문화전통, 일제 식민통치의 역사, 한국전쟁과 분단체
제의 지속, 억압적 국가권력 등이 이중 삼중으로 여성에게 희생을 강요
하고 남녀 불평등을 유지시키는 현실을 드러내고 여성이 자기 삶의 주
체가 되어 스스로를 해방시키고 가족을 민주화시키고 사회를 민주화
시켜 모든 사람이 자유롭고 평등하게 살 수 있는 삶의 공동체를 만드는
일에 이바지하는 지식과 실천적 방법을 모색했다.

3. 이효재의 여성 노동자·농민 연구

1966년 이스라엘 공동체 방문과 1974년 미국 흑인 사회학과의 만남,
1975년 멕시코 세계여성대회 참석이 준 학문적 충격에 이어 1978년 이

---

123   이효재, 〈여성과 사회구조〉, 이화여자대학교 한국여성연구소 편, 《女性學新論》, 이
      화여자대학교 한국여성연구소, 1977, 64~87쪽.

효재는 자신의 학문 생활에서 네 번째 변화의 계기를 맞는다. 한국 여성 노동운동과의 만남이 그것이다. 이효재는 인천의 동일방직 여성 노동자들의 노동조합 설립운동을 지원하면서 여성 노동자들의 삶에 깊은 관심을 갖게 되었다. 1973년 식민지 시대 여성 노동자들에 대한 연구를 발표한 후 여성 노동자들의 삶과 노동운동에 대한 연구를 본격적으로 시작했다.[124]

70년대 초의 전태일, 그리고 인천 동일방직 여성 노동자들의 노동운동은 나에게 큰 자극이 되었어요. 조화순 목사 등도 대략 이 무렵에 만났는데 당시 나는 직접 노동운동에 관여한다든가 그것을 내 학문 세계로 안아 들이지 못했지만 여기에 촉발받은 것이 바로 식민지 시대 여성운동, 특히 여성 노동자들의 삶과 운동에 대한 연구들이었지요.[125]

이효재는 1980년 5월 광주항쟁 이후 이화여대에서 강제 해직된 이후 분단현실에 대한 의식을 더욱 분명하게 인식하게 되었고 노동자, 도시 빈민, 농민들로 구성되는 민중에 대한 연구의 필요성을 절실하게 느꼈다. 해직교수 생활은 비판적 사회의식을 더욱 심화시키는 기간이었다. 1984년 복직 이후 여성 노동자 연구를 본격화했다. 여성 노동자 연구는 조선 시대 여성들의 노동에서 시작하여 식민지 시기를 거쳐 현대

---

124 이효재·정충량, 〈일제하 여성 근로자 취업실태와 노동운동에 관한 연구〉, 《논총》 22호, 1973, 307~344쪽.

125 임영일, 〈여성해방의 길에 놓인 큰 디딤돌〉, 349쪽.

에 이르는 역사적 관점에서 이루어졌다.

1985년에 발표한 〈한국 여성 노동사 연구 서설—조선 사회와 여성노동〉은 조선 경제 생활의 근간이었던 면업 생산을 여성이 전담했다는 사실을 부각시켜 조선 사회에서 여성 노동이 차지하는 비중이 작지 않았다는 가설을 제시했다. 이 논문은 당시 페미니즘의 영향으로 여성의 역할, 여성 노동의 중요성, 국가적인 기여도 등에 관심이 많았던 여성 사학계에 신선한 자극을 주었다.[126] 이효재의 여성 노동에 관한 연구는 이후 〈한국 여성 노동주기work cycle에 관한 연구〉(1986), 〈한국 노동자 계급 가족의 생활 실태〉(1988), "The Changing Profile of Women Workers in South Korea"(1988) 등으로 이어졌다.

이효재는 여성 노동자뿐만 아니라 여성 농민들의 삶에도 관심을 기울였다. 1977년에 발표한 농촌 여성의 삶에 대한 연구에서 이효재는 농촌 여성들의 가사노동과 농업 생산이라는 이중의 노동 생활을 드러내면서 서구 중산층 가족의 경험을 기반으로 구성된 기능주의적 성역할 이론이 지닌 한계를 밝히는 한편 오래된 가부장적 편견으로 인해 제대로 가치를 인정받지 못하고 있던 여성 농민들의 사회적 기여를 부각시켰다.[127] 1970년대 후반 이효재의 농촌 여성 연구는 가사노동과 농업

---

126 이효재, 〈한국 여성 노동사 연구 서설—조선 사회와 여성노동〉, 《여성학논문집》 2집, 이화여자대학교 한국여성연구원, 1985, 147~167쪽; 이순구, 〈조선 시대 여성사 연구동향〉, 강영경 외 엮음, 《한국 여성사 연구 70년》, 한국학중앙연구원 출판부, 2017, 129쪽.

127 이효재, 김주숙, 〈농촌 지역사회 발전을 위한 여성의 역할〉, 《논총》 30호, 1977, 323~364쪽.

생산, 지역사회 활동에 동원되는 농촌 여성들의 과중한 노동을 비판하는 한편 여성 농민들이 가족과 지역사회에 기여하고 있는 부분을 또렷이 드러냈다. 그의 여성 농민 연구는 성 차별 이데올로기가 여성 노동을 보이지 않게 만들고 그 가치를 평가절하하게 만든다는 오늘날 여성학의 핵심 주제를 선구적으로 논의한 것이었다.[128]

4. 이효재의 분단시대의 사회학

1970년대 들어 민주화를 요구하며 민중론을 형성한 일련의 진보적 학자들은 분단 상황이 한국 사회에 미치는 부정적 영향을 연구하면서 분단 극복에 기여하는 학문을 모색했다. 1978년 역사학자 강만길은 《분단시대의 역사인식》에서 해방 이후의 한국사를 분단시대로 정의하고 통일 지향의 실천적 역사의식을 주장했다.[129] 이효재는 강만길과 문제

---

128 이재경, 〈이효재의 여성·가족사회학〉, 한국가족문화원 10주년 학술대회 발표문, 2004, 3쪽.

129 강만길, 《분단시대의 역사인식》, 창작과비평, 1978. 강만길은 훗날 "시대의 현재적 상황과 흐름에 가장 민감해야 할 역사학이 아카데미즘이란 보도寶刀를 방패 삼아, 상아탑이란 안가安家에 안주함으로써 현실 및 대중과의 괴리가 커지고 말았다"고 분단시대의 아카데미즘을 비판했다. 강만길, 《역사가의 시간》, 창비, 2018, 12쪽. 김정인, 〈분단과 통일에 관한 인문학적 성찰: 강만길, 백낙청, 송두율〉, 김경일·김동춘·조희연 등 공저, 《우리 안의 보편성―학문 주체화의 새로운 모색》, 한

의식을 공유하면서 1979년 《창작과 비평》에 〈분단시대의 사회학〉이라는 글을 발표했다.[130] 이 글에서 이효재는 자신이 줄곧 연구해왔던 가족과 여성 문제를 분단체제와 연결시켰다. 이후 분단시대를 살아가는 가족과 여성에 대한 문제의식을 심화시켜 쓴 글을 모아 1985년 《분단시대의 사회학》이라는 저서를 출간했다.[131] 이효재는 이 책을 통해 한국의 사회학은 분단이라는 역사적 사실이 한국 사회의 구조적 특성과 한국 사회에서 살아가는 사람들의 의식, 가치관, 인간관계, 사회 행동을 어떻게 왜곡시켰는가를 연구함으로써 민중들이 각 분야에서 "새로운 의식과 가치관으로 질서와 제도를 창조해 나갈 수 있도록 방향과 비전을 제시"하고 "사회변화를 위한 전략과 방법을 공동으로 모색하는 데 도움"을 제공하고자 했다.[132]

이효재의 분단시대의 사회학이라는 문제의식이 어느 날 하루아침에 만들어진 것이 아니다. 한국전쟁 동안 미국에서 유학 생활을 했던 이효재는 수난과 고난의 시간을 함께하지 못했다는 부채의식을 지닌 채 이미 1960년대부터 분단 상황이 만들어내는 분단 가족의 문제를 예민하게 감지하면서 분단시대의 사회학의 정서적 기반을 만들어나갔다. 분단시대의 사회학은 분단으로 고통 받는 사람들의 한에 대한 공감과 연

울, 2006, 266~298쪽도 볼 것.

130 이효재, 〈분단시대의 사회학〉, 《창작과비평》 14권 1호, 1979년 봄호, 250~268쪽.

131 이효재, 《분단시대의 사회학》, 한길사, 1985. 이 책은 1986년 26회 한국출판문화상을 받았다. 이 책에 실린 10편의 길고 짧은 글 가운데 6편의 글의 제목 속에 '분단시대' 또는 '분단'이라는 단어가 들어 있다.

132 이효재, 《분단시대의 사회학》, 14~15쪽.

민에서 시작되었다.

> 60년대에는 참 내 주위에 많은 사람들이 …… 월남한 가족들이 자기들
> 이 곧 돌아가 또 가족을 만날 수 있으리라고 생각을 하고 그저 이웃집 가
> 듯이 모두 떠나온 사람들이 많았거든요. 그런데 점점 세월이 가니까 너
> 무너무 참 애타 하고 애절하게들 가족하고 이별 이거를 모두 못 견디는
> 거야. 그들의 그 모습을 보면서 이 참 분단이라는 게 바로 가족을 분단시
> 키는 거야.[133]

북한에서 남한으로 내려온 가족이 현실에서 겪는 고통과 더불어 월
북한 아버지를 둔 작가들이 쓴 '분단소설'도 이효재가 분단시대의 사
회학이라는 문제의식을 발전시키는 데 도움이 되었다.[134] 1983년 KBS
가 주관한 이산가족 찾기운동은 그런 이효재의 문제의식과 감수성을
더욱 첨예하게 만들었다.[135] 전쟁과 분단으로 인해 헤어진 그 많은 가족
들이 잃어버린 가족을 애타게 찾는 모습을 지켜보면서 그들의 고통과
한을 사회학적으로 설명하고 사회적 실천을 통해 극복해야 한다는 생
각을 굳혔다.

---

133 이재경, 〈여성 구술생애사로 본 한국의 근대: 분단: 이효재 구술 녹취록〉, 이화여
자대학교 '근대와 여성의 기억' 아카이브, 2015, 18~19쪽.

134 이재경, 〈여성 구술생애사로 본 한국의 근대: 분단: 이효재 구술 녹취록〉, 19쪽. 문
학작품을 사회 연구의 자료로 활용한 이효재, 〈민족 분단과 가족 문제―한국소설
의 분단인식〉, 《분단시대의 사회학》, 한길사, 1985, 231~264쪽 참조.

135 강인순, 〈이효재와 분단시대의 사회학〉, 7쪽.

단일 민족국가로서 오랜 역사를 지니고 살아온 한 공동체가 외세의 강압적 작용으로 분단된 만큼 개인, 가족, 이웃, 지역공동체로서 당하는 인간적 비극, 절망, 좌절 그리고 이것을 극복하며 살아가려는 노력 등 수없는 처절한 경험이 있으며 이런 사회현실이 이론적으로 어떤 의미를 지니는 것일까 고민하지 않을 수 없(었)다.[136]

이효재의 분단시대의 사회학은 서양에서 수입된 사회학이라는 학문을 한국 현실 속에 뿌리내리게 하려는 학문적 실천의 일환이었다. 이효재는 서구의 관점이 아닌 우리 사회의 역사적 문제의식으로 한국의 가족과 여성에 대한 경험적 연구를 쌓고 이를 토대로 실천 지향적 학문을 전개했다.[137] 그래서 이재경은 이효재의 분단시대의 여성사회학을 '우리 이론'이라고 평가했고, 김진균은 여성과 분단이라는 변수를 도입한 이효재의 사회학을 '토종 이론'이라고 불렀다.[138] "역사적으로 가부장제 사회 속에서 한을 품고 살아온 여성들이 이 분단이란 것으로 인해서

---

136 이효재, 〈분단시대의 사회학〉, 《창작과 비평》 14권 1호, 1979년 봄호, 256쪽 또는 《분단시대의 사회학》, 18쪽.

137 이효재의 제자 이미경은 "선생님의 관점의 요체는 바로 우리는 우리 것을 만들어 내야 한다는 것이었죠"라고 요약했다. 강남식·오장미경, 〈한국 여성학의 발달과 서구(미국)페미니즘〉, 한국학술단체협의회 편, 《우리 학문 속의 미국: 미국적 학문 패러다임 이식에 대한 비판적 성찰》, 한울, 2003, 291쪽에서 재인용.

138 이재경, 〈이효재, 우리 여성학의 시작: 한국적 특수성을 소재로 일군 우리 여성학〉, 교수신문 편, 《오늘의 우리 이론 어디로 가는가—한국의 자생이론 20》, 생각의나무, 2003, 323쪽. 김진균의 인터뷰는 교수신문 편, 〈인터뷰—이효재를 말한다〉, 《오늘의 우리 이론 어디로 가는가—한국의 자생이론 20》, 336쪽.

여성들이 당하는 문제, 그리고 가족이 당하는 문제, 이런 것을 뼈저리게 느낄 수밖에 없는 데서" 분단시대의 사회학이 나온 것이다.[139] 강인순은 분단시대의 사회학은 "사회적 사실social fact인 분단된 한국 사회에서 고통 받는 민중들의 한과 여성 민중의 한으로부터 민중을 해방시키는 것"을 목적으로 하는 사회학적 탐구라고 평가했다.[140]

분단시대의 사회학은 "분단으로 인한 피해를 가족과 여성 문제의 차원에서뿐만 아니라 분단국가를 유지하려는 체제로서 형성된 사회구조적 성격의 차원에서도 관심"을 기울였다.[141] 이효재는 분단 이후 이승만 정권과 박정희 정권이 "분단사회의 한계성을 역이용하여 권력의 절대화를 꾀하며 가부장제 사회의 유산을 계승 강화함으로써 복종적이며 위계질서적인 사회의 질서와 안정을 확립하려고 하였다"면서 분단체제를 역이용하여 형성된 남한 사회의 구조적 성격을 '가부장적 권위주의'로 개념화했다.[142] 그러나 분단은 남한만의 문제가 아니라 남북한 공동의 체제 문제이다. 이효재는 분단이 남북한의 적대적 공존체제를 지속시켰음을 다음과 같이 파악했다.[143]

---

139 이재경, 〈여성 구술생애사로 본 한국의 근대: 분단: 이효재 구술 녹취록〉, 이화여자대학교 '근대와 여성의 기억' 아카이브, 2015, 21쪽.

140 강인순, 〈이효재와 분단시대의 사회학〉, 1쪽.

141 이효재, 《분단시대의 사회학》, 4쪽.

142 이효재, 〈한국 사회구조의 성격〉, 《분단시대의 사회학》, 한길사, 1985, 146쪽과 147쪽.

143 박정희와 김일성이 주도한 분단체제를 '적대적 공범자'라는 개념으로 설명하는 임지현, 《적대적 공범자들》, 소나무, 2005, 2부와 남북관계를 '적대적 공생' 개념

우리에게 분단을 강요한 국제 냉전체제에 편승하여 권력을 유지하려는 남북한의 지배층은 서로 남진통일·북진통일로 위협해 왔다. 제각기의 체제를 중심으로 통일하여 지배하려는 통일 정책으로 대립해왔다. 그리하여 민중을 공포와 불신으로 사로잡아왔다.[144]

이효재는 분단체제에서 형성된 '가부장적 권위주의'가 여성들을 억압하는 데 그치지 않고 여성들이 주체적 삶을 살아가는 것을 방해한다고 보았다. 그에 따르면 분단사회는 "고도 경제성장이나 산업화에도 불구하고 농업에 기반한 봉건사회의 가족제도와 남존여비의 이데올로기를 강요하며 사상적 대립의 굴레를 심화시키고 있는 것이다. 이러한 분단 상황이 여성들의 사상 및 정신 상태를 유아 상태로 머물게 하고 있다. 여성은 맹목적 모성애로 가족 중심의 이익과 자신의 삶을 완전히 일치시키는 정체감에서 탈피하지 못하게 되는 것이다."[145]

이효재는 분단으로 인해 발생한 수많은 고통과 한을 크게 '민중의 한'으로 설명했지만, 특히 '여성 민중의 한'을 사회학적으로 설명하기 위해 노력했다.[146] 분단시대의 사회학은 학문에 머무르지 않고 여성 민중들이 한으로부터 해방되어 평등·평화의 가족공동체를 만들고 사회

으로 이해하는 한완상, 《한반도는 아프다—적대적 공생의 비극》, 한울아카데미, 2013 참조.

144 이효재, 《분단시대의 사회학》, 294쪽.

145 이효재, 《한국의 여성운동, 어제와 오늘》, 정우사, 1996, 231쪽.

146 강인순, 〈이효재와 분단시대의 사회학〉, 7쪽.

개혁과 통일을 지향하는 여성평화운동으로 이어졌다.

5. 이효재의 한국 가부장제 연구

이효재가 1957년 미국 컬럼비아대학에서 쓴 석사학위 논문의 제목
은 〈조선조의 사회이동 연구: 사회계층에 관한 기능과 가치 이론에 비
추어A Study of Social Mobility in the Yi Dynasty of Korea in the Light of the
Functional and Value Theories of Social Stratification〉이다. 이 논문은 일종의
역사사회학 분야의 연구였다.[147] 이효재는 이 논문에서 자료의 한계에
도 불구하고 "사회학 이론의 관점에서 역사 연구를 하는 작업의 유용
성"을 보여주었다.[148] 그러니까 이효재 사회학의 원초적 관심이자 그의
학문적 뿌리는 장기적 사회변동을 다루는 역사사회학이었다고 할 수
있다. 그런 이유에서인지 이효재는 은퇴 후 《조선조 사회와 가족》이라

---

[147] Hyo-Chai Lee, "A Study of Social Mobility in the Yi Dynasty of Korea in the Light
of Functional and Value Theories of Social Stratification", 《문리대학보》 6권 2호,
1958, 43~53쪽. 이 논문은 영어 번역본 원자료들과 2차 자료들을 사용하고 있지
만 사회학적 개념들을 활용하고 있다.

[148] Hyo-Chai Lee, "A Study of Social Mobility in the Yi Dynasty of Korea in the Light
of Functional and Value Theories of Social Stratification", 53쪽. 이 글을 쓸 당시 이
효재는 서울대 심리학과에서 사회심리학을 강의하고 있었기 때문에 글 맨 끝에
'심리학과 강사'라는 소개가 붙어 있다.

는 조선 시대 가부장제의 형성과 강화에 대한 저서를 출간함으로써 자신의 학자 생활을 마무리했다.[149]

그런데 이효재의 논문과 저서를 전체적으로 검토해보면 이미 1970년대 들어 조사 연구와 더불어 역사적 접근을 병행했음을 알 수 있다. 개화기 이후 한국 여성들의 교육과 사회참여, 일제 식민지 시기 이후 여성 노동자의 노동조건과 노동운동, 개화기 이후 여성단체들의 활동에 대한 사회사적 연구들이 역사적 접근의 보기들이다.[150] 은퇴 이후 《조선조 사회와 가족》에 이어 펴낸 《아버지 이약신 목사》도 부친에 대한 이야기를 중심으로 이효재의 개인사, 가족사, 그리고 일제 시대에서 현재에 이르는 사회사 연구물로 볼 수 있다.[151]

그러나 다른 어떤 주제보다도 가부장제 비판과 그 극복 방안의 모색이야말로 이효재 사회학의 중심 주제였다. "개별적 인간으로서의 여성들의 주체성 확립이 가족의 민주화, 즉 가부장제의 극복으로 시작될 수밖에 없다는 확신에서 가부장제 가족의 변화에 관심을 갖게 된 것이다."[152] 1990년 정년퇴임을 기념하는 논문집에 발표한 〈한국 가부장제

---

149 이효재, 《조선조 사회와 가족: 신분 상승과 가부장제 문화》, 한울, 2003.

150 이효재, 〈개화기 여성의 사회진출〉, 발행자 불명, 1972; 이효재·정충량, 〈일제하 여성노동자 취업실태와 노동운동에 관한 연구〉, 《논총》 22호, 1973, 307~344쪽; 이효재, 〈한국 여성 노동사 연구 서설—조선 사회와 여성노동〉, 《여성학논문집》 2집, 1985, 이화여자대학교 한국여성연구원, 147~167쪽: 이효재·정충량, 〈여성단체 활동에 관한 연구〉, 《논총》 14호, 1969, 117~222쪽.

151 이효재, 《아버지 이약신 목사》, 정우사, 2006.

152 이효재, 《조선조 사회와 가족》, 10쪽.

의 확립과 변형〉은 그러한 지속적 관심의 표현이었다.[153]

이효재의 가부장제에 대한 비판은 가족의 울타리를 넘어 한국 사회
의 구조에 대한 비판으로 이어졌다. 1969년 3선개헌이 1972년 유신체
제 수립으로 이어지면서 박정희 정권은 '한국적 민주주의'라는 통합
이데올로기를 내세웠다. 이효재의 눈에 그것은 대통령을 정점으로 하
는 '가부장적 권위주의'였다. 조선 시대 이후 형성되고 강화된 가부장
제를 비판하던 이효재가 가부장적 권위주의에 맞서 민주화운동에 참여
한 것은 지극히 당연한 일이었다. 이효재는 가부장제 조직 원리가 한국
사회 여러 영역에서 지속되고 있음을《조선조 사회와 가족》서문에서
다음과 같이 밝혔다.

나는 분단사회의 구조적 성격을 '가부장제 권위주의 체제'로 이론화하
여 여성의 노동권과 인권을 억압하고 경제성장의 수단으로 삼는 정책을
비판적으로 연구하였다. 이러한 연구 과정에서 가부장제 문화의 전통을
사회체제의 보수화를 뒷받침하는 것으로 이해하게 되었다. 즉 관료사회
의 위계적 질서, 권위주의, 정치사회의 보스 중심적 파벌주의, 일반사회
의 서열차별과 연고주의 등이 가부장적 국가권력을 유지시키는 데 기능
하며 공적 사회의 부패와 부정의 온상이 되고 있는 것이다. 더욱이 가부
장제에 기반한 조상숭배가 가족종교를 이루어 인간의 생사화복과 혈통
계승에 관한 원시 신앙을 벗어나지 못한 데서 배타적인 부자 중심 혈연

---

153 이효재, 〈한국 가부장제의 확립과 변형〉, 여성한국사회연구회 편, 《한국가족론》,
      까치, 1990, 3~34쪽.

주의와 성차별의 가치관이 집단의식에 깊이 잠재하고 있음을 이해하게
되었다.[154]

이효재는 최재석 등이 축적한 기존의 한국 가족제도사 연구 결과를
여성학적 관점에서 정리하면서 엄격한 부계 중심의 가부장제의 확립이
"불과 200년 남짓 경과한 것에 비해, 가부장제 전통은 우리 삶에 뿌리
깊게 내려 집단적 의식과 공동체적 삶을 지배하고 있는 것에 대해 의아
하게 생각"하여 그 이유를 규명하게 되었다.[155] 그가 볼 때 조선 사회는
가부장제와 결합한 신분제 사회였다. 조선 사회의 "지배 신분으로서
양반계층은 그 세습의 기반을 가부장제 혈통 계승으로 정당화하고 유
지"했다.[156] 이효재는 양반층에서 시작된 가부장제 문화가 상민층을 거
쳐 노비층에 이르기까지 모든 신분이 수용하여 조선 사회의 굳건한 관
습으로 정착된 역사적 과정을 연구했다. 한국 사회의 가부장제 문화를
극복하기 위해서는 상민과 노비층이 양반층의 가부장제 문화를 수용하
고 관습화하는 과정에 대한 연구가 필요했기 때문이다. 그 결과 신분제
사회에서 지배와 착취의 대상이었던 상민과 노비층이 신분제를 거부할
수 있는 다른 대안이 없었으므로 스스로를 양반 신분으로 만들기 위해
가부장제 양반문화를 적극적으로 수용하고 내면화하게 되었다고 해석
했다.

---

154 이효재, 《조선조 사회와 가족》, 한울, 2003, 11쪽.
155 이효재, 《조선조 사회와 가족》, 11쪽.
156 이효재, 《조선조 사회와 가족》, 17쪽.

신분 사회에서 민중들은 그들의 생존이 짓밟히고 가족 보존의 공동체적 삶이 위협을 당하는 데서 신분 상승을 꾀하였다. 그들은 양반 신분을 지향하며 합법·비합법적 방법과 수단을 통해 신분 상승을 성취하였고, 적극적 대응으로 양반화함으로써 불평등한 신분제를 극복하려 하였다. 그들에게 양반으로서의 신분 상승은 일차적으로 호적상에 기재된 직역과 신분 표시를 위조하는 것이었다. 이처럼 민중들의 신분 상승 지향성은 가족생활에서 양반문화를 모방하고 생활화함으로써 가부장제 이데올로기를 생활문화로 삼았다. 따라서 양반층의 가부장제 문화는 사회 전반에 보편화되고 뿌리내린 것이다.[157]

이효재의 가부장제에 대한 사회사 연구는 열녀와 효부에 대한 이데올로기 해체 작업으로 이어졌다. 양반층 여성을 넘어 상민과 노비층 여성들에 이르기까지 가부장제의 가치와 정절 이데올로기가 내면화되고 적극적으로 받아들여진 역사적 과정을 추적했다.[158] 그 결과 조선 사회

---

157 이효재, 《조선조 사회와 가족》, 21~22쪽. 일본군 '위안부' 문제에서 이효재와 다른 입장을 취한 이영훈도 이 점에서는 이효재와 의견을 같이한다. 그에 따르면 "상민과 노비 신분의 하층민들은 그들의 사회경제적 처지를 개선하기 위해 양반사회와 대립적인 그들만의 사회를 추구하기보다 양반사회와 동질의 생활문화와 신분의 취득을 지향하였다. 그러한 유교적 전환Confucian Transformation은 20세기에 들어 멈추지 않았다. 오히려 20세기와 더불어 개시된 근대적 전환과 맞물려 동 세기 말까지 가속화하였다. 그 과정에서 앞서 살핀 바와 같은 물질주의적 성취 지향의 개성적 인간형이, 단체의 밀도가 지극히 희박한 저신뢰 사회형이 생겨났다." 이영훈, 《한국경제사 2: 근대의 이식과 전통의 탈바꿈》, 일조각, 2016, 579쪽.
158 이효재, 《조선조 사회와 가족》, 한울, 2003, 12쪽.

가 신분 차별과 성 차별의 사회질서를 가부장제 유교 이데올로기로 정당화하고 일상적 실천을 강요했던 억압체제였음을 밝혔다. 거기에서 그치지 않고 동학에서 나타나는 인내천, 만민평등 사상, 신분제 철폐, 재가 허용, 여성과 어린이에 대한 생각의 변화를 두루 살피고 일제 식민지 통치시절 가부장제의 변화를 추적했다. 뒤이어 해방 이후 민법의 제정 과정과 1958년에 제정된 가부장제 신민법의 내용을 비판적으로 검토하여 1990년 호주제가 폐지되고 가족법이 양성평등의 방향으로 변화하는 데 크게 기여했다. 아래에서는 이 같은 학문적 작업을 바탕으로 이효재가 학계와 여성운동계에서 벌인 사회적 실천 활동에 초점을 맞춰 살펴본다.

5.

이효재의
사회적 활동

1. 이효재의 학맥

이효재는 학계에서 여성들의 존재가 미미했던 1950년대 후반부터 사
회학자로 활동했다. 이효재 이전에 미국 유학을 한 한국 여성으로는 김
활란(1899~1970)과 고황경(1909~2000)을 꼽을 수 있다.[159] 이효재는 그
들을 잇는 미국 유학생 출신 기독교 여성 지도자의 계보에 속한다. 김

---

[159] 한국 여성 최초의 미국 유학생은 박에스더(김점동)이다. 그는 이화학당을 거쳐
1896년 볼티모어 여자의과대학에 입학하고 1900년에 졸업한 후 귀국해서 의사로
활동했다. 1920년대는 1910년대나 1930년대에 비해 한국 여성들의 미국 유학이
비교적 활발했던 시기이다. 이는 3·1운동의 여파, 다이쇼 민주주의의 영향, 미국
선교재단의 지원 등에 힘입은 것이다. 식민지 시기에 미국에 유학한 한국 여성은
120여 명으로 추산된다. 정병준, 〈일제하 한국 여성의 미국 유학과 근대경험〉,《이
화사학연구》 39집, 2009, 29~99쪽.

활란은 1922년 선교사의 추천을 받아 미국 오하이오의 웨슬리안대학을 거쳐 1925년 보스턴대학에서 석사학위를 받았고 1931년에는 컬럼비아대학에서 "한국의 부흥을 위한 농촌교육Rural Education for the Regeneration of Korea"이라는 제목의 논문으로 박사학위를 받아 한국 최초의 여성 박사가 되었다.[160] 고황경은 일본 도시샤대학을 거쳐 미국 미시간대학에 유학하여 1937년 "디트로이트의 소녀 범죄자들의 계절적 분포Seasonal Distribution of Girl Delinquents in Detroit"라는 제목의 논문으로 박사학위를 받았다.

1945년 이효재가 이화여자대학교 문과에 입학했을 때나 1958년 이화여자대학교 사회학과 교수로 부임했을 때 모두 김활란은 이화여대의 총장이었다. 김활란과 이효재 사이의 관계에 대해서는 알려진 바가 없다.[161] 1957년 귀국한 이효재는 이미 이화여대에서 강의하고 있던 고황

---

160 김활란은 자서전에서 논문의 문제의식을 다음과 같이 회고했다. "한국 농촌의 새로운 운동에 적합한 교육은 어떤 것이며 그것은 어떻게 계획되어야 하는가? 도회 생활과 농촌 생활의 그 현격한 간격을 어떻게 메꾸어 나갈 것인가? 지식인들의 수효는 적다. 그 많은 문맹자와 문명의 혜택을 모르는 그 많은 백성을 새 시대로 이끌어 가려면 그 소수의 지식인들이 어떠한 방법을 써야 하는가?" 김활란, 《그 빛 속의 작은 생명: 우월 김활란 자서전》, 이화여자대학교 출판부, 1965, 184쪽.

161 김활란은 1922년 1차 유학 당시 "나는 고국에 빨리 돌아가서 해야만 할 일들이 있다. 내게는 단 일 분도 소중한 시간으로, 좀 더 새로운 것을 배우고 새로운 지식과 경험을 얻는 데에도 시간이 모자란다"고 생각했다. 김활란, 《그 빛 속의 작은 생명: 우월 김활란 자서전》, 115쪽. 이효재도 컬럼비아대학에서 석사학위를 받은 후 고국에 돌아가 일할 생각으로 마음이 바빴다. 두 사람 다 여성 지도자로서의 사명감이 투철하다는 점은 일치한다. 그러나 김활란이 지도자 중심의 보수적인 여성

경과 함께 1958년 사회학과를 창설했다. 1959쪽에는 고황경, 이만갑, 이해영과 함께 한국 농촌 가족에 대한 사회조사에 참여했다.[162] 1962년 고황경이 서울여자대학교를 설립하고 사회학과를 만들자 이효재도 서울여대 사회학과로 자리를 옮겼다. 이효재는 고황경과 자신의 관계에 대해 다음과 같이 증언한 바 있다.

1962년에 고황경 선생님이 전문적인 여성 교육을 한번 해보자고 해서 서울여대를 만들 때 같이 갔는데 막상 가서 보니 고 선생님 행정 방법이나 운영 스타일이 나하고 너무 안 맞았어요. 나는 개방되고 민주화된 방식을 지키려고 하는데 그분은 여자 육군사관학교 정도로 규율을 강조했어요. 그러니 결국 관계가 안 좋아지더라고. 그래서 내 학문이면 어디 가서 뭐는 못할까 싶어 그만둬 버렸어요.[163]

이효재는 김활란이나 고황경으로부터 어떤 학문적 영향을 받았는지 이야기한 적이 없지만 여자대학이라는 울타리가 있었기 때문에 학문 활동을 지속할 수 있었다고 회고했다.

───────

지도자로 일관한 반면, 이효재는 1970년대 이후 여성 민중의 입장을 대변하는 진보적 여성 지도자로 활동했다. 김활란은 1959년 여성단체협의회의 창설에 앞장섰고 이효재는 1987년 여성단체연합 창설을 주도했다.

162 고황경·이효재·이만갑·이해영, 《한국 농촌가족의 연구》, 서울대학교출판부, 1963는 그 조사 연구의 결과이다.

163 이효재·이승희, 〈나의 학문, 나의 인생: 이효재〉, 253쪽.

우리 같은 사회에서 이화대학이 아니었다면 내가 이런 학문적인 연구 성과를 내고 전문인으로서 살 수 있었을까 하는 생각도 합니다. 여자대학이 없었으면 우리 같은 사람들이야 대학교수로서 사회연구자로서 생활하면서 사회적으로 인정받는 전문인으로 성장할 수 있었겠어요?[164]

이효재는 이화여대의 동료 여성학자들과 공동 작업을 많이 했다. 정충량, 이동원, 김주숙, 조형 등이 그들이다. 이효재는 이화여대에서 많은 제자를 양성했지만 1950년대 후반에서 1960년대까지는 뚜렷하게 활동하는 제자를 키우지 못했다. 이화여대에서 서울여대로 갔다가 다시 이화여대로 옮기는 과정에서 제자 양성에 연속성이 부족했고 충분히 받을 수 있었던 구제舊制 박사학위도 받지 않아서 아쉽게도 박사 과정 학생을 지도할 수 없었다.[165] 그럼에도 불구하고 1970년대 들어 이효재 주변으로 의식 있는 학생들이 몰려오기 시작했다.

제자들은 주로 1970년대 졸업생으로 여성한국사회연구회를 구성하고

---

164 이화여대에서 이효재의 자리가 그렇게 편안한 것만은 아니었다. 이효재는 비판적 지식인으로 민주화운동에 참여할 때 "한 번은 정의숙 총장이 부르더니 '선생님 정년퇴직할래요?'라는 거예요. 정년퇴직할 때까지 무사하려면 가만히 있으라는 거지"라는 말을 남겼다. 이효재·이승희, 〈나의 학문, 나의 인생: 이효재〉, 253쪽.

165 한국전쟁 이후 1975년까지 계속된 구제 박사학위제도는 박사학위 과정을 거치지 않고 논문만 제출해서 심사를 받고 학위를 받는 제도였다. 이상백, 이만갑, 최재석, 신용하 등은 구제 박사학위를 받은 반면 이효재, 이해영, 김진균은 박사학위에 연연하지 않고 학문 생활을 계속했다.

있는, 이화여대에서 학생운동하던 세대로 '새얼'이라는 문과대 서클 멤버들이에요. 이론적으로, 관념적으로만 연구할 것이 아니라 여성 문제에 관심을 갖고 실천적으로 사회를 변화시키는 데 주체적 역할을 해야 되지 않겠느냐는 주장을 했는데, 그 제자들이 계속 연구해서 출판도 하고 여성운동의 중견으로 활동하고 있으니, 20여 년의 세월이 헛되지 않았구나 싶어 고맙기도 하고 아주 흐뭇합니다.[166]

이효재는 어려운 처지에 있는 제자들을 물심양면으로 지지하면서 그들이 공적인 활동을 지속할 수 있도록 정신적 에너지를 불어넣었다.[167] 그의 여성학 세례를 받은 제자들은 1990년대와 2000년대에 여성학자, 여성운동가, 여성부 장관, 국회의원 등으로 활동하면서 남녀평등의 실현을 위해 기여했다. 이효재의 제자들을 크게 보아 사회학과 제자들과 새얼그룹 및 학생운동 출신 제자들로 구분할 수 있지만 두 그룹은 서로 중복되기도 한다. 여성운동의 활동가로 한명숙, 지은희, 장하진, 최영희, 신혜수, 이미경, 이경숙, 이옥경, 정강자, 김금래, 인재근, 고은광순, 김상희, 이형랑, 강명순, 김희은, 오한숙희 등이 있고 사회학과 여

---

166 이효재·이승희, 〈나의 학문, 나의 인생: 이효재〉, 255쪽. 이효재는 이대 인문대 학생운동 서클이었던 '새얼모임'의 지도교수였는데 이 모임에는 최영희, 이미경, 장하진 등이 참여하고 있었다.

167 이효재는 명절이나 생일 등에 제자들이 자신의 집을 방문할 때는 아이들을 동반하지 말고 혼자 오기를 바랐다. 제자들이 자기를 만나는 시간이 집안일에서 가족으로부터 떨어져 사회에 대한 관심을 가질 수 있는 시간이 되기를 원했기 때문이다. 오한숙희, 2020년 4월 5일 인터뷰.

성학 분야의 학자로는 이재경, 조순경, 강인순, 김영화, 함인희, 조주현, 김은하 등이 있다. 제자들 가운데 최영희의 다음과 같은 개인적 회고는 이효재와 제자들의 관계가 어떠했는지를 짐작하게 한다.

이이효재 선생님은 항상 '현장'을 존중하여 체험의 기회를 제공하고, 우리들의 이야기를 경청하며, 작은 실천에도 감격하고 격려해 주셨다. 가르치려 하기보다는 방향을 가리키며 스스로 선택하게 하셨다. 남들이 가지 않는 길을 기꺼이 갈 수 있게 밑돌을 놓아주신 스승이자, 우리들과 함께 고통을 감수하며 함께 성장해온 든든한 동지였다.[168]

2. 이효재의 사회운동

이효재는 '학문을 위한 학문'에 머무르지 않고 사회를 변화시키기 위한 실천적 활동에 참여한 진보적 지식인이었다.[169] 그런 태도는 학자 생활 초기부터 잠재되어 있다가 1970년대에 가부장적 권위주의 체제하에서 점차 분명하게 표출된다. 이효재는 여성들의 사회적 활동이 극히

---

168 최영희, 〈추천사〉, 박정희, 《이이효재—대한민국 여성운동의 살아있는 역사》, 다산초당, 2010, 7쪽.

169 제자들 사이에서 이효재의 별칭은 '지행합일'과 '감격시대'였다. 오한숙희, 2020년 4월 16일 이메일.

제한되었던 1965년 당시의 대표적 지식인 잡지 《사상계》에 발표한 글에서 여성의 사회참여를 다음과 같이 주장했다.

한가한 주부 생활로서 허송세월한다면 그는 전체 사회의 움직임에서 절단되고 격리된 느낌을 갖게 될 것이다. 사회에 적극 참여치 않는 데서 생기는 무의미한 생활의 공허감에 사로잡히게 되는 것이다. 거기에는 자아완성의 기회가 있을 수 없다. 결혼생활과 가정생활에서 육성된 풍부한 여성의 소양을 가족관계의 테두리 속에 국한시켜 발휘할 것이 아니라 더 큰 사회관계 속에서 발휘할 수 있다면 그 소양에 계속적인 발전이 있을 수 있다. 우리의 의식과 활동을 전체 국가 사회의 범위로 확장시킴으로써 우리의 자아발달의 욕구는 그만큼 계속 충족될 수 있으며 따라서 계속적인 발달이 있을 수도 있는 것이다. 사회는 개인과 대립되는 별개의 집단이 아니다. 자아를 완성시킬 수 있는 생활 광장인 것이다. 그러므로 여성들도 남성들과 함께 그 광장 속에서 책임 있는 활동을 자유로이 할 수 있어야 할 것이다. 이렇게 함으로써만이 새 시대의 요구에 여성도 응할 수 있으며 자신의 내적 요구도 함께 충족시킬 수 있다.[170]

이효재는 여성의 사회참여를 스스로의 삶 속에서 모범적으로 실천했다. 학계에서는 1970년 이상백, 최문환, 이만갑, 배용광, 이해영, 황성모, 홍승직에 이어 여성으로는 처음으로 한국사회학회 회장으로 활동

170　이효재, 〈여성의 사회진출: 안방 살림에서 사회 전역으로〉, 《사상계》 13권 11호, 1965년 10월호, 217쪽.

했고, 1978년에는 한국가족학회 초대 회장으로 선임되었다. 1970년대 후반부터는 비판사회학을 발전시키면서 민주화운동에 적극적으로 참여했다. 동료, 후배들과 더불어 여성평우회, 여성한국사연구회, 여성민우회 등을 만들고 회장을 역임했다. "이효재에 있어서 학문과 실천은 한 몸이었다."[171] 그래서 한국 여성이 불평등한 사회의 구조적 희생자라는 사실을 학문적으로 밝히는 일에 멈추지 않고 여성 노동운동, 가족법 개정운동, 성매매 반대운동, 성폭력 근절운동, 일본군'위안부' 진상규명운동, 통일운동, 환경운동, 소비자운동, 지역문화운동 등 여러 영역에서 선도적으로 여성들의 활동을 이끌었다. 1994년 이효재는 자신의 사회적 실천 활동을 다음과 같이 회고했다.

1970년대에는 민주화운동에 관심을 가지고 참여는 했지만 적극적으로 하지는 않았어요. 특히 노동운동에 관해서는 조화순 목사님의 일을 존경해서 가끔 찾아가고 몰래 돈을 거두어 보내는 정도였어요. 1978년인가 전남대 송기숙 교수가 교육헌장에 반대하는 성명서를 내자고 해서 …… 서울에 있는 교수들 서명도 받아서 같은 날 광주와 서울에서 발표하자고 했는데 이 일이 들통 나는 바람에 안기부에 붙들려가 하룻저녁 조사를 받고 나왔어요. …… 1980년 봄에도 조금 고생했지요. 5·18이 나자 주위에서는 다들 구속되고 피해 다니는데 …… 그런데 그 전에 민주화를 요구하는 교수 성명과 지식인 성명에 참여했고 이문영 선생이

---

171 강인순, 〈이효재와 분단시대의 사회학〉, 21쪽.

민주제도연구소를 만들면서 여러 사람들을 전문위원으로 참여시켜 나도 여성 부문 담당으로 들어가 있었는데 이것이 김대중 씨의 내란 음모와 내각 조직에 참여한 것처럼 조작 발표되었어요. …… 반년 가까이 숨어 지냈습니다. 그 일로 결국 해직됐고 해직되고서는 집에서 책 쓰고 글 읽고 그러면서 지냈는데 생각해 보면 그때가 제일 재미있었던 것 같아요. 해직교수협의회를 조직해서 활동했지, 《가족과 사회》 개정판 냈지, 글도 많이 썼지, 김진균 교수와 공동으로 연구해서 책도 냈지.[172]

이효재는 일찍부터 여성들이 주체가 되어 공동으로 실천하는 여성단체의 중요성을 깨달았다. 1969년에 실시한 24개 여성단체를 연구한 논문에는 다음과 같은 구절이 나온다.

이러한 단체 활동의 상태(약체를 못 면하고 있는 실정)를 여성 생활의 요구에 비추어 고려할 때 단체 활동의 일대 전환이 절실히 필요함을 인식하게 된다. 여성 생활에 깊이 침투하여 그들의 의식을 깨우치며 단체 활동의 무한한 가능성을 개발하도록 해야 한다.[173]

---

172 이효재·이승희, 〈나의 학문, 나의 인생: 이효재〉, 251~252쪽. 이효재는 1980년 한완상, 김진균 등 다른 비판사회학자들과 함께 대학에서 해직되었다. 1983년에는 변형윤, 김진균, 강만길 등과 함께 해직교수협의회를 구성하여 활동했다. 해직교수협의회는 1987년 민주화 이후 '민주화를 위한 교수협의회'(민교협) 창립의 발판이 되었다.

173 이효재·정충량, 〈여성단체 활동에 관한 연구〉, 《논총》 14호, 1969, 118쪽.

이효재는 일찍부터 여성단체의 민주적 운영을 강조했다. 1970년대에 여러 여성단체들이 지도자 중심으로 움직이고 재정적 기반이 약하기 때문에 자율성을 갖지 못하고 쉽게 정치세력에 이용되는 경향을 비판했다.

여성단체들은 강압적으로 집권한 박 정권의 안정과 연장을 지지하도록 강요당한 상태에서 잠재해 있는 여성 문제에 대한 의식과 요구를 수렴하지 못하였다. 그리고 단체의 조직적 기반이 회원들의 자발적 참여나 재정적 기여에 뿌리를 내리지 못하고 한두 사람의 지도자를 중심으로 한 것이었다. 지도자들 개인의 사적 관심과 조직 활동의 역량에 따라 운영되며 재정을 조달했기 때문에 회원들은 수동적이었다. 지도자 중심의 조직기반과 재정적 허약성 때문에 이러한 단체들은 흔히 정권을 지지하는 대가로 이권을 취하며 재정지원을 받을 수 있는 가능성이 많았다. 지도층이 정권과 야합하는 경향으로 인하여 흔히 회원들의 불신을 사게 되었다.[174]

1980년대 중반 독재정권에 저항하는 민주화운동이 강화되는 과정에서 이효재는 여성단체의 민주적 운영을 다음과 같이 주장했다.

여성운동 단체는 민주적이어야 한다. 단체 활동의 민주성은 회원의 수

---

[174] 이효재, 〈분단시대의 여성운동〉, 《분단시대의 사회학》, 318쪽,

가 많고 적음에 있지 않다. 한두 사람의 지배적 역량이나 재정적 후원에 달려 있지 않다. 여성단체는 권력 지향적인 지도자의 개인 출세를 위한 발판이 될 수 없다. 소수로서 조직될 수도 있으며 작은 집단들의 연합조직으로 구성될 수도 있다. 어디까지나 지도자 중심이 아닌 회원 중심의 조직이 되어야 한다. 우리의 정치가 앞으로 민주정치로 발전하여 우리 사회에 민주제도의 뿌리를 내리게 하는 데 여성단체와 같은 모든 민간단체, 즉 시민단체와 이익집단들이 지배권력에 의존하여 아부하는 어용단체의 고질성에서 탈피해야 한다. 권력의 개입을 거부하는 자율적 민간단체로 책임 있는 조직 활동의 역량을 갖추어야 한다. 독립적이며 자치적 입장에서 압력단체의 역할을 하며 공명정대하게 협동할 수 있는 역량을 길러야 한다.[175]

이효재는 개화기 이후 과거 한국 여성운동의 역사를 천착한 바탕 위에서 한국 사회의 미래를 위한 여성운동의 실천에 뛰어들었다.[176] 그러나 이효재는 여성 문제에 머무르지 않고 사회 전체의 문제에 관심을 기울이는 사회운동가였다. 그는 여성운동이 민주화와 평화통일 등 전체 사회의 문제와 유리된 채 여권의식에만 머무르는 것을 경계했다.[177] 1980년대에 들어서 이효재는 여성의 권리 증진은 물론 민주화와 평화

---

175 이효재, 〈분단시대의 여성운동〉, 348쪽,

176 이효재의 한국 여성운동사 연구로 《한국의 여성운동: 어제와 오늘》, 정우사, 1989 참조.

177 이효재, 〈분단 40년의 여성현실과 여성운동〉, 《분단시대의 사회학》, 293~294쪽.

통일을 주장하는 진보적 여성단체를 직접 만들고 발전시키는 일에 나서게 된다. 1982년에는 해직교수협의회 의장이 되었지만 이른바 진보적 지식인이라든가 민주화운동을 한 교수들도 가부장제 문제나 여성의 한과 같은 문제를 중요하게 취급하지 않았기 때문에 여성들만의 단체 결성을 절감하게 되었다.

남자들하고는 통하지가 않아. 그러니까 남자들은, 이제 가부장제 문제나 여성의 한의 문제라든지, 여성이 처한 입장, 여성이 당한 이거를 말하게 되면 남자들이 듣기 싫은가 봐. 내가 그런 거를. …… 사실 내가 기대한 것이 남자들 스스로 이거를 깨달아야지 자기들도 변하고 우리 사회가 변할 텐데. …… 그러니깐 이거는 민주화운동 한 교수들도 마찬가지야. …… 여야 간에 남자들은 여성을 아예 배제하는 입장이야.[178]

1983년 이효재는 민주화운동에 참여하는 여성 지식인들의 모임인 여성평우회 창설에 앞장섰다. 1984년에는 제자들과 함께 여성한국사회연구소를 창립했다.[179] 1987년 민주화 이후에는 한국의 진보적 여성운동단체의 대모 역할을 맡았다. 1987년 한명숙, 이옥경 등 제자들과

---

178 이재경, 〈여성 구술생애사로 본 한국의 근대: 분단: 이효재 구술 녹취록〉, 이화여자대학교 '근대와 여성의 기억' 아카이브, 2015, 22쪽.

179 여성한국사회연구소는 2003년 한국가족문화원으로 개칭하고 가족 연구와 더불어 "민주적이고 건전한 가족관계 정착을 위한 교육사업" 등을 진행하고 있다. 2004년 5월 14일에는 "이효재 가족사회학의 재조명과 21세기 한국 가족"이라는 주제로 창립 20주년 기념 심포지엄을 개최했다. 한국가족문화원 홈페이지 참조.

함께 '여성평우회'를 '여성민우회'로 개편하면서 본격적인 여성운동가로 활동하게 된다. 그는 자신의 활동 동기를 다음과 같이 밝혔다.

그런데 한국 사회의 민주화는 여성의 자주적인 사회참여 없이는 이룩될 수 없는 것이었다. 여성이 가족과 사회, 그리고 국가와 민족과의 관계에서 자주적 존재로 거듭나서 평등한 시민으로 사회에 참여해야만 한국 사회의 민주화가 가능한 것이다.[180]

1987년 여성민우회 창립 당시 발표된 창립선언문에는 이효재의 여성운동에 대한 오래된 생각이 고스란히 반영되어 있다.

우리 여성들은 사회적 노동과 가사노동의 현장에서 여자라는 이유로 가장 참담한 피해자가 되어왔다. 여성은 생존권 위협, 임금 차별, 고용 차별, 불완전 취업, 가사노동, 비인간적 자녀교육 환경의 굴레에 허덕여 왔고, 나아가 성폭력, 성차별 문화의 공세 앞에서 여성의 본원적인 건강한 인간성은 크게 훼손되었다. 하나의 주체적 인간으로서 존엄성이 보장받기는커녕 여성 자신의 생존과 모성이 파괴되는 위험에 놓여 있는 것이다. 여성이 겪고 있는 고통의 뿌리는 이 사회의 반민주적, 반민중적 구조에 있으며 그 위에서 경쟁 위주, 물질 위주의 비인간적 사회가 독버섯처럼 번창하고 있다. 여성이 해방되기 위해서는 가정을 포함한 이 사

---

180 이효재, 《조선조 가족과 사회—신분 상승과 가부장제 문화》, 한울, 2003, 9쪽.

회가 인간의 존엄을 구현하는 진정한 민주주의 사회로 바뀌어야만 한다. 오늘 우리 여성들은 분단된 조국의 통일과 민주사회를 향한 기로에 서 있다.[181]

이효재는 1987년 한국여성민우회 초대 회장으로 선임되었고 같은 해에 이우정, 조화순 등과 함께 한국여성단체연합을 창립했다. 1990년에는 여성단체연합회 회장이 되어 진보적 여성단체의 활동을 강화하여 여성 인권 증진과 양성평등 확대, 가부장제의 근거가 되는 호주제 폐지를 골자로 하는 가족법 개정운동, 한반도 평화정착을 위한 여성 평화운동 등을 적극적으로 이끌었다.[182] 1991년에는 한국정신대문제대책협의회(정대협)의 공동대표가 되어 일제강점기 일본군'위안부' 문제를 사회적 의제로 만들었다.[183] 이효재는 이 운동에 참여한 개인적 동기를 다음과 같이 말했다.

내가 중심이 돼서 적극적으로 활동하고 있는 것은 정대협 활동이에요. 윤정옥 선생님이 정신대 문제를 제기하기 시작한 데서 출발했는데 이

---

181 여성민우회, 〈여성민우회 창립선언문〉, 1987, 여성민우회 홈페이지 참조.
182 가족법 개정운동에 대해서는 이효재, 〈분단시대의 여성운동〉, 《분단시대의 사회학》, 325~331쪽과 이효재, 〈가부장제와 가족법 개정운동〉, 《한국의 여성운동, 어제와 오늘》, 정우사, 1989, 247~257쪽, 양현아, 《한국가족법 읽기》, 창비, 2012, 3부 참조.
183 정대협의 결성과 활동에 대해서는 윤미향, 〈일본군'위안부' 문제의 진실, 정의, 배상 실현과 재발 방지를 위하여〉, 《이화젠더법학》 5권 2호, 2013, 35~52쪽 참조.

문제만큼은 우리 세대가 당한 개인적 분노, 민족적 분노 때문에 저도 자발적으로 나섰어요.[184]

1992년 이효재는 동료, 제자들과 함께 '일본군'위안부' 문제 해결 아시아연대회의'(아시아연대회의)를 구성했다. 한국, 타이완, 필리핀, 북한, 중국, 인도네시아, 동티모르 등의 피해자, 각국의 지지단체와 개인 활동가들로 이루어진 아시아연대회의는 일본군'위안부' 문제를 유엔인권위원회, 여성차별위원회 등의 국제기구를 통해 '전쟁과 여성 인권'이라는 전 세계적 차원의 보편적 의제로 만들었다.[185]

1990년 이화여대에서 정년퇴임한 후 1992년에는 '여성사회교육원'을 창립하여 풀뿌리 여성운동을 위한 리더십 교육에 힘썼다. 1994년에는 서울을 떠나 고향 진해로 내려가 지역 수준에서 여성운동, 자원봉사활동, 진해 어린이들을 위한 '기적의 도서관' 설립운동, 남북어린이 돕기운동, 평화통일운동을 계속했다. 1997년에는 서울에 여성한국사회

---

184 이효재·이승희, 〈나의 학문, 나의 인생: 이효재〉, 254쪽. 정대협 결성 이전에 일본군'위안부' 문제에 지속적 관심을 갖고 자료 수집을 시작한 윤정옥은 이효재가 없었다면 정대협 운동의 조직적 활동은 불가능했을 것이라고 평가했다. 이나영, 〈페미니스트 인식론과 구술사의 정치학: 일본군'위안부' 문제를 중심으로〉, 《한국 사회학》 50집 5호, 2016, 15쪽.

185 정진성, 〈전시하 여성침해의 보편성과 역사적 특수성―일본군'위안부' 문제에 대한 국제사회의 인식〉, 《한국여성학》 19권 2호, 2003, 39~61쪽과 신기영, 〈글로벌 시각에서 본 일본군 '위안부' 문제: 한일관계의 양자적 틀을 넘어서〉, 《일본비평》 15호, 2016, 282~309쪽 참조.

연구소(후에 가족문화원으로 개칭)를 설립해서 이사장으로 활동했고 진해에 경신사회복지재단 부설 사회복지연구소를 창설하고 소장직을 맡았다. 1999년에는 한국여성기금추진위원회 공동위원장, 2001년에는 한국여성단체연합회 후원위원회 공동회장을 맡아 여성단체 활동을 뒤에서 지원하는 활동을 계속했다. 2002년에는 평화를 만드는 여성회가 수여하는 평화공로상을, 2005년에는 이화여고와 동아일보사가 공동 주관하는 유관순상을, 2012년에는 YWCA 한국여성지도자상 대상을 수상했다.

6.

이효재 사회학의
비판적 계승

이효재는 일찍이 1940년대 말에서 1950년대 초중반에 미국에서 주류 사회학을 공부했으나 이에 불만을 느끼고 1960년대 중반 이후 비주류 비판사회학의 길을 개척했다. 그에 대한 기존 학계의 반응은 그리 달가운 것이 아니었다. 이효재의 비판사회학은 한국 사회학계의 주류 입장과는 거리가 멀었기 때문에 남성 주류 사회학자들이 쉽게 받아들일 수 없는 것이었다. 그럼에도 불구하고 이효재는 꿋꿋하게 비주류 비판사회학의 길을 걸었다.

이효재의 비판사회학이 남긴 학문적 유산은 학문과 실천의 상호 연관성에 대한 강조이다. 삶 속에서 이론을 구성하고 그 이론을 현장에서 실천하면서 삶을 변화시키는 삶과 앎의 순환 과정에 대한 강조는 한국 비판사회학이 계승해야 할 가장 소중한 부분이다.[186] 아래에서는 이효재가 구성하고 실천한 비판사회학을 비판적으로 계승하는 몇 가지 방향을 제시해 본다.

첫째, 한국 사회학은 이효재가 시작한 분단사회학을 비판적으로 계승 발전시켜야 한다. 그러나 지금도 여전히 한국 사회학자들은 이에 대한 준비가 부족한 편이다. 남북한 도시화를 비교한 다음 세대 사회학자 장세훈은 2017년 한국 사회학계를 다음과 같이 진단했다.

그러나 햇볕 없이 살아갈 수 없듯이, 냉전과 분단의 영향을 떼어놓고는 현대 한국 사회를 제대로 이해하기 불가능하다. 그런데도 그간의 사회과학 연구는 냉전과 분단, 그리고 남북한 관계를 밑그림으로 삼아 실제 사회현실을 들여다보기보다는 서구의 논의를 한국 사회에 덮어씌우는 데 더 매달리곤 했던 게 사실이다.[187]

앞으로 남북 간의 교류와 소통을 증진시키고 갈등과 대립의 시대를 넘어 화해와 평화의 시대를 열기 위해서는 분단사회학 연구가 더욱 폭넓게 이루어져야 한다. 분단이 초래한 사회적 변화와 남북한 사회의 비교 연구와 남북한 사회의 이질성 해소를 위해 비판사회학자들의 지속

---

186 2004년 4월에서 7월 사이에 한국가족문화원에서는 '이효재 사회학 독회'를 열어 이효재의 여성학과 가족사회학 관련 논문 14편을 읽고 토론하는 모임을 갖기도 했다. 한국가족교육원 홈페이지 '연혁' 참조.

187 장세훈, 《냉전, 분단 그리고 도시화》, 알트, 2017, 8쪽.

적 관심과 연구가 필요하다.[188] 이효재 다음 세대 학자로 구술사 방법을 통해 월남민, 이산가족, 군위안부 문제를 연구해온 김귀옥과 탈북자를 중심으로 북한 여성과 청년 세대의 일상을 연구해온 김성경의 연구는 이효재의 문제의식을 잇고 있다.[189] 분단사회학은 한국의 분단 상황을 풍부하게 연구해서 한반도 현실을 이해하는 데 기여하는 사회학 이론과 연구방법을 발전시켜나가야 할 것이다.

둘째, 여성학 분야에서 이효재의 유산을 계승하는 길은 미국의 최신 여성학 이론 도입에 앞장서는 여성학이 아니라 한국 현실에 뿌리내린 여성학 연구를 발전시키는 것이다. 다음 세대 여성학자들의 다음과 같은 질문은 이효재가 추구한 여성학의 방향이 오늘날에도 여전히 유효함을 보여준다.

---

188 분단체제와 북한 사회에 대한 사회학자들의 다양한 입장의 저서로 이온죽,《북한 사회 연구—사회학적 접근》, 서울대학교출판부, 1988; 강정구 엮음,《북한의 사회》, 을유문화사, 1990; 강정구,《민족의 생명권과 통일》, 당대, 2002; 서재진,《또 하나의 북한 사회》, 나남, 1995; 김동춘,《분단과 한국 사회》, 역사비평사, 1997; 박명규,《남북 경계선의 사회학》, 창작과비평사, 2012; 김종엽,《분단체제와 87체제》, 창작과비평사, 2017; 강진웅,《주체의 나라 북한—북한의 국가권력과 주민들의 삶》, 오월의봄, 2018; 김성경,《갈라진 마음들—분단의 사회심리학》, 창비, 2020 등을 들 수 있다.

189 김귀옥,《월남민의 생활경험과 정체성: 밑으로부터의 월남민 연구》, 서울대학교출판부, 1999; 김귀옥,《이산가족, '반공전사'도 '빨갱이'도 아닌》, 역사비평사, 2004; 김귀옥,《그곳에 한국군 '위안부'가 있었다》, 선인, 2019 참조. 김성경,〈이동하는 북한 여성의 원거리 모성〉,《문화와 사회》 23호, 2017년 4월, 265~309쪽과 〈북한 주민의 일상과 방법으로서의 마음〉,《경제와 사회》 109호, 2016년 봄, 153~190쪽 참조.

그러나 현재의 한국 여성학이 과연 실천성을 상실하지 않고 여성운동과 상호관계 속에서 발전하고 있는지, 한국 여성의 삶과 경험을 제대로 읽어내고 분석하는 한국적 여성학으로 자리 잡고 있는지에 대해서는 의문이 제기된다. 특히 초창기 학문 도입의 주체들이 안간힘을 다해 미국 여성학의 식민성을 탈피하기 위해 기울인 노력과 이념적 지향성을 발전적으로 계승하고 있는지 의문스럽다.[190]

이효재가 주장했듯이 한국의 여성학은 대학제도 안에 전문화된 학문영역으로 자리잡는 데 만족하지 말고 "한국 사회의 인간화와 새로운 역사 창조에 참여하는 이념적이고 실천적 지식체계가 되어야" 한다. 그러기 위해서는 "여성학이 지닐 수 있는 아카데미즘의 성격을 과감히 떨쳐버리고 사회변혁을 지향하는 여성운동과 밀접한 연대 속에서 실천을 뒷받침하는 연구와 이론화에 노력을 기울여야 할 것이다."[191] 그렇지 못할 경우 여성학은 전문연구자들 사이의 고립된 지적 활동으로 끝나버리고 여성운동은 궁극적이고 체계적인 목표 없이 그때그때 이슈에 따라 변화를 거듭하며 부침을 반복할 것이다. "여성운동이 여성 대중

---

190 강남식·오장미경, 〈한국 여성학의 발달과 서구(미국)페미니즘〉, 한국학술단체협의회 편, 《우리 학문 속의 미국: 미국적 학문 패러다임 이식에 대한 비판적 성찰》, 한울, 2003, 289쪽. "미국 여성학은 처음부터 한국 여성학의 토착화를 위한 모색 속에서 비판적으로 검토되었다. 이는 당시 여성학 도입 및 발전의 주도자가 이효재였기 때문에 가능한 일이었다." 강남식·오장미경, 윗글, 같은 쪽.

191 이효재, 〈한국 여성학과 여성운동〉, 《한국의 여성운동, 어제와 오늘》, 정우사, 1996, 283쪽.

과 괴리되지 않고 구체적인 삶을 바꿔 나가야 한다"는 이효재의 주장은 여전히 유효한 가르침이다.[192] 한국의 여성학은 올드 페미니스트를 비판하면서 독자적인 길을 걷고 있는 영 페미니스들과 대화하면서 학문과 실천의 통합을 지향해야 할 것이다.[193]

셋째, 가족사회학자들은 이효재의 문제의식을 발전시켜 한국 가족의 변화와 발전을 위한 비전이나 실현 가능한 실험적 가족 형태를 적극적으로 모색해야 한다.[194] 이효재는 혈연과 혼인에 근거한 2세대 핵가족의 형태를 벗어난 다양한 형태의 가족을 모색했다. 독신 자매 가족, 할머니와 손자 손녀 가족 등 혈연 가족만이 아니라, 비혈연 동반 가족, 친한 여성들 몇 명이 가족을 이루고 자녀를 입양해 함께 키우는 가족, 50명 내외의 비혈연 구성원이 이루는 공동체적 확대 가족 등 다양한 가족 형태를 모색했다. 제자 지은희는 이효재가 다양한 유형의 가족제도 연구를 시작했지만 "오히려 후학들이 이 부분을 제대로 계승하지 못한 부분이 많다"고 지적했다.[195] 여성의 직업 활동과 더불어 비혼여성이 늘어나는 현재의 추세에서 이런 문제의식은 더욱 심화되어야 할 것이다.

이효재의 가족사회학에서 계승해야 할 또 하나의 기여는 가족을 사

---

192   교수신문 편집부, 〈인터뷰—이효재를 말한다〉, 교수신문 편, 《오늘의 우리 이론 어디로 가는가—한국의 자생이론 20》, 생각의나무, 2003, 336쪽

193   미국 사회학계와 여성학계의 LGBT 연구가 한국 사회에 갖는 의미, 성폭력 이슈가 전체 여성운동에서 차지하는 비중, 남성 혐오와 여성들만의 여성운동이 갖는 한계, 법적 처벌 강화라는 운동전략의 문제점 등에 대한 논의가 필요하다.

194   이효재, 《분단시대의 사회학》, 204쪽.

195   교수신문 편집부, 〈인터뷰—이효재를 말한다〉, 335~336쪽.

회 변화의 출발점으로 보자는 입장이다. 이효재는 가족이 전체 사회의 영향을 받는 종속변수가 아니라 사회에 변화를 가져오는 독립변수가 되길 바라면서 다음과 같이 말했다.

가족을 생활단위로 유지하면서 지역사회와 연대해서 여러 형태의 지역사회 공동체를 이루어 사회·경제 문제를 해결할 수 있을 것이라고 생각합니다. 그러기 위해서는 가족 자체가 민주화되어야 하고 가족공동체가 자율적인 변혁의 주체로서 기능할 수 있어야 하겠지요. 나는 이것이 앞으로 한국 사회 가족 연구의 과제라고 생각합니다.[196]

민주화운동은 제도의 개혁뿐만 아니라 일상생활의 실천적 과제로서 강조되어야 한다. 부부관계를 위시하여 가정에서 남녀역할이 민주적인 협동관계로 새로워져야 한다. 가정에서의 민주화가 일차적으로 이루어진 데서 사회생활의 민주화가 자연스럽게 이루어질 수 있다.[197]

그렇다면 가족의 민주화와 가족주의의 폐해 극복, 한국 사회의 변화에 기여하는 능동적 주체로서의 가족을 어떻게 만들 수 있을 것인가? 이 질문은 이효재가 후학들에게 남긴 주요한 연구 과제라고 할 수 있다. 이재경은 이효재의 문제의식을 계승하면서 한국 사회에서 공동체적 삶의 방식에 대해 다음과 같은 질문을 추가했다.

---

196 이효재·이승희, 〈나의 학문, 나의 인생: 이효재〉, 250쪽.
197 이효재, 〈분단 40년의 여성현실과 여성운동〉, 《분단시대의 사회학》, 303~304쪽.

온정주의적 가족주의를 혈연을 초월한 공동체 의식으로 발전시키기 위한 구체적 노력은 어떻게 해야 하는 것인가? 가족주의의 공동체적 본질을 수용하되 혈연의식을 해체하고자 하는 노력이 오히려 혈연 중심의 가족을 지속시키게 될 위험은 없는가? 또는 한국인의 무의식과 정서, 또는 정체성을 구성해 온 혈연의식은 어떻게 해체할 수 있는가? 이러한 질문들을 구체화하는 후속 연구는 우리에게 남겨진 과제일 것이다.[198]

넷째, 이효재는 가족이 독립변수가 되고 여성이 행위의 주체가 될 수 있다고 주장했지만 현실에서는 아직도 많은 여성들이 가부장제 사회를 재생산하고 수호하는 데 기여하고 있다. 자녀교육에 헌신하는 '맹목적 모성', 상품광고에 대한 비판의식이 없는 수동적 소비자로서의 여성, 성형과 다이어트 열풍으로 나타나는 외모지상주의, 다른 사회 문제에는 무관심한 여성운동 등은 여성들이 자기 삶의 주체가 되고 사회변화의 주체가 되어가는 과정과는 거리가 있다. 어떻게 하면 여성들이 시민의식과 공동체 의식을 가지고 여성의 권리를 신장시키면서도 교육, 주민자치, 환경 문제, 부패방지, 사회복지 강화 등 다양한 이슈의 사회운동에 적극적으로 참여하는 통합적 사회 주체가 될 수 있는가에 대한 이론적·실천적 방안에 대한 탐구가 필요하다.[199]

다섯째, 비판사회학은 인간의 사회적 체험의 심층적 차원을 연구하

---

198 이재경, 〈이효재의 여성·가족사회학〉, 한국가족문화원 10주년 학술대회 발표문, 2004, 8쪽.

199 이재경, 〈이효재의 여성·가족사회학〉, 8쪽.

기 위한 창의적인 연구방법을 개발해야 한다. 기존의 통계자료나 설문조사를 이용하여 수집한 양적 자료의 분석은 전체의 흐름을 파악하고 사회적 유형을 구성하는 데 도움이 된다. 그러나 이효재는 한국 사회에서 "개인·가족·이웃·지역공동체로서 당하는 인간적 비극·절망·좌절, 그리고 이것을 극복하며 살아가려는 노력 등 수없이 처절한 경험" 또한 사회학적 연구의 대상이라고 할 때 이런 차원의 연구를 위한 심층적 연구방법이 요구된다면서 "사회학은 지금까지 적용해온 양적 조사방법에 계속 머물 것이 아니라 참여자로서의 객관적 이해방법, 사례 연구방법, 역사적 접근방법 및 문화사회학 방법 등의 다양한 접근을 모색하고 개발"해서 "사회현상을 인간적인 차원에서 더욱 깊이 있게 이해하고 파악할 수 있기"를 기대했다.[200] 한국 사회의 문화적 문법과 역사적 체험을 신중하게 고려하면서 한국인의 사회적 체험을 생생하게 잡아낼 수 있는 다양한 질적 연구방법을 개발하는 일은 이효재의 사회학을 비판적으로 발전시키는 과업의 하나이다.

여섯째, 사회학 이론과 경험 연구 사이의 관계에 대한 이효재의 생각에서 계승할 부분이 있다. 이효재는 1990년대 들어서 비판사회학이 후퇴하고 주류 사회학이 다시 강화되면서 생겨난 거시 이론에 대한 무관심과 미시분석에 대한 과도한 열중현상에 대해 다음과 같은 생각을 밝혔다.

---

200 이효재, 《분단시대의 사회학》, 19~20쪽.

젊은 사람들 연구는 이론적으로 세련되고 분석적이고 날카롭고 상당히 논리적인 면이 있어서 우리 세대보다 더 심화되고 앞서갔다고 볼 수 있지요. 반면에 너무 미세하게 파고 들어가다 보니까 한국 사회를 총체적으로 이해한다든지 이론적으로 심화시키는 과정에서 편협된 면이 있지 않나 싶어요. …… 직업의 전문성이나 연구논문에서의 세련성을 생각 안 할 수는 없겠지만, 나는 민족문제, 특히 우리 시대에 이룩해야 하는 민족적인 과제를 결부시켜서 생각하지 않으면 우리의 이론도, 연구도 결국 성장이 없다고 생각합니다.[201]

이효재는 비판사회학이 미시적인 분석에 만족하지 않고 거시적인 관점을 동시에 추구해야 한다는 입장을 견지했다. 사회 전체를 볼 수 있는 총체적이고 전체적인 이론적 조망과 구체적이고 자세하게 파고 들어갈 수 있는 미시적 분석력이 결합되어야 현실을 변화시킬 수 있는 비판사회학이 가능하다. 이 부분 역시 한국의 비판사회학자들이 계승해야 할 지점이다. 한국의 비판사회학은 세부적인 경험 연구들을 축적하면서 전체를 설명할 수 있는 이론을 체계화시키는 한편 민족 문제와 계급 문제, 젠더 문제와 세대 문제를 비롯한 한국적 현실을 염두에 두고 현실 적합성이 높은 사회학적 지식을 산출해야 한다. 그렇게 함으로써 한국 사회가 안고 있는 심층적 문제의 해결에 기여해야 할 것이다. 그것이 이효재의 비판사회학을 비판적으로 계승하는 길이 될 것이다.

201　이효재·이승희, 〈나의 학문, 나의 인생: 이효재〉, 257쪽.

2
부
·

한완상의
민중사회학

1.

한완상과
한국 비판사회학의
줄기

한완상은 1970년대와 1980년대에 걸쳐 한국 비판사회학의 상징적 인물이었다.[1] 1946년 이상백의 주도로 제도화된 한국 사회학은 1970년대에 들어서 두 갈래로 분화되었다. 한 줄기는 이상백에서 이만갑과 이해영을 거쳐 김경동으로 이어지는 아카데믹 사회학이고 다른 한 줄기는 이상백에서 이효재와 황성모를 거쳐 한완상으로 이어지는 비판사회학이다.[2] 학생들에게 '문제의식'을 강조하면서 민족주의 연구로 4·19 세

---

[1] 이 연구를 위해 2016년 11월~2017년 6월 사이에 세 차례에 걸쳐 인터뷰에 응해주신 한완상 교수께 감사드린다.

[2] 이상백은 겉으로 드러나지는 않았지만 중도 좌파의 성향을 지니고 있었다. 그는 해방 정국에서 여운형과 밀접하게 관련을 가지고 활동했으나 여운형 암살 이후 정치 활동을 접었다. 이상백의 정치적 성향은 한완상을 비롯한 몇몇 제자들에게 암암리에 전달되었을 가능성이 있다. 이상백과 한완상의 사제관계에 대해서는 한완상, 〈나의 스승 이상백 선생〉, 《다시 한국의 지식인에게》, 당대, 2000, 221~230쪽을 볼 것.

대에게 영향을 미친 최문환 또한 초창기 비판사회학의 형성에 무시할 수 없는 역할을 했지만 일찍이 1960년대 초 사회학과를 떠나 경제학과로 자리를 옮기면서 사회학의 학문적 줄기에서 벗어났다.[3] 어쩌면 1967년 민족주의비교연구회 사건과 동베를린 사건으로 옥고를 치른 황성모가 한국 비판사회학의 갈래를 열 수도 있었다. 그는 1965년 한국의 근대화 문제를 다룬 글에서 취약한 상공계급, 약한 노동조합, 비판적 지식인의 미약, 언론의 비공정성, 군 수뇌부의 정통성 결핍 등을 한국 사회의 문제로 제시하면서 "시대를 앞서갔다."[4] 그러나 그는 김종필이 주도한 '재건동지회'의 일원으로 공화당 창당에 관여했고 비판사회학자로서 일관된 입장을 견지하지 못했다. 1부에서 다룬 이효재의 '분단시대의 사회학'과 가부장제 비판의 '여성사회학'은 한완상의 민중사회학과 더불어 한국 비판사회학 초창기의 양대 축을 이룬다. 그러나 시기상으로 볼 때 이효재의 '분단시대의 사회학'과 한완상의 '민중사회학'은 1970년대 말 거의 같은 시기에 나왔다.[5] 가부장제 권위주의 체제하에서 이효재의 영향력이 여성계를 크게 벗어나지 않은 반면 한완상은

---

3 최문환, 《민족주의의 전개 과정》, 백영사, 1959 참조. 최문환의 사회학에 대해서는 정일준, 〈최문환과 한국 사회학의 문제틀: 민족주의와 자본주의를 넘어〉, 《한국사회학》 51집 1호, 2017, 399~435쪽 참조.

4 황성모, 〈근대화의 제 과제: 사회구조와 민주주의의 관련하에서〉, 《동아문화》 3호, 1965, 69~118쪽. "시대를 앞서갔다"는 평가는 한석정, 《만주 모던: 60년대 한국 개발체제의 기원》, 문학과지성사, 2016, 282쪽.

5 한완상의 〈민중사회학 서설〉은 《문학과 지성》 1978년 8월호에 실렸고 이효재의 〈분단시대의 사회학〉은 《창작과 비평》 1979년 3월호에 실렸다.

민주화운동권은 물론 사회학도들에게 큰 영향력을 행사했다.

오늘날 많은 사람들에게 한완상은 사회학자라기보다는 전직 부총리로 기억되고 있다. 그러나 한국 사회학의 역사에서 볼 때 한완상은 1970년대 말 민중사회학이라는 이름으로 비판사회학의 씨를 뿌린 사회학자이다. 1980년 광주항쟁 이후 김대중 내란음모 사건으로 고초를 겪은 한완상이 어쩔 수 없이 미국에서 망명생활을 하는 기간에 한국의 비판사회학은 좌와 우로 분화되었다. 김진균이 젊은 연구자들과 함께 한완상의 민중사회학을 '계급론'으로 급진화시켰다면, 한상진은 '중민론'을 제창하면서 한완상의 민중사회학을 온건한 방향으로 변형시켰다.[6] 1980년대 후반에 들어서 젊은 세대 학자들의 구심점이 되어 한국의 비판사회학을 대표하는 인물로 부상한 김진균에 대해서는 3부에서 자세하게 다룰 것이다.

2부를 시작하면서 아래에 제시하는 네 개의 인용문은 한완상의 비판사회학이 한국 사회학계와 지성계에서 갖는 의미를 잘 보여준다. 먼저 강신표는 1982년 한국 사회학회 추계학술대회에서 김경동과 한완상의 사회학을 비교하면서 한완상의 민중사회학에 다음과 같은 의미를 부여했다.

김경동의 저서 《인간주의 사회학》, 《발전의 사회학》, 《현대사회와 인간

---

6 김진균, 〈민중사회학의 이론화 전략〉, 《한국의 사회현실과 학문의 과제》, 문화과학사, 1997, 279~298쪽과 한상진, 〈민중사회학의 이론 구조와 쟁점〉, 《민중의 사회과학적 인식》, 문학과지성사, 1987, 11~46쪽을 볼 것.

의 미래》,《현대의 사회학》등은 외국의 사회학에서 무엇이 쟁점이고, 새로운 유행이고, 어떻게 사회학적 학문이 어떤 식으로 정립되어 있는가를 잘 보여주고 있습니다. 그것은 우리에게 꼭 필요한 것입니다. 그것이 우리에게 꼭 필요한 만큼 또한 그것은 불필요할지도 모릅니다. 그것은 우리의 사회와 문화를 연구함에 우리의 고민을 우리 식으로 심화시키는 데 불필요한 공해를 가져다 줄 수 있기 때문입니다. 이 점에 있어 한완상의 고민은 보다 더 값진 것임을 보게 됩니다. 《저 낮은 곳을 향하여》(1978), 《민중과 지식인》(1978), 《지식인과 허위의식》(1977), 《현대 젊은이의 좌절과 열망》(1975), 그 어느 것도 우리가 한국 사회학자로서 고민해야 할 고민이 부각되어 있지 않은 것이 없습니다. 특히 '민중사회학 서설'은 한완상 사회학의 고민을 잘 정리해 놓고 있습니다.[7]

1992년에 출간된 한완상의 《한국현실·한국 사회학》에 대해 비판적 서평을 쓴 한태선은 글을 이렇게 시작했다.

한완상 교수는 학계와 사회에 걸쳐 영향력 있는 학자 중 한 사람이다. 교수로서 강제 퇴직도 당하여 보고 감옥살이도 하였으며 사회비평가로서 그리고 민중운동가로서의 경험도 하였다. 그의 대표적인 저서 《민중사회학》, 《민중과 지식인》 그리고 《인간과 사회구조》는 전환기 한국 젊은이들에게 많이 읽혀진 책들이며, 그는 이제 60이 가까워지는 나이에 다

---

7 강신표, 〈인류학적으로 본 한국 사회학의 오늘—김경동과 한완상의 사회학〉, 《현상과 인식》7권 1호, 1983, 257쪽.

시 《한국현실·한국 사회학》을 저술하여 한국 민중의 시야를 한층 더 넓혀보려고 노력하는 사람이다.[8]

한완상이 미국에서 교수 생활을 하다 귀국하여 서울대학교 사회학과에 부임한 후 처음 가르친 제자에 속하는 임현진은 한완상에 대해 이렇게 썼다.

이 땅에 지식인은 많아도 지성인은 드물다는 얘기가 있습니다. 아마도 (한완상) 선생님은 우리 풍토에 메말라가는 지성인의 한 분이 아닌가 싶습니다. 이는 선생님이 역사, 신학, 사상, 법, 범죄, 청소년, 교육, 문화 등 다방면에 걸쳐 국민의 계몽에 힘쓰는 종합 사회학자이기 때문만은 아닙니다. (한완상) 선생님은 군부독재의 폭압 아래에서도 굴하지 않고 겨레의 통일과 나라의 발전을 위해 몸을 불사른 그야말로 예언자적 소명 의식을 행동으로 실천하는 비판사회학자이기 때문입니다.[9]

2009년에 출간된 한완상의 인터뷰 모음집에는 다음과 같은 저자 소개가 실려 있다.

---

8 한태선, 〈서평: 한완상의 《한국현실·한국 사회학》(범우사, 1992)〉, 《한국사회학》 28호, 1994, 200쪽.
9 임현진, 〈헌사〉, 한민 한완상 박사 화갑기념논문집 간행위원회 편, 《한국 사회학 1: 21세기 한국사회에 대한 전망》, 민음사, 1996, 10쪽.

사회과학자, 행동하는 양심, 인도적 평화주의자들의 귀감이 되고 있는 한완상. 그는 교육계, 정치계, 학계, 종교계를 넘나들며 참 지식인상을 보이고 있으며, 한국 사회의 민주주의의 발전과 남북의 평화로운 통일을 위한 소명을 다하고 있다. 힘의 논리 위에 서 있는 압도적 승리주의의 가치관이 지배하는 사회가 아닌, 상생과 상승을 위한 '우아한 패배'가 존중받는 사회, 상대방에 대한 역지사지의 배려를 통한 모두 함께 이기는 '역사의 승리'를 줄곧 주창해왔다. 일제강점기에 태어나 6·25전쟁을 경험하고, 껍데기뿐인 민주주의로 말미암아 독재와 비리, 사회의 부조리를 일찍부터 경험한 그는 개인이 아니라 사회 전체를 치료해 주는 '사회의사social doctor'의 길을 묵묵히 걸어온 시대의 큰 스승이다.[10]

한국 사회학의 역사에서 한완상의 사회학이 차지하는 위치와 의의를 다루는 2부는 다음과 같은 순서로 진행된다. 먼저 비판사회학자 한완상의 지적 형성 과정을 살펴본다. 둘째, 한완상의 비판사회학을 사회학 이론과 연구방법론, 현대사 인식, 민중과 지식인의 사회학, 시민사회론으로 나누어 정리한다. 셋째, '사회의사'로서 그가 행한 사회적 실천을 종합적으로 살펴본다. 마지막으로 그의 비판사회학을 비판적으로 계승하기 위한 방안을 모색한다.

---

10 한완상, 《우아한 패배》, 김영사, 2009, 앞날개.

2.

한완상이라는
비판사회학자의 형성

한완상의 사회학을 이해하기 위해서는 한완상이라는 인물에 대한 이해가 필요하다. 그렇다면 한국 현실에 적합한 비판사회학의 길을 연 한완상이라는 사회학자는 어떤 과정을 거쳐 어떻게 형성되었는가? 아래에서는 이 문제에 답하기 위해 한완상의 인생 여정을 간략하게 살펴본다.[11]

만약 사회학자가 어느 소설의 주인공이 된다면 그는 모범생이 아니라 문제적 인물이 될 것이다. 문학사회학자 뤼시앙 골드만은 소설을 타

---

11 한완상의 지적 형성 과정에 대해서는 한완상, 〈인간화와 해방을 위한 사회학—나의 사회학 순례〉, 《철학과 현실》 창간호, 1988, 253~268쪽. 이 글은 한완상, 《한국 현실, 한국 사회학》, 범우사, 1992, 427~445쪽에 재수록되었다. 위의 내용을 짧게 요약한 글로는 〈나의 삶, 나의 생각: 사회의사의 길, 민중사회학으로 개안〉, 《한국일보》 1992년 10월 31일 참조. 만년에 펴낸 회고록으로 한완상, 《사자가 소처럼 여물을 먹고》(후마니타스, 2017)와 한완상, 《피스메이커 한완상 이야기》(국경선평화학교출판부, 2016)도 참조.

락한 사회에서 타락한 방식으로 진실을 추구하는 주인공의 이야기라고 정의했지만, 사회학자는 타락한 세상에 적응하는 인물이 아니라 세상과 비판적 거리를 유지하면서 지배의 논리를 폭로하고 자신을 포함한 모든 사회 구성원들의 인간다운 삶이 가능한 사회적 조건을 탐색하고 실천하는 인물이다.[12] 그러기에 진정한 사회학자라면 무난한 인물이거나 원만한 인격의 소유자가 아니라 남들의 눈에 괴짜나 모가 난 사람처럼 보이는 위험한 인물이어야 한다. 상식과 관습이 지배하는 물론과 당연의 세계를 비판적 시선으로 전복시키면서 세상의 문제점을 파헤치는 사회학자는 세상을 지배하는 주류의 시각에서 보았을 때 위험한 인물이 되지 않을 수 없다.[13]

한완상은 일제강점기였던 1936년생 충남 당진에서 초등학교 교사였던 아버지 한영직과 어머니 김석임 사이에서 태어났다. 그는 중학생 때 한국전쟁의 비참함을 겪었다.[14] 한국전쟁과 관련하여 그는 가슴 속에는 '멍든 기억' 하나를 다음과 같이 기억하고 있다.

---

12 뤼시앙 골드만, 조경숙 옮김, 《소설사회학을 위하여》, 청하, 1982, 11~34쪽.

13 이런 뜻에서 한완상은 한국 사회를 "똑똑하면 못된 놈 되는 세상"이라고 표현하기도 했다. 한완상, 《청산이냐 답습이냐: 냉전문화의 극복을 위하여》, 정우사, 1988, 127~130쪽.

14 1936년생인 한완상의 한국전쟁 체험과 더불어 1935년생인 문학평론가 유종호의 한국전쟁 체험도 참조할 것. 한완상, 《청산이냐 답습이냐: 냉전문화의 극복을 위하여》, 241~245; 유종호, 《그 겨울 그리고 가을─나의 1951년》, 현대문학, 2009; 유종호, 《회상기》, 현대문학, 2016.

제가 중학교 때였습니다. 겨울에 학교를 가는데, 형 나이쯤 되는 장정들이 빼빼 마르고 눈이 쑥 들어간 해골들과 같은 몰골로 삼삼오오 모여 있는 것을 봤습니다. 나중에 신문에서 국민방위군 사건이라는 것을 알았습니다. 그 해골 같은 장정들이 국민방위군이었던 것입니다.[15]

전쟁 시기 사회의 모순과 부정부패의 현실을 보면서 문제의식을 갖게 된 한완상은 고등학생이 되어 YMCA 활동을 시작했다. 그때 슈바이처의 책을 읽으면서 신학과 의학에 관심을 갖게 되었다. 그러면서 이런 질문들을 던졌다. "도대체 사회라는 이 거창한 것이 병이 났을 때 왜 고치는 의사는 없는가? 왜 전쟁이 터지며 왜 부패가 생기는가?"[16] 그런 고민 속에서 고등학교 3학년 때 대학 진학을 앞두고 전공을 선택해야 했다. 어머니는 아들이 신학대학에 가서 목사가 되기를 원했고 아버지는 의과대학에 가서 의사가 되기를 기대했고 형은 동생이 정치학과에 진학하여 정치인이 되기를 원했다. 그러나 한완상은 "인간의 영과 육만이 아니라 사회의 영과 육을 고칠 수 있는" '사회의사social doctor'가 되기 위해 사회학과에 진학했다.[17]

---

15 한완상, 《피스메이커 한완상 이야기》, 국경선평화학교출판부, 2016, 13~14쪽. 국민방위군 사건은 1951년 1·4후퇴 때 군 고위 간부들이 제2국민병의 군수물자를 부정 착복하여 수많은 젊은이들이 아사하고 동사한 사건이다.

16 한완상, 〈인간화와 해방을 위한 사회학—나의 사회학 순례〉, 《철학과 현실》 창간호, 1988, 254쪽.

17 한완상은 자신의 진로 결정에 경북고등학교 시절 은사의 사회학과에 대한 소개가 도움이 되었다고 밝혔다. 한완상, 《피스메이커 한완상 이야기》, 14쪽.

감수성이 예민했던 중고등학생 시절 한국전쟁을 체험하면서 정신적으로 방황하던 '고민자 청소년' 한완상에게 슈바이처와 더불어 또 한 사람의 중요한 인물이 있다. 그가 바로 김재준 목사다. 한완상은 고등학교 3학년 시절이었던 1954년에 나온 김재준의 저서 《낙수 이후》를 읽고 "벼락 같은 충격을 받았다."[18] 당시 김재준 목사는 한국전쟁 후 각종 모순과 폐해가 개인의 삶을 황폐화시키는 상황에서 참된 신앙인이라면 그런 병폐를 고치는 일에 나서야 한다고 역설했다. 주변에서 그런 메시지를 전하는 사람을 찾기 어려웠던 그 시절, 김재준의 예언자적 메시지는 한완상의 마음속에 깊게 각인되었다. 이후 한완상은 사회의 모순을 찾아내고 폐해를 고쳐나가는 삶이 크리스천의 삶이라는 신념을 갖게 되었다. 한완상은 1955년 봄 그런 믿음의 씨앗을 품고 서울대학교 사회학과에 입학했다. 그러나 그가 대학에서 배운 사회학은 그가 기대했던 사회 개혁적 사회학이 아니었다. 당시 학교에서 가르치던 사회학은 미국에서 수입된 기능주의 사회학 이론과 실증주의에 입각한 경험적 사회조사방법론이었다. 훗날 그는 대학생 시절에 배운 사회학을 이렇게 회상했다.

사회학은 사회에 관한 학문이다. 남의 사회도 연구해서 그 구조와 변화를 파악해 둘 필요가 있지만 자기가 숨 쉬고 살고 있는 자기 사회의 구조

---

18 한완상, 〈장공사상의 적합성: 오늘의 위기와 장공애長空愛의 힘〉, 《장공기념사업회 회보》, 2014년 겨울호, 14쪽. 김재준, 《낙수 이후落穗 以後》(종로서관, 1954)는 그의 저서 《낙수落穗》(교문사, 1940)의 후속편이다.

와 변동을 보다 더 깊고 넓게 파악해야 할 것이다. 한국전쟁 이후 조국
의 분단은 더 여물어지면서 안으로 정치적 부조리, 경제적 불안정, 공동
체의 약화, 가치관의 혼란, 대외의존도의 증가, 권위주의 풍토의 만연 등
이 우리의 사회를 시들게 하고 있었는데도 우리들로 하여금 이러한 '우
리의 현상'에 대해서는 눈을 감게 하는 사회학책을 주로 읽었던 것이다.
…… 심각한 문제가 있어도 문제없는 것처럼, 불안해도 안정되어 있는
것처럼, 전쟁을 겪었어도 아무 일이 일어나지 않았던 것처럼, 사회가 심
각하게 병들었어도 건강한 것처럼 생각하도록 은근히 유도해 준 그러한
보수적 사회학을 얼마간 터득한 셈이다.[19]

　　대학생 시절 한완상은 사회학과에서 자신의 목마른 문제의식에 해답
을 주는 스승을 만나지 못했다. 한국전쟁 이후 반공 분위기가 남한 사
회를 강력하게 지배하는 상황에서 그의 비판적 문제의식을 키워줄 교
수는 없었다.[20] 김재준 목사 같은 예언자적 메시지를 학문적으로 심화

19　한완상, 《민중과 사회: 민중사회학을 위한 서설》, 종로서적, 1980, 2쪽.
20　1990년대 이후 각 학문 분과별로 자기 학문의 역사를 정리하고 평가하는 작업들이
　　이루어지고 있다. 분야마다 다소 차이가 있겠지만 전체적으로는 해방 정국에서의
　　국대안 반대운동과 한국전쟁을 겪으면서 진보적이고 비판적인 입장을 취했던 학자
　　들은 월북했거나 배제되었음은 잘 알려진 사실이다. 1960년대 서울대 문리대를 다
　　닌 불문학자이자 작가인 정소성은 2014년 5월 17일 자신의 블로그에 올린 〈사라진
　　서울대 문리대의 추억〉에서 자신은 그 무렵 "사전을 뒤적여 싸르트르와 까뮤를 읽
　　으면서 실존주의를 익혔다"면서 당시 문리대의 대표적인 교수들로 이희승(국문법),
　　이숭녕(국어학), 전광용(한국소설), 이병도(국사), 민두기(동양사), 이휘영(불어학), 김
　　붕구(불문학), 권중휘(영어학), 송욱(영문학), 강두식(독문학), 이인기(교육학), 이상

시키는 학자가 없었다. 훗날 한완상은 당시 한국 학계에 김재준 목사 같은 어른이 한 사람만 있었어도 학계 분위기는 크게 달라졌을 것이라고 말했다.[21] 그는 당시 동숭동에 있던 서울대학교 문리대의 분위기를 다음과 같이 회상했다.

1955년 봄부터 저의 대학 생활이 시작되었습니다. 전쟁의 상흔이 뚜렷하게 남아있는 서울대 문리대 벽돌 건물과 교정에서 사회의사 지망생은 실존주의 문학(카뮈)과 철학(사르트르)에서 영감을 얻고자 했지요. 마침 부르너Emile Brunner의 《정의와 사회질서》가 출간되어 거기에서도 영감을 얻고자 했습니다. 실증주의 사회학 강의에는 도무지 사회의사가 되는 데 절박하게 필요한 지식과 지혜를 얻을 수 없었습니다. 그러나 《낙수 이후》의 감동은 저의 마음속에 여전히 살아있었습니다.[22]

서울대학교 사회학과에 입학하여 비판적 지성과 삶의 의미를 추구하

백(사회학), 이용희(외교학), 민병태(정치학), 신사훈(종교학), 장병림(심리학), 박종홍 (철학), 차주환(중문학), 육지수(지리학), 김정록(미학), 허웅(언어학), 하상락(사회사 업학), 김원룡(고고학) 등을 들었다. 정소성은 한완상과 달리 이들을 "기라성 같은 교수진"이라고 표현하면서 이들을 "한국 학계를 창시한 원훈"들로 평가하고 있다.

21 이 증언은 한완상이 필자와의 개인적 인터뷰에서 한 말이다.

22 한완상, 〈장공사상의 적합성: 오늘의 위기와 장공애長空愛의 힘〉, 《장공기념사업회 회보》 2014년 겨울호, 19쪽. 에밀 부르너(1899~1966)는 스위스의 개혁파 신학자로 1945년 간행된 그의 책 《정의와 사회질서*Justice and Social Order*》는 전택부 번역 으로 1954년 사상계사에서 출간되었으며 2003년 대한기독교서회에서 재출간되었 다.

던 한완상은 사회학과 과목보다는 실존주의와 개혁주의 신학에서 사상적 자양분을 공급받았다. 훗날 한국 비판사회학의 지평을 개척하게 될 한완상이 자신의 지적 형성기에 사회학이 아니라 사회학 밖에서 영감을 받았고 지식과 지혜를 얻었다는 사실은 주목할 필요가 있다.

한완상은 1957년 3학년 1학기를 마치고 '학보병'으로 군에 입대했다.[23] 그의 문제의식은 군대 생활을 하면서 더욱 깊어졌다. 그는 당시의 군대 상황을 이렇게 회고했다.

자유당 정권의 부정부패가 극에 달했던 때의 군대생활은 사회와 인간을 보는 새로운 시각을 심어주었다. …… 그때 군대생활은 철저한 전체제도total institution로서 삶의 전 과정을 통제하면서 인간의 기본권인 먹는 문제, 허기진 배를 채우는 문제도 제대로 해결해주지 못했다. 그때 나는 사회학을 전체주의 체제에 대항하는 지식으로 향상시켜야 한다고 믿게 되었다. …… 이때부터 오늘까지 나의 반전체주의 충동은 사회학의 인간해방적 가능성을 탐색하도록 끊임없이 밀어붙이고 있는 것이다.[24]

군 복무 이후 한완상은 사회학과 학부에 이어 대학원 석사 과정을 마치고 1962년 가을 미국 남부 에모리대학의 장학생으로 유학을 떠났

---

23 '학보병'이란 학적보유병學籍保有兵의 약자로 1950년대 중후반에서 1963년까지 실시된 대학생을 대상으로 한 1년 6개월 단기 복무제를 뜻한다.

24 한완상, 〈인간화와 해방을 위한 사회학—나의 사회학 순례〉, 256쪽.

다.[25] 그렇다면 그는 유학시절 자신이 원하는 사회의사가 되는 데 필요한 사회학을 공부했을까? 그렇지 못했다. 그는 자신의 유학시절을 이렇게 회상했다.

유학 생활은 언어의 장애로부터 시작된 불편한 삶의 연속이었다. 한 문화를 다른 문화로 완벽하게 옮겨놓을 수 없기에 한동안 문화충격 속에서 시달렸다. 너무나 다른 환경 속에서 사회학 방법이나 지식을 배웠으나 이 지식이 나에게 무슨 의미를 지니는지 따져볼 겨를조차 없을 만큼 바쁜 학업생활이었다. 공부를 따라가는 것 자체가 벅찼다. 과학논리, 통계학 등의 방법론과 기술을 열심히 익히면서 구조기능주의적 지식을 흡수하는 데 정신없이 휘말려든 셈이다. 경황없이 바빴기에 한국에서 느꼈던 사회학의 적합성 문제도 일단 접어둘 수밖에 없었다. 그러나 때때로 무엇을 위한 공부이며 누구를 위한 사회학인가를 스스로에게 묻곤 하였다. 이따위 지식과 방법을 배워 저 멀리 있는 가난한 나라 한국에 무슨 도움이 될 것인가를 생각해보지 않을 수 없었다. 그러나 당장 시급한 것은 미국 대학원생들과의 경쟁에서 살아남거나 승리하는 일이어서 도서관과 기숙사, 강의실 사이를 열심히 왔다 갔다 할 수밖에 없었다.[26]

---

25 한완상은 고교시절부터 미국 유학을 꿈꾸었다. 그의 아버지는 일제강점기 일본 유학을 꿈꾸었지만 "집안 형편상 공주사범에 진학하여 교사의 길"을 걸었다. 그의 미국 유학은 아버지의 '좌절된 꿈'을 실현한 것이라고 볼 수 있다. 한완상,《사자가 소처럼 여물을 먹고》, 후마니타스, 2017, 346쪽.

26 한완상,《한국현실, 한국 사회학》, 범우사, 1992, 431쪽. 유학 첫 학기에 '과학의 논리', 관료제, 그리고 문화인류학을 들었다. 한완상은 회고록에서 관료제 수업에서

한완상은 일단 자신의 문제의식을 유보하고 도태되지 않고 살아남기 위해 주류 사회학의 이론과 방법을 열심히 공부했다. 1967년 박사학위를 받은 후 그는 테네시주립공과대학Tennesse Technological University과 이스트캐롤라이나대학East Carolina University에서 조교수 생활을 하면서 미국 주류 사회학계의 학술지인 《미국사회학리뷰American Sociological Review》와 《미국사회학저널American Journal of Sociology》에 논문을 게재했다.[27] 그 무렵 한완상은 미국의 반전·반문화·인권운동의 현장을 체험했다. 미국 사회의 인종 차별을 인권 문제로 제기하고 나선 흑인 민권운동과 미국의 베트남전쟁 참전을 반대하는 반전평화운동, 자본주의 문화를 비판하는 반문화운동의 현장을 지켜보면서 한완상은 귀국하

베버, 짐멜, 파슨스, 머튼 등 거장들의 이론을 요약해서 발표했는데 교수로부터 이 주제에 대한 자기 생각을 말해보라는 지적에 당황했던 경험을 소개하고 있다. 한완상, 《사자가 소처럼 여물을 먹고》, 57~59쪽.

27　미국에서 대학교수 생활을 하면서 한완상은 미국 사회학을 대표하는 양대 학술 저널에 논문을 발표했다. 귀국 직후인 1971년에는 3대 학술지의 하나인 *Social Forces*에 논문을 게재했다. 세 편의 논문은 모두 그의 박사학위 논문으로부터 파생된 것이다. Wan Sang Han, "Discrepancy in Socioeconomic Level of Aspiration and Perception of Illegitimate Expediency", *American Journal of Sociology*, Vol. 74, No. 3, 1968, pp. 240~247; Wan Sang Han, "Two Conflicting Themes: Common Values vs. Class Differential Values", *American Sociological Review*, Vol. 34, No. 5, 1969, pp. 679~690; Wan Sang Han, "Alienation, Deviation-Proneness, and Perception of Two Types of Barriers Among Rural Adolescents", *Social Forces*, Vol. 49, No. 3, 1971, pp. 398~413. 요즈음의 한국 사회학계에서 SSCI 논문게재 열풍이 일어나기 훨씬 전에 한완상이 미국 사회학계의 대표적 주류 학술지에 세 편의 논문을 실었음은 주목할 필요가 있다.

면 한국 사회의 개혁에 기여하는 사회학을 해야겠다는 생각을 굳혔다. 한완상은 3년간의 미국 교수 생활을 마치고 1970년 8월 모교인 서울대 사회학과 교수로 부임했다.

귀국 후 한완상은 미국에서 공부한 내용을 중심으로 사회 개혁의 잠재적 주체인 청년들의 지향성과 저항문화를 연구했다.[28] 다른 한편 그는 청년시절의 문제의식을 되살려 진보적 기독교 교수들의 모임인 한국기독자교수협의회 총무로 일하면서 억압적인 정권에 대항하는 민주화운동에 동참했다.[29] 이 과정에서 그의 비판사회학이 점차 형태를 갖추기 시작했다. 1972년 유신체제가 수립되자 그는 앞장서서 체제를 비판하는 지식인의 역할을 자임하며 활발하게 활동하다가 1976년 대학에서 해직되었다. 이후 한완상은 한국 기독교계의 지성을 대표하는 '대한기독교서회'의 상임 편집고문으로 일하면서 서남동, 현영학, 김찬국, 서광선 등 민중신학자들과 더욱 가깝게 지내게 되었다. 직장 잃은 해직 교수가 되어 대학 밖에서 비판적 사회학자로 활동하면서 그는 사회학이 억압적 현실 타파에 앞장서는 지식이 되어야 함을 깊이 확신하게 되었다. 1970년대 후반 민중신학에 이어 민중문학, 민중경제학, 민중사학 등이 주창되는 지적 분위기 속에서 한완상은 자연스럽게 민

---

28 한완상, 《현대사회와 청년문화》, 법문사, 1973. 이 책은 자신의 박사학위 논문과 미국의 사회학회지에 발표했던 논문들을 한국 사회에 맞게 변형시켜 정리한 부분(2편)과 새로 덧붙여 쓴 부분(1편)으로 되어 있다.

29 한국기독자교수협의회는 1966년 결성된 신학자들의 모임이다. 당시 이 모임에는 서남동, 안병무, 김찬국, 서광선 등의 민중신학자들이 참여하고 있었다. 한완상의 민중사회학은 민중신학에서 영감을 받은 것이다.

중사회학이라는 영역을 발전시켰다.[30] 민중사회학은 무엇보다도 학문의 현실 적합성을 문제 삼았다.

이러한 삶의 한 가운데서 학문의 적합성이 얼마나 소중한가를 새삼 깨닫게 되었다. 학문의 적합성은 곧 지식인의 실천성의 문제이기도 하다. 특히 사회과학에 있어서는 그러하다고 확신했다. 사회학자가 연구하는 현실은 연구 대상으로 머물러 있어서는 안 된다. 그것이 인간의 존엄성을 훼손하는 현실일 때에는 반드시 개선되거나 변혁되어야만 한다. 그렇게 변화되어야만 사람다운 삶이 제도적으로 보장된다고 믿었다.[31]

민중사회학은 1970년대와 1980년대에 걸쳐 한국의 현실 속에서 구체적으로 구성된 지적 산물이었기에 현실 적합성이 높은 실천적 사회학이었다. 그것은 "연행의 현장, 피고인의 현실, 구금과 취조의 대상으로 전락되는 우리의 현실 속에서 잉태된 것"이었다. "고통의 현장에서 잉태되고 자라난" 민중사회학은 "그러한 고통의 원인을 캐고, 그 고통을 제거하려 했던 사회의사의 진단과 처방으로 나타난 것이었다. 그러기에 민중사회학은 유신체제와 80년대의 반인간적, 반민주적 공포체

---

30 민중신학, 민중문학, 민중사학, 민중경제학, 민중사회학을 1970년대 후반 지배 이데올로기를 비판하는 대항 이데올로기로 분석하고 있는 연구로 정수복, 《의미세계와 사회운동》, 민영사, 1994, 101~128쪽 참조.

31 한완상, 〈나의 삶, 나의 생각: 사회의사의 길, 민중사회학으로 개안〉, 《한국일보》 1992년 10월 31일 자, 9면.

제의 빛 아래서 평가되어야 한다."[32] 민중사회학은 한국 사회학의 역사에서 비판사회학의 길을 여는 학문적 작업이면서 동시에 현실 개혁에 기여하는 실천적 행위였다.

---

32 한완상, 〈나의 삶, 나의 생각: 사회의사의 길, 민중사회학으로 개안〉, 9쪽.

3.

한완상의
비판사회학

1. 아카데믹 사회학에서 비판사회학으로

한 학자의 학문적 업적을 연구하기 위한 기본적 1차 자료는 그가 남긴
논문과 저서이다.[33] 한완상이 쓴 모든 글은 크게 세 가지로 분류할 수
있다. 이는 그가 처했던 상황과 시기적으로 어느 정도 일치한다. 그의
저술은 아카데믹 사회학에서 출발하여 비판사회학을 거쳐 정치·사회
평론이라는 형식으로 확장되었다. 먼저 1960년대 중반에서 1976년 서
울대 교수직에서 해직될 때까지 발표한 논문과 저서는 아카데믹 사회
학에 속한다. 한완상의 대학시절 스승이었던 이상백은 한완상에게 늘

---

33 한완상의 연구업적은 그의 회갑기념논문집《한국 사회학 1: 21세기 한국사회에 대
    한 전망》, 민음사, 1996의 17~26쪽에 정리되어 있으나 완전하지 않다. 1996년 이
    후에 출간된 저술은 다시 작성해야 한다.

'정식의 사회학proper sociology'을 하라고 권고했는데 한완상은 미국 유학 시기에 주류 사회학의 이론과 방법론을 배우고 그것을 응용하여 박사학위를 받고 그곳에서 가르치면서 *ASR*, *AJS* 등 미국 사회학계의 주요 학술지에 논문을 발표했다.[34] 1970년 귀국 후 그가 국내에 발표한 몇 편의 논문들도 그 연장선 위에 있다.[35] 1973년에 펴낸 그의 첫 저서 《현대사회와 청년문화》는 그가 1960년대 미국에서 갈고 닦은 아카데믹 사회학 연구를 대표한다. 청년들의 원망願望, 소외, 좌절, 일탈에 관한 다섯 번의 경험적 조사 연구를 종합한 이 책은 한완상의 아카데믹 사회학을 대표하는 저서이다.[36]

1976년 대학에서 해직된 이후 한완상의 사회학은 아카데믹 사회학에서 비판사회학으로 변화한다. 교수시절에 집필했지만 해직 직후인

---

34 서울대학교에 사회학과를 만든 이상백은 본인이 사회학 공부를 제대로 하지 못한 자신의 학문 생활에 회한이 있었는지 학생시절의 한완상에게 늘 "정식의 사회학"을 하라는 말을 했다고 한다. '정식의 사회학'이라는 용어는 한완상과의 인터뷰에서 나온 말이다. 이상백이 말하는 '정식의 사회학'이란 아마도 미국 대학에서 가르치는 표준사회학을 뜻했던 것 같다.

35 한완상, 〈한국에 있어서 소년비행과 원망수준에 관한 연구: 한국에서의 아노미 이론의 타당성 검증〉, 《한국사회학》 6호, 1971, 23~36쪽; 한완상, 〈한국에 있어서 지위 불일치와 사회의식〉, 《동아문화》 11호, 1972, 353~394쪽; 한완상·김옥렬·김태희, 〈전문직 여성의 직업 및 사회참여에 관한 연구〉, 《아세아여성연구》 12호, 1973, 5~58쪽.

36 1973년 《현대사회와 청년문화》에서 시작하여 1992년에 나온 《한국현실, 한국 사회학》 3장에 실린 〈한국에 있어서 세대갈등과 대학문화〉에 이르기까지 '청년'과 '세대'는 한완상 사회학의 주된 관심의 하나였다.

1977년에 출간된 《현대사회학의 위기》는 그 중간의 과도기적 저서이다.[37] '개방적 사회와 자율적 인간을 위하여'라는 이 책의 부제는 당시 한완상의 학문적 지향성을 보여주었다.[38] 이후 한완상의 비판사회학을 대표하는 주요 저서는 《민중과 사회》이다.[39] 1980년에 출간된 이 책에는 1978년에 발표한 〈민중사회학 서설〉을 비롯하여, 〈민중론의 문제점〉, 〈민중의 흑백논리와 지배자의 흑백논리〉, 〈민중과 불평등〉, 〈민중과 예수〉, 〈문제의식과 민중의식〉, 〈불균형 시대의 성격〉 등 7편의 글과 〈학문의 자유가 없는 대학은 한낱 지식공장일 뿐이다〉라는 후기가 실려 있다. 이 책은 1982년 〈민중과 일탈〉이라는 글이 추가되고 후기 대신 〈새로운 지배세력과 가치관〉과 〈순수한 것과 불순한 것〉이라는 두 편의 부록을 덧붙여 《민중사회학》이라는 제목으로 재출간되었다.[40]

1976년 해직 이후 한완상의 글쓰기는 자유로운 정치·사회 평론의 형태로 변화하게 된다.[41] 해직 이전에는 사회학계의 동료들을 염두에

---

37 한완상, 《현대사회학의 위기: 개방적 사회와 자율적 인간을 위하여》, 경문사, 1977. 이 저서는 뷰러웨이의 구분에 따르면 '비판사회학'에 속한다고 볼 수 있다. 이 책의 내용이 주로 사회학계 내부를 향한 성찰적 지식이기 때문이다. Michael Burawoy, "For Public Sociology", *American Sociological Review*, Vol. 70, No. 1, 2005, pp. 4~28.

38 한완상은 저자와의 인터뷰에서 앨빈 굴드너Alvin Gouldner의 *The coming Crisis of Western Sociology*, New York: Basic Books, 1970를 염두에 두고 사회학 이론의 쇄신을 주장하는 책을 펴내고 싶었다고 말했다.

39 한완상, 《민중과 사회: 민중사회학을 위한 서설》, 종로서적, 1980.

40 한완상, 《민중사회학》, 종로서적, 1982.

41 한완상은 "학문을 한답시고 '잡문' 따위를 묶어 책을 내리라는 생각조차 꺼려온 터에 갑자기 《증인 없는 사회》를 내놓기로 용단을 내린" 이유로 '관찰자'의 입장에

두고 글을 썼지만 해직 이후에는 민주화운동에 헌신하면서 시평, 칼럼, 에세이, 수필, 강연문 등 대중을 향한 글을 쓰게 되었고 매체도 학술지가 아니라 일간지, 주간지, 월간지, 계간지 등으로 바뀌었다. 그의 정치 사회비평집은 《증인 없는 사회》에서 시작되어 《저 낮은 곳을 향하여》, 《민중과 지식인》, 《밖에서 본 자화상》, 《민중시대의 문제의식》, 《새벽을 만드는 사람들》, 《뿌리 뽑힌 몸으로》, 《역사의 벼랑 끝에서》, 《지식인과 현실인식》, 《청산이냐 답습이냐》, 《돌물목에서》, 《다시 한국의 지식인에게》로 이어지면서 청년층을 중심으로 많은 독자를 확보했다.[42] 한완상의 정치·사회 평론은 한국 사회의 지배 이데올로기에 침윤된 허위의식을 타파하고 새로운 사회를 만드는 일에 기여하는 '공공사회학자 public sociologist'로서의 활동이었다.[43]

머무르지 않고 '증인' 구실을 하기 위해서라고 밝혔다. 한완상, 《증인 없는 사회》, 민음사, 1976, 1쪽.

42 한완상, 《증인 없는 사회》, 민음사, 1976; 한완상, 《지식인과 허위의식》, 현대사상사, 1977; 한완상, 《민중과 지식인》, 정우사, 1978; 한완상, 《저 낮은 곳을 향하여》, 전망사, 1978; 한완상, 《민중시대의 문제의식》, 일월서각, 1983; 한완상, 《새벽을 만드는 사람들》, 동광출판사, 1984; 한완상, 《역사에 부치는 편지》, 삼민사, 1985; 한완상, 《지식인과 현실인식》, 청년사, 1986; 한완상, 《역사의 벼랑 끝에서》, 동아일보사, 1986; 한완상, 《청산이냐 답습이냐: 냉전문화의 극복을 위하여》, 정우사, 1988b; 한완상, 《돌물목에서: 한완상 칼럼》, 철학과현실사, 1990; 한완상, 《다시 한국의 지식인에게》, 당대, 2000.

43 '공공사회학자'라는 표현은 뷰러웨이Michael Burawoy에게서 빌려온 것이다. 한완상의 사회학자로서의 역할 가운데 하나로 번역 작업을 추가할 수 있을 것이다. 그는 밀턴 잉거(Yinger, 1973), 피터 버거(Berger, 1977) 같은 사회학자의 책뿐만 아니라 로버트 달(Dahl, 1976), 찰머스 존슨(Johnson, 1972), 길레르모 오도넬과 필립 슈미터

2. '사회학적 인간관' 비판과 주체적 인간관

한완상의 비판사회학을 이해하기 위한 열쇠는 그의 인간관에 있다. 그는 사회결정론적인 경향이 있는 '사회학적 인간관'으로는 사회 비판과 사회 개혁에 나서는 주체의 형성 과정을 보기 어렵다는 판단 아래 사회에 의해 결정되는 수동적 인간관을 거부하고 현실을 개혁하는 주체적 인간관을 구성했다. 그 지적 배경으로 세 가지를 들 수 있다.

첫째, 그는 젊은 시절 실존주의의 영향을 받았다. 한완상은 청소년 시절부터 실존적 질문을 멈추지 않았다. 그가 1980년대 중반에 쓴 글에는 "어떻게 살다가 죽어야 값있을까 하는 실존적 문제는 끊임없이 나를 괴롭혀 왔고, 지금도 이 문제를 생각하고 있으며 앞으로도 줄곧 이것과 실존적 씨름을 해볼 것이다"라는 구절이 나온다.[44] 다음 인용문은 그가 학창시절 관심을 가졌던 실존주의의 영향을 보여준다.

전후 우리 상황에 실존주의 사상은 그 나름대로 적합성을 지니고 있었다. 한계상황에 부딪친 우리들에게는 실존주의가 절망의 구조를 몸에

(Odonnel and Schimitter, 1987) 같은 정치학자들의 글, 브로니슬라브 말리노프스키 (Malinowski, 1976) 같은 인류학자의 저서, 에리히 프롬(Fromm, 1979) 같은 사회심리학자의 책, 스타브리아노스(Stavrianos, 1987) 같은 역사학자의 책 등 여러 학문 분야를 넘나들며 각종 번역서를 출간했다. 특히 피터 버거의 《사회학에의 초대》는 사회학도는 물론 다른 전공의 대학생들에게도 널리 읽혔다.

44 한완상, 《역사에 부치는 편지》, 삼민사, 1985, 3쪽.

와 닿게 알려주었고 절망 속에서도 희망의 비약을 시사해줄 수 있다고 여겼으며, 적어도 죽음과 삶, 절망과 좌절의 깊은 의미를 재조명해 주었던 것이다. 비록 그것이 향내적向內的 성찰을 강조하였기에 객관적 역사 현실을 혁파해가는 힘을 주지는 못했다고 하지만, 전쟁을 겪은 백성들의 가슴에 와 닿는 향내적 메시지는 담고 있었다. 특히 실존주의를 휴머니즘으로 본 사르트르의 실천성에 고무되기도 하였다.[45]

한완상은 훗날 현대의 사회사상가로 피터 버거, 에리히 프롬, 어빙 고프먼, C. 라이트 밀스 이렇게 네 사람을 다루면서 피터 버거를 "현대 사회학의 한계와 약점을 실존주의적 정신으로 극복하려는 사회학자"로 소개했다. "현대사회학이 부각시키는 인간은 타율적 존재요, 또한 기존 질서에 동조하는 꼭두각시 같은 존재이므로 이 한계를 극복하지 않고서는 사회학의 개혁적 사명을 감당할 수 없다. 이것에 반해서 실존주의에서는 인간이 선택하고 결단하는 주체로 부각된다"고 썼다.[46]

둘째, 한완상이 사회학 이론에서 주체적 인간을 강조하는 입장은 스승인 이상백의 주장과도 연결된다. 이상백은 일찍이 콩트의 사회학을 비판하면서 이렇게 쓴 바 있다.

현재는 생활하는 인간이 서 있는 장소이다. 콩트는 이것을 무시한다. …… 그는 인간을 단순한 추상으로 생각하고 인류 혹은 사회만 위대한

---

45 한완상, 《한국현실, 한국 사회학》, 범우사, 1992, 429~430쪽.
46 한완상, 《증인 없는 사회》, 민음사, 1976, 234~235쪽.

존재라고 생각한다. 그러나 과거로부터 오는 힘이 여하하더라도 그것이 미래를 지어가기 위해서는 아무튼 현재의 산 인간을 통해야만 되고, 그 매개를 거쳐야만 되는 것이다.[47]

이상백의 이러한 주장은 한완상의 구조기능주의적 인간관 비판과 일맥상통한다. 한완상은 파슨스의 구조기능주의 이론이 규범, 역할, 제도를 분석의 단위로 삼으면서 "행동하는 개인 혹은 인간을 완전히 그 분석에서 제외"시켰다고 비판했다.[48] 구조기능주의는 규범과 역할이 애초에 어떤 상황에서 어떤 과정을 거쳐 만들어졌는가를 묻지 않으며 사회구조 내에서 움직이는 살아 있는 인간들을 무시해버렸기 때문에 사회현상을 제대로 설명할 수 없다고 비판했다. 한완상은 호먼스George Homans를 내세워 사회학은 "제도의 결과를 다루는 데 있어서도 지위·제도의 기능과 역기능에만 관심을 쏟는 것이 아니라, 어떻게 해서 이같은 지위체계가 생겨나야만 했는가"를 설명해야 하고 "집단 구성원들 간의 상호작용을 통해 생겨나는 과정을" 연구해야 한다고 주장했다.[49] 한완상은 사회학 이론 안에 주체적 인간을 복귀시키기 위해 미드

---

47 이상백, 《이상백저작집》 3권, 을유문화사, 1978, 449쪽.
48 한완상, 〈사회학적 이론에 대한 새로운 이해〉, 《한국사회학》 2호, 1966, 164~169쪽. 한완상이 미국 유학 중 일시 귀국하여 발표한 이 글은 조지 호먼스George Homans 의 1964년 미국사회학회 회장 취임 연설인 "Bringing Men Back in", *American Sociological Review* Vol. 29, 1964, pp. 809~818을 참조하여 인간의 주체성을 무시하는 구조기능주의를 비판하고 있다.
49 한완상, 〈사회학적 이론에 대한 새로운 이해〉, 167쪽.

George Herbert Mead와 블루머Herbert Blumer 등의 상징적 상호작용론에 관심을 기울였다.[50]

셋째, 1960년대 후반 미국에서 경험한 흑인 민권운동과 반전평화운동, 히피로 상징되는 반문화운동도 한완상이 인간을 수동적·동조적·순응적으로 보는 사회학적 인간관을 비판하고 능동적·비판적·창조적 '주체'로서의 인간관을 형성하는 데 작용했다. 그는 1967년 박사학위를 받은 후 이스트캐롤라이나대학에서 교수 생활을 할 때 시위에 참여하는 학생들과 진지한 대화를 나누면서 결정론적인 사회학적 인간관에 대한 비판적 성찰을 시작하게 되었다.[51] 1970년 귀국 이후 한완상은 1972년 〈현대사회와 기계적 인간관〉이라는 제목의 글을 발표했다. 이 글에서 한완상은 결정론적이고 기계론적인 인간관을 비판하고 비판의식과 자율성을 추구하는 인간관을 모색했다. 인간은 단지 '사회의 수인囚人'이나 역할 수행자에 머무르지 않고 비판의식을 갖고 자율적으로 행위하는 능동적 존재임을 부각시켰다.[52] 이어서 그는 1973년에 펴

---

50 한완상, 《인간과 사회구조—사회학 이론과 문제점들》, 경문사, 1986, 137~164쪽. 김경만은 "한완상이 기능주의 사회학을 비판하기 위해 빌려온 (상징적 상호작용론을 비롯한) 미시사회학도 결국 또 하나의 미국 표준사회학일 뿐이다"라면서 한완상의 비판사회학에 내재한 모순점을 지적했다. 김경만, 《글로벌 지식장과 상징폭력》, 문학동네, 2015, 31~32쪽. 참고로 한완상이 미국 유학 이전 처음 발표한 글도 상징적 상호작용론에 관한 것이었다. 한완상, 〈Generalized Other론: 양심의 사회학적 해석〉, 《문리대학보》 16호, 1962, 73~79쪽.

51 한완상, 《한국현실, 한국 사회학》, 범우사, 1992, 433쪽.

52 한완상, 〈현대사회와 기계적 인간관〉, 《인문과학》 2호, 성균관대학교 인문과학연구소, 1972, 45~68쪽.

낸 첫 저서《현대사회와 청년문화》서문에서 인간의 주체성을 다음과 같이 주장했다.

인간의 행동을 설명함에 있어 사회경제적 배경은 중요한 원인 변수이다. 그러나 이와 같은 구조적 요인에만 지나치게 집착하면 이른바 인간의 주체성이 무너져 버린다. 주체성 그 자체가 사라져 버린다기보다는 그 점을 간과한다는 뜻이다. 종전의 사회학적 고찰은 구조적 요인을 강조한 나머지 상황과 자신에 대한 인간의 주체적 규정 작용을 등한히 하였다.[53]

그의 사회학적 인간관 비판은 민중사회학으로 발전하면서 더욱 구체화되었다. 1978년에 나온《민중과 지식인》에서 그는 주체적 인간상으로서의 민중을 다음과 같이 부각시켰다.

이제 우리는 타율적 존재, 기계적 존재, 악하고 조야한 존재, 무력한 백지 같은 객체로 인간을 깔보기만 하는 모든 사회학적 또는 학문적 시각을 비판적으로 검토하고, 보다 적극적이고, 보다 주체적이고, 보다 자율적인 인간상을 부각시키는 학문적 입장을 존중해야 할 것이다. 이러한 자율적 인간과 주체적 개인이 모여서 무리를 이룰 때 민중이 된다. 이들이 구조와 그 주역들에 의해서 부당하게 억압받고 수탈되며 차별받는다는 의식을 가질 때 각성한 민중이 된다. 각성한 이 민중은 곧 대자적 민

---

53 한완상,《현대사회와 청년문화》, 법문사, 1973, 111쪽.

중이다. 이들이 보다 의롭고 자유로운 미래 구조와 미래 역사를 엮어갈 수 있다. 이 같은 주체적 민중에 대한 사회학적 이해가 요청된다.[54]

한완상은 인간은 사회화 과정을 거쳐 사회규범을 내면화하고 주어진 사회적 역할을 수행하는 존재에 머무르지 않고 기존의 사회구조가 잘못되었거나 도덕적으로 정의롭지 못하다고 판단할 때는 그것을 비판하고 넘어서려는 자발적 행위도 할 수 있는 존재로 보았다. 물론 "인간의 주체성과 실천의 원동력을 제공해주는 것은 기본적으로 인간이 처해 있는 사회적 조건과 역사적 상황이지만, 인간의 가치 지향과 무엇을 이루고 창조해내려는 이해관심과 의지 등이 이와 함께 고려되어야 한다."[55]

사회의 불의와 부조리를 깨닫고 그것을 넘어서기 위해 행동하는 주체적 인간상으로서의 민중관은 민중사회학의 기초를 이룬다.[56] 한완상의 주체적 인간상은 이후 변함없이 유지되었다. 2000년에 나온 사회학 개론서 《인간과 사회》 서문에서 한완상은 사회학 교육의 목표를 다음과 같이 밝혔다.

---

54   한완상, 《민중과 지식인》, 정우사, 1978, 80~81쪽.

55   한완상·백욱인, 〈민중사회학의 몇 가지 문제점들—그 총체적 바탕을 다지기 위하여〉, 장을병 외, 《우리 시대 민족운동의 과제》, 한길사, 1886, 135쪽.

56   한완상은 '민중사회학'이라는 용어 이전에 '인도주의 사회학'이라는 표현도 쓴 바 있다. 그는 자신의 비판사회학이 인도주의 사회학과 급진적 사회학의 결합으로 이루어진 것이라고 말하기도 했다. 한완상, 〈인도주의 사회학〉, 《한국문학》 5권 11호, 1977, 270~281쪽. 한완상의 '인도주의 사회학'은 김경동의 '인간주의 사회학'과 큰 차이가 없었으나 이후 민중사회학으로 발전하면서 분기하게 된다.

우리는 인간을 사회의 피조물로만은 보지 않는다. 그러나 인간은 어느 누구도 사회의 구속성에서 완전히 벗어날 수 없다는 사실도 주지하기 바란다. 사회의 제약을 받으면서도 그것을 뛰어넘어 새로운 질서를 찾아보려고 노력하는 인간의 모습이 진정 〈인간과 사회〉 과목이 추구하는 창조적이고 능동적인 인간의 모습이며, 사회제도에 의해서 잃어버린 인간성을 회복하는 길이다.[57]

한완상이 볼 때 인간은 사회화 과정을 통해 내면화한 규범에 따라 주어진 역할만 수행하는 수동적 존재가 아니다. 인간은 규범의 정당성이 의문시될 때 그것을 넘어서는 새로운 규범을 창조하는 잠재력을 가진 존재이다. "시대를 앞서갔던 사람들, 위대한 선구자, 발명가, 예술가, 스승 그리고 혁명가들은 대체로 자기들이 살았던 시대에서 많은 사람들이 관례적으로 쓰고 다녔던 사회학적 인간의 탈을 때로는 용기 있게 벗어던졌던 사람들이라고 볼 수 있다."[58] 한완상의 사회학적 인간관 비판은 자기 시대의 그릇된 가치와 규범을 거부하고 그것을 정당화하는 지배 이데올로기를 비판하면서 새로운 사회와 새로운 삶을 추구하는 창조적 주체의 형성 가능성을 열어놓았다.

---

57 한완상·한균자, 《인간과 사회》, 한국방송통신대학교출판부, 2002, iv쪽.
58 한완상·한균자, 《인간과 사회》, 168~169쪽.

3. 비판사회학 연구방법론과 글쓰기

한완상은 학자 생활 초기 논문과 저서에서 미국 주류 사회학의 이론과 경험주의적 조사방법론을 적극적으로 활용했다.[59] 하지만 그는 곧 한국 현실에 적합한 사회학 연구에 사회조사를 기초로 하는 실증주의적 연구방법론이 한계가 있음을 인식했다. 그는 사회과학 방법론을 자료 수집과 자료 처리에 관련된 기술로 이해하는 한국 사회학계의 학문 풍토를 비판하면서 "방법론에 대한 깊은 연구 없이 학문이 발전하기는 거의 불가능하다. 특히 사회과학에 있어서 방법론을 깊이 파악하지 못하고서 사회과학의 발전을 도모하기란 여간 어렵지 않다"라는 견해를 표명했다.[60] 그는 과학정신은 방법론의 세련화를 통해 더욱 깊어지고 높아질 수 있지만 방법론에 대한 집착이 미신fetishism으로서의 과학주의 scientism가 되는 것을 경계했다. 행태론이나 환원론이나 실증주의 등에서 보듯 사회과학 방법론이 과학주의의 모습으로 나타날 때 그것은 이른바 허위위식의 기능을 담당한다는 것이다. 그래서 한완상은 과학적인 방법론을 중시하는 사회과학자들에게 "방법론이 무서운 이데올로

---

59 1963년에 이만갑의 이름으로 나온 《사회조사방법론》의 개정판이 1979년에 나왔는데 이 책은 이만갑, 한완상, 김경동 이렇게 세 사람의 공저로 되었다. 1960년대 말 1970년대 초 *AJS*, *ASR*, *Social Forces* 등에 실린 한완상의 영문논문도 사회조사방법을 활용하여 양적 분석을 한 것이다.

60 한완상, 〈서평: 김광웅 지음, 《사회과학연구방법론》〉, 《북한》 59호, 1976, 243쪽.

기가 될 수 있음"을 경고하면서 사회과학자의 사회적 및 역사적 역할에 대한 각성을 촉구했다.[61]

한완상의 민중사회학은 민중과의 만남을 통해 시작되었다. 한완상은 1976년 해직 이후 민주화운동을 하면서 학생, 노동자, 농민, 도시빈민들을 다양한 기회를 통해 만나게 되었다.

1970년대 중반에 나는 제도의 안정에서 제도 밖의 불안정 상태로 내동댕이침을 당했다. 이것이 나에게는 무서운 시련이었지만 동시에 그것은 값진 기회였다. 그 까닭은 내가 민중들과 가까이 지낼 수 있게 되었고, 나도 민중의 하나가 될 수 있다는 체험을 할 수 있었기 때문이다. 여기서 나는 사회학도로서 민중과 사회에 대해 말할 수 있고, 말해야 할 뿐만 아니라, 민중을 경험하고 사회를 체험하면서 민중과 사회를 조금이나마 이해할 수 있게 된 것이다.[62]

그 과정에서 그는 학자의 전문적 언어가 아니라 민중의 일상적 언어를 접하게 되었고 그에 따라 다음과 같은 방법론적 성찰에 이르게 되었다.

---

61 이기홍은 맹목적 실증주의와 피상적 경험주의를 비롯한 '방법론 물신주의'에 대한 한완상의 비판의식을 계승하여 발전시키고 있다. 이기홍, 《사회과학의 철학적 기초: 비판적 실재론의 접근》, 한울, 2014; 이기홍, 〈양적 방법의 지배와 그 결과: 식민지 근대화론의 방법론적 검토〉, 《한국사회학》 50권 2호, 2016, 123~164쪽; 이기홍, 〈양적 방법은 미국사회학을 어떻게 지배하게 되었나?〉, 《사회와 이론》 32집, 2018, 7~60쪽 참조.
62 한완상, 《민중과 사회: 민중사회학을 위한 서설》, 종로서적, 1980, 2쪽.

70년대의 한국 사회를 전체적으로 분석하고 이해하려면 그 사이 수없이 쏟아져 나온 민중의 언어들을 수집해서 연구해야 할 것 같소. 그 많은 성명서들, 진정서와 의견서 그리고 일지들을 분석하고 이해해야 할 것 같소. 이러한 자료는 바로 70년대의 한국 사회의 성격을 생생하게 직접 알려주는 산 자료이지요. 사회과학이 마땅히 살아있는 학문이 되려면 이러한 자료를 활용하지 않을 수 없을 것이오.[63]

이런 방법론적 성찰은 새로운 글쓰기 방식으로 나아갔다. 그가 볼 때 한국 지식인들의 글쓰기에는 세 가지 문제점이 있다. 첫째, '안개지수'가 높고 애매모호한 표현을 즐겨 사용하며, 둘째, 알아듣기 어렵게 현학적으로 쓰며, 셋째, 외국 학자의 언어를 열심히 인용한다.[64] 한국의 학자들은 어렵게 쓰고 애매하게 표현하고 외국어에서 번역된 언어를 많이 쓰면서 자신을 보호하고 자만심을 만족시키며 전문가로서의 권위를 확보하고 있다는 것이다. 한완상이 볼 때 이런 글쓰기는 민중을 배제하는 지식인의 허위의식의 표현이다. 생산된 지식은 유통되고 소통되면서 수정되는 과정을 거쳐야 한다. 이런 인식 아래 그는 민중과 소통하는 글을 쓰기 위해 고민했다.

나는 지난 몇 년간 사람들을 결속시키는 사랑의 문제와 사회를 튼튼히 해주는 정의의 문제를 어떻게 쉽게 글로 쓸 수 없을까 하고 고심해 왔다.

---

63 한완상, 《민중과 사회: 민중사회학을 위한 서설》, 223쪽.
64 한완상, 《지식인과 허위의식》, 현대사상사, 1977, 28~30쪽.

글을 쉽게 쓴다는 것처럼 어려운 것은 없는 것 같다. 진리는 쉽게 전달되어야 하고 절실하게 가슴에 메아리쳐야 한다. 진리는 쉬운 표현을 통해서 스스로를 잘 드러내는 것 같다. 그래서 이 책에서는 힘껏 쉽게 써보느라고 노력했다.[65]

4. 현대사 인식과 통일 문제

한완상의 민중사회학을 제대로 이해하기 위해서는 그의 한국 현대사 인식을 파악하는 작업이 중요하다. "한국 사회를 연구 대상으로 하는 사회과학 전반의 현실 분석력이 제고되기 위해서는 한국 사회에 대한 역사적 관심과 문제의식이 절실히 요청"되기 때문이다.[66] 그가 볼 때 사회학자에게는 '문제의식'이 중요하고 역사의식은 문제의식의 중요한 구성요소다. "사회학이 역사적 사건과 만날 때 보다 설명력 있는 사회학적 이론이 가능하고 또 보다 구체적이고 종합적인 역사 과정의 이

---

65 한완상, 《새벽을 만드는 사람들》, 동광출판사, 1984, 2쪽. 한완상이 펴낸 20여 권의 저서는 민중보다는 "격동의 세월을 살았던 대학생들에게 큰 영향을 끼쳤다." 권태선·차기태, 〈한겨레가 만난 사람: 한완상 부총리 겸 교육인적자원부 장관〉, 《한겨레》 2001년 7월 16일 자, 13면.

66 한완상·박명규, 〈한국사회연구와 한국전쟁연구〉, 한국 사회학회 편, 《한국전쟁과 한국사회변동》, 풀빛, 1992, 4쪽.

해가 가능하다."[67]

역사의식은 과거와 현재와 미래를 전체로 파악하면서 어떤 역사적 사건을 전체 시간의 맥락에서 살피려는 의식이다. …… 역사의식은 현재 상황의 관심 때문에 과거의 사건들을 재조명해 보려는 의식이기도 하다. 그것은 현재의 사건과 문제를 전체 시간의 맥락에서 파악함으로써 그것의 전체 모습과 특징을 보다 뚜렷하게 이해하려는 의지이기도 하다.[68]

한완상은 해방 이후 한국 현대사가 친일 반민족세력과 냉전적 반공세력의 연합에 의해 왜곡되었다고 생각한다.

일제시대 독립운동가를 직접간접으로 괴롭혔던 일제의 주구들은 해방된 뒤, 그들의 약점을 냉전주의라는 제도의 옷을 입고 그것을 숨기려 했다. 아니 결사적으로 은폐하려 했다. 반공의 이름으로 오히려 민족세력을 억누르기까지 했다. 반공활동이 마치 친일행위의 민족적 죄악을 저절로 속죄시켜주는 면죄부로 생각했다. 그러기에 일제시대에 부끄러운 부일행위를 한 사람들 가운데 반공활동에 더욱 적극적으로 참여했던 사람이 적지 않다는 사실을 우리는 이제 상식으로 알고 있다. 이들 친일 반민족세력은 냉전의식으로 단단히 무장하여 반통일적, 반민주적 정치유

---

67   한완상·박명규, 〈한국사회연구와 한국전쟁연구〉, 18쪽.
68   한완상, 《민중사회학》, 종로서적, 1982, 163쪽.

산을 줄곧 확대 재생산해왔던 것이다.[69]

그가 볼 때 해방 이후 친일부역자들을 처단하는 반민특위의 실패는 결정적으로 중요한 사건이었다.[70] 반민특위의 실패로 인해 친일 반민족 세력들이 냉전의 논리를 활용해 반대세력을 효과적으로 숙청할 수 있었고 그 결과 민족정기는 땅에 떨어지고 전천후적 변신과 변절에 뛰어난 인간들이 득세하는 풍토가 생겨났다는 것이다.[71]

한완상은 민중의 수난과 고통에 공감하면서 친일 냉전 분단세력을 비판하는 입장에 서 있었다.[72] 그는 일제강점기 민중의 삶을 다룬 조정래의 대하소설《아리랑》을 읽고 나서 이렇게 썼다.

나는《아리랑》에서 밀스C. Wright Mills의 뜻에서 몇 가지 중요한 사회학적 상상력을 확인한다. 이 상상력은 어두운 시절을 용기 있고 올곧게 살아가려는 모든 지식인들이 마땅히 갖추어야 할 자세요 정신이기도 하

---

69 한완상,《청산이냐 답습이냐: 냉전문화의 극복을 위하여》, 정우사, 1988, 250쪽.
70 한완상,《청산이냐 답습이냐: 냉전문화의 극복을 위하여》, 256쪽.
71 이를 두고 노무현 대통령은 "반민특위의 역사를 읽은 젊은 사람들이 가슴속에 불이 나거나 피가 거꾸로 도는 경험을 다 한 번씩 한다"고 말했다. 박지향과 이영훈은 대한민국 현대사를 그렇게 보는 역사 해석을 '자학사관'이라고 보면서 한국 현대사를 긍정적으로 해석하는 뉴라이트 사관을 제시했다. 박지향·김철·김일영·이영훈 엮음,《해방전후사의 재인식》(책세상, 2006)과 이영훈,《대한민국 이야기》(기파랑, 2007) 참조.
72 베를린 장벽 붕괴 이후에도 동아시아에서는 한반도 분단 상태의 지속으로 냉전이 끝나지 않고 있다. 이에 대해서는 권헌익,《또 하나의 냉전: 인류학으로 본 냉전의 역사》(민음사, 2013), 24~50쪽 참조.

다. 개인과 가족과 민족을 한 줄로 꿰면서 사사로운 듯이 보이는 개인의 곤경을 민족의 좌절과 실패에서 오는 구조적 문제와 의미 있게 연결시키고 있다. (조정래는) 개인사, 가족사, 그리고 민족사를 일정한 시각에 따라 의미 있게 연결시키며, 그 의미를 설득력 있게 조명시켜준다. 그는 어제의 민족 수난을 이야기하면서 오늘의 사회·국가의 비극을 이야기하고 있다. 사회학자들이 각주 붙은 복잡한 논문들을 통해 펼치는 논리보다 훨씬 더 설득력 있게 소설을 통해 현실의 비극을 고발하고 증언하고 있다. …… 그는 소설가라기보다 치열한 장인정신을 지닌 사회학자요 실천가라고 해야 할 것 같다.[73]

한국 현대사에서 해방 이후 식민지 잔재 청산과 더불어 가장 중요한 사건이 분단과 한국전쟁이다. 한완상은 한국전쟁에 대한 반공주의적 해석을 상대화시키면서 냉전적 멘탈리티를 해체하려는 입장을 취했다.

물론 민족해방전선의 논리로 남침했던 북한 권력 주체를 비호할 수 없다. 그것은 비판해 마땅하다. 그렇다고 해방된 뒤 남한의 정치 경제 현실을 북한의 그것과 견주어 맹목적으로 찬양만 일삼는 데도 문제는 있다. …… 왜냐하면 그러한 이분법적 사고가 통일을 가로막는 심각한 저해요인이 되면서 동시에 우리 남한 사회 안에 각종 비민주적 제도와 문화와

---

73 한완상, 〈작가의 투철한 사회학적 상상력—《아리랑》을 읽고〉, 조남현 편, 《조정래 대하소설 아리랑 연구》, 해냄, 2003, 332~334쪽.

삶의 형태를 비호해주거나 합리화시켜주기 때문이다.[74]

　남북 분단 상태를 어떻게 보느냐는 한국 현대사 인식의 중요한 지점
이다. 한완상은 남북한 관계를 '적대적 공생관계'로 파악한다. "지난
60년간 분단이 열전과 냉전 속에서 고착되면서 민족의 평화와 통일을
어렵게 하는 또 하나의 비극이 우리 속에서 잉태하고 자라게 되었다.
이것이 바로 남북 간의 불신과 대결, 증오와 긴장을 부추기는 적대적
공생관계의 작품이다."[75] 한완상은 '적대적 공생관계'를 다음과 같이
설명한다.

　남쪽에 극우 수구세력이 집권하고 북쪽에 극좌 군부가 주도권을 장악하
게 되면 남북간 냉전대결은 극단으로 치닫는다. 남북 양 체제의 권력 주
체는 안으로 정치적 위기에 봉착하게 될 때마다 이 위기를 관리하고 극
복하기 위해 짐짓 상대방 체제로부터의 위협을 심각한 것으로 각색하고
과장한다. …… 남에서는 반정부세력을 '친북 좌파, 주사파'로 몰아 제
거하고 북에서는 친남, 친미, 주자파 세력으로 매도하려 한다. 양 체제의
강경, 극단세력은 체제 간 긴장을 고조시킴으로써 그들의 권력 기반을

74　한완상, 《청산이냐 답습이냐: 냉전문화의 극복을 위하여》, 정우사, 1988, 244~245쪽.
75　한완상, 《한반도는 아프다》, 한울, 2013, 8~9쪽. 참고로 서양사학자 임지현은 북한
　　의 천리마운동과 남한의 새마을운동을 비교하면서 박정희와 김일성을 '적대적 공
　　범자'라고 표현했다. 임지현, 《적대적 공범자들》, 소나무, 2005, 159~193쪽.

더욱 강화시키려 했다.[76]

한완상은 왜곡된 한국 현대사를 바로잡고 '적대적 공생관계'를 해체시키기 위해 사회학적 상상력과 통찰력이 필요하다고 봤다. 이는 그가 친구에게 보낸 편지글에서 확인 가능하다.

통일이 지배세력의 허위의식으로 작용하는 점을 날카롭게 관찰하면서 통일이 민중의 정당한 요구를 어떻게 교묘하게 회피하면서 지배자들의 기득 이권을 강화시켜주는가를 과학적으로 엄밀하게 분석하고 이해해야 할 것 같소. 분단이 극복되지 않는 한, 진정한 민주체제가 실현되기 어려운 것임을 항상 강조하면서도 동시에 분단을 빙자해서 민주주의를 회피하려는 음모를 또한 사회과학자들은 꿰뚫어 보아야 하는 것이오. 우리가 참으로 민주적으로 통일된 민주 조국을 원한다면, 분단된 민족에서나마 민주주의를 실현시켜야 하오.[77]

그가 볼 때 한국 사회의 현실은 이른바 냉전 반공주의 권력엘리트들의 지배 이데올로기에 의해 아름답게 포장되어 있다. 그렇게 포장된 현상이 일상적인 세계를 구성하고 있다. 그렇게 구성된 세계는 아무 문제없는 당연과 물론이 지배하는 일상세계를 구성하고 있다. 바로 그렇기 때문에 비판사회학자는 "상식 세계의 안을 깊숙이 들여다보려는 의식

---

76 한완상, 《한반도는 아프다》, 9~10쪽.
77 한완상, 《민중사회학》, 종로서적, 1982, 227~228쪽.

과 의지", 곧 "문제의식과 사회학적 통찰력"을 가지고 현실을 꿰뚫어 보아야 한다.[78] 이러한 현대사 인식의 사회학적 표현이 바로 한완상의 민중사회학이다.

5. 민중사회학과 지식인

한완상의 비판사회학은 '민중사회학'이라는 이름으로 널리 알려졌다.[79] 한완상의 민중사회학은 그가 1976년 서울대학교 사회학과에서 1차 해직되어 대학 밖의 지식인 생활을 하던 과정에서 탄생했다. 1980년 봄 2차로 해직되기 직전에 펴낸 《민중과 사회》에서 한완상은 민중사회학 이전 아카데믹 사회학자로서 자신의 모습을 다음과 같이 반성했다.

솔직히 고백하건대 우리 사회를 제대로 모르면서 사회에 관하여 현학적 으로 강의를 해왔던 것이오. 사회과학대학의 사회학 교수였으니 사회를 직접 몰라도 사회에 대하여는 강의할 수 있었지요. 그러니 자연 현실 적 합성 없는 사회학을 강의했다고 할까. 정말 부끄러운 일이었지. 이 형,

---

78 한완상, 《민중사회학》, 4쪽.

79 그의 저서 가운데 민중이 들어가는 저서로 한완상, 《민중과 지식인》, 정우사, 1978; 한완상, 《민중과 사회: 민중사회학을 위한 서설》, 종로서적, 1980; 한완상, 《민중사 회학》, 종로서적, 1982; 한완상, 《민중시대의 문제의식》, 일월서각, 1983 등이 있다.

그러니까 학교에서 쫓겨나는 바람에 사회를 알게 된 것이오. 사회 속으로 내동댕이침을 당하면서 비로소 냉혹한 사회적 사실을 온몸으로 체험할 수 있었소.[80]

이런 반성 이후 한완상은 학문의 현실 적합성relevance을 중시하게 되었다. 그가 볼 때 "현실 적합성 없는 사회과학은 대체로 사치한 것이 되고 말 터이며, 특히 우리나라처럼 민주화나 인권, 복지 그리고 통일과 같은 절실한 문제가 우리 앞에 버티고 있는 상황에서는 더욱 그러하"다.[81] 그래서 민중사회학은 다음과 같은 질문에서 시작한다.

한국의 사회학은 언제까지나 우리의 현실과는 거의 무관한 외국이론과 방법론에 의존해야 하는가? 언제 우리도 우리의 사회현실을, 우리의 정치−경제 현실을 총체적으로 관찰하고 파악할 수 있을 것인가? 이러한 질문이 항상 의식 깊은 곳으로부터 나를 압박하고 있었다. …… 사회학이 사회현실과 현상을 그 연구의 과녁으로 삼는다면 한국 사회학은 마땅히 오늘의 한국 사회의 현실과 현상을 분석하고 관찰하고 비판하고 이해하여야 할 것이다. 특히 이 현상과 현실의 문제점을 파악해야 할 것이다. 그 문제의 핵을 꿰뚫어보아야 할 것이다. …… 왜 한국 사회학은

---

80 〈학문의 자유 없는 대학은 한낱 지식공장일 뿐이다〉라는 제목의 이 글은 '李兄'에게 보내는 편지글 형식으로 쓰였다. 한완상,《민중과 사회: 민중사회학을 위한 서설》, 종로서적, 1980, 220쪽.
81 한완상,《민중과 사회: 민중사회학을 위한 서설》, 221쪽.

자기의 역사 현실과 사회 현실을 객관적으로 정확하게 그리고 거시적으로 관찰-파악할 수 없는가? 특별히 오늘의 현상과 현실의 문제점을 종합적으로 연구할 수는 없는가?[82]

1978년 계간지 《문학과 지성》 8월호에 실렸다가 《민중과 사회》와 《민중사회학》의 1장으로 다시 실린 〈민중사회학 서설〉은 민중사회학의 전체적인 윤곽을 그린 글이다. 이 글에서 한완상은 한국 사회를 총체적·거시적·객관적·종합적으로 이해하기 위해 지배세력, 민중, 지식인 등의 주요 행위자들과 그들 사이의 관계를 논하면서 민중사회학의 네 가지 연구 영역을 제시했다. 민중사회학은 첫째, 한국의 즉자적 민중을 이해하고 둘째, 대자적 민중의 발생과 전개를 연구하며, 셋째 지배 이데올로기를 비판하면서, 넷째, 한반도의 통일 문제에 대해 연구하는 사회학이다.[83]

민중사회학은 아카데믹 사회학의 인식론을 비판하면서 새로운 연구 대상을 제시하는 데 머무르지 않았다. 인식 활동의 가치론적 근거와 존재론적 근거를 되물으면서 '실천 주체의 정립'이라는 문제를 제기했다.[84] 실천 학문으로서의 민중사회학은 즉자적 민중을 대자적 민중으로 전환하는 데 기여하는 일종의 '공공사회학public sociology'이라고 할 수

---

82 한완상, 《민중사회학》, 종로서적, 1982, 2~3쪽.
83 한완상, 《민중사회학》, 56~62쪽.
84 한완상·백욱인, 〈민중사회학의 몇 가지 문제점들—그 총체적 바탕을 다지기 위하여〉, 장을병 외, 《우리 시대 민족운동의 과제》, 한길사, 1987, 152쪽.

있다.[85] 그래서 필요한 것이 민중교육론이다. 민중교육론은 기존의 교육론과 달리 가르치는 사람과 배우는 사람 사이의 수평적이고 민주적인 관계를 중시한다. 민중교육론에서 의식화의 주체는 민중이지 지식인이 아니다. 지식인의 역할은 세뇌나 교화가 아니라 민중 스스로가 깨달아가는 과정에서 보조자의 역할에 머무른다. 이와 관련하여 한완상은 이렇게 썼다.

의식화의 문제와 지식인의 역할을 이야기할 때, 즉자적 민중을 의식화시킴에 있어 지식인이 빠지기 쉬운 두 가지 문제점을 우리는 항상 경계해야 한다. 첫째로 의식화시키는 지식인이 의식화되어야 할 민중에 대해서 갖기 쉬운 오만함의 문제이며, 둘째로 지식인, 특히 사회과학자의 지식이 그 전문성 때문에 민중의 의식을 오히려 흐려 놓는 결과에 대한 문제이다.[86]

김경만은 즉자적 민중이 지식인의 이데올로기 비판을 받아들이지 않을 경우와 지식인들 사이에 사회 개혁에 대해 서로 다른 의견이 대립할 경우 어떻게 한 지식인의 특정 '의견'을 '진리'로 증명하고 설득할 수 있는지를 보여주지 못한다고 한완상의 민중론을 비판한다.[87] "한완

---

85 Michael Burawoy, "For Public Sociology", *American Sociological Review*, Vol. 70, No. 1, 2005, pp. 4~28.

86 한완상, 《민중사회학》, 41쪽.

87 김경만의 지식인의 인식론적 특권에 대한 논의로 《담론과 해방: 비판이론의 해부》

상처럼 그저 지식인이 진리를 손에 쥐고 있고 민중을 '깨우칠 수 있다' 고 단정해버리면, 그것은 학문이란 외피를 쓴 '독선'일 뿐"이라는 것이다.[88] 그러나 한완상의 민중교육론은 그런 일방적인 관계를 넘어서 있다. 민중사회학에서 지식인은 지배 이데올로기를 비판하면서 민중이 즉자적 민중에서 대자적 민중으로 변화하는 과정에 개입하지만 대자적 민중이 주체로 형성되고 나면 지식인은 민중 속에서 녹아 없어져야 한 다는 게 한완상의 입장이다.[89] 그리고 민중교육론에서 교육자는 즉자적 민중보다 높은 자리에서 계도하는 입장에 서지 않는다. 교육자는 민중 의 입장에 서서 그들의 고통과 고민을 함께 느끼고 생각하면서 그들에 게 친숙한 언어를 사용하여 그들 스스로 자신들이 살고 있는 사회의 모 순과 왜곡, 부정과 비리를 깨닫도록 돕는다. 그렇게 함으로써 민중 스 스로 정의롭지 못하고 부당한 사회현실을 개혁하려는 행위의 주체가 되도록 이끈다. 말하자면 지식인은 즉자적 민중 안에 들어 있는 잠재적 주체성을 인정하고 그것이 잘 형성되고 표출될 수 있도록 돕는 조력자 역할을 한다. 그리고 민중교육론에서 교육자와 피교육자의 관계는 일

(궁리, 2005)와 《진리와 문화변동의 정치학》(아카넷, 2015) 참조.

88 김경만, 《글로벌 지식장과 상징폭력》, 문학동네, 2015, 35쪽.

89 강수택은 "지식인의 지적 자본은 종종 정치적 자본으로 전환되어 지식인으로 하여 금 권력엘리트로 만든다"고 지적했는데 이는 한완상이 훗날 통일부총리와 교육부총 리라는 공직을 수행한 것을 염두에 둔 듯하다. 강수택은 한완상이 주장한 '사라지는 지식인론'보다는 민중과 "함께하면서 이들에 대한 건강한 긴장을 유지하는 것이 이 들에 함몰되는 것보다 훨씬 바람직하다"는 의견을 제시한다. 강수택, 《다시 지식인 을 묻는다: 현대 지식인론의 흐름과 시민적 지식인 상의 모색》, 삼인, 2001, 223쪽.

방적인 관계가 아니라 쌍방적이다.[90] 지식인은 교육자로서 민중의 의식화를 돕지만 다른 한편 민중으로부터 사회현실과 그것을 인식하는 방법을 배운다. 궁극적으로 지식인과 민중은 대등한 관계에서 영향을 주고받는 관계다.[91]

한완상은 한국 사회의 민주화와 통일이라는 구체적인 과업의 실현을 위해 민중과 더불어 지식인 집단의 역할이 중요하다고 생각했다.[92] 그는 시종일관 비판적 지식인론을 폈고 자신의 이론을 현장에서 실천했다. 1980년 5월 광주항쟁 이후 소장 사회학자들은 한완상의 민중론을 지식인 중심의 '관념론적 민중론'이라고 비판하면서 그 대신 기층민중을 중심으로 하는 '변혁론적 민중론'을 주장했다.[93] 하지만 한완상은 민중과 더불어 지식인의 역할도 무시하지 않았다. 한완상은 민주화

---

90 한완상, 《민중사회학》, 종로서적, 1982, 44쪽.

91 한완상은 풀뿌리grassroots에서 파생되어 사이버스페이스의 대중을 가리키는 신조어 넷루트netroots를 '줄씨알'로 번역하고 이들을 새로운 시대의 민중으로 여긴다. 그가 볼 때 '줄씨알'은 필요한 정보와 지식을 스스로 확보하기 때문에 "의식화하는 외부적 가르침이 필요하지 않다"는 의견을 피력했다. 한완상, 〈민중신학의 현대사적 의미와 과제—21세기 줄씨알의 신학을 바라며〉, 《신학사상》 143호, 2008, 11쪽. 한완상은 "예전 나의 책에서 대자적 민중과 지식인이 연대해야 한다고 주장했는데 이제 지식인이 주도하는 의식화 같은 건 필요없게 됐다. 지식인이 줄씨알과 연대해 지식을 지혜로 재창조하면 된다"라는 의견을 밝히기도 했다. 한완상, 《사자가 소처럼 여물을 먹고》, 후마니타스, 2017, 334쪽.

92 한완상, 《지식인과 허위의식》, 현대사상사, 1977; 한완상, 《민중과 지식인》, 정우사, 1978; 한완상, 《지식인과 현실인식》, 청년사, 1986; 《다시 한국의 지식인에게》, 당대, 2000a.

93 백욱인, 《한국사회운동론》, 한울아카데미, 2009, 73~74쪽.

이후 2000년에 펴낸 《다시 한국의 지식인에게》에서도 지식인 역할론을 강조했다. "지식인의 현실비판 의식과 실천은 우리 사회의 보다 나은 삶의 소중한 자양분이 되어왔다. 이제 지식인들은 권력과 시장이 인간적 공감compassion의 실행 주체가 될 수 있도록 견제하고 채찍질해야 할 것이다."[94]

한완상이 볼 때 지식인이 담당하는 중요한 역할은 지배 이데올로기를 비판하면서 부당한 지배-복종관계를 민주화하는 일이다. 그는 1970년대 후반 이후 이데올로기라는 말 대신에 '허위의식'이라는 용어를 사용했다. 그에 따르면 "허위의식은 개인의 착각을 말하는 것이 아니다. 이것은 집단의 잘못된 인식을 말한다. 현 실체에 대한 왜곡된 인식에서 허위의식이 나온다. …… 이러한 허위의식의 체계를 우리는 이데올로기라고 부른다. 결국 이데올로기는 어떤 일정한 집단이 자기들의 기득 이권을 보존하고 계속 강화하기 위해 현재와 미래에서 일어날 사건을 일방적으로 채색하여 인식하고 이 인식 내용을 체계화한 것이라고 볼 수 있다."[95] 한완상의 비판사회학은 사회를 지배집단과 피지배집단의 대립적 관계로 보면서 사회학이 "지배집단의 기득권을 보호·강화시켜주거나 그 기득권 구조를 확대 재생산시켜주는 이데올로기의 기능을 폭로하는 이데올로기 비판"의 '긴요한 도구'가 되어야 한다고 생각한다.[96] 한완상은 지배 이데올로기 가운데서도 특히 분단체제를 유

---

94 한완상, 《다시 한국의 지식인에게》, 당대, 2000, 7쪽.
95 한완상, 《지식인과 허위의식》, 현대사상사, 1977, 7~8쪽.
96 한완상, 《한국현실, 한국 사회학》, 범우사, 1992, 4쪽. 한태선은 한완상의 저서에 대

지시키는 냉전 이데올로기 비판을 중요하게 생각한다. 그 이유는 다음과 같다. "분단현실과 정치의 후진성은 밀접한 함수관계를 맺고 있다. 분단과 경제의 불평등도 서로 깊이 연관되어 있다. 분단은 행정력 강화와도 함수관계를 맺고 있다. 분단현실과 인권 문제 사이에도 높은 상관관계가 존재한다. 거의 모든 추악한 구조적 불균형 뒤에는 분단의 현실이라는 더 근본적인 요인이 버티고 있음을 확인한다."[97]

6. 시민사회론

한완상의 비판사회학을 1987년 민주화 이전과 이후로 나누어볼 수 있다. 1970년대에 민중사회학을 제창했던 한완상은 민주화가 시작된 1987년 이후 시민사회론을 주장하기 시작했다. 한태선에 따르면 민주화 이후 한완상은 민중 개념 대신 노동계급과 신중간계급을 합쳐 시민

한 서평에서 "그는 이 책을 철저히 맑스의 이분법적인 터전 위에서 서술하고 있으며 맑스식으로 결론을 내리고 있다"고 썼다. 한태선, 〈서평: 한완상의 《한국현실, 한국 사회학》(범우사, 1992)〉, 《한국사회학》 28호, 1992, 202쪽. 하지만 한완상의 입장은 비마르크스주의적 갈등론이라고 불러야 정당할 것이다. 갈등론적 입장에서 서게 되면 지배 이데올로기 비판과 피지배집단의 의식화에 대한 연구는 사회학 연구의 중심 주제가 된다.

97 한완상, 《민중과 사회: 민중사회학을 위한 서설》, 종로서적, 1980, 184~185쪽.

이라는 개념을 사용했다.[98] 한완상에게 시민은 민중과 마찬가지로 여전히 국가나 지배층에 대항하는 대칭 범주라는 것이다.[99] 그러나 한완상은 1970년대부터 국가와 구별되는 '시민사회'라는 개념을 분명하게 인식하고 있었다. 그가 이미 1975년에 "국가state와 사회civil society가 분리되어 본 역사적 경험이 없는 우리의 상황 속에서는 반反국가와 반反사회가 구분되기 힘들다"고 말한 것은 그래서이다.[100] 국가의 전횡적 권력 행사를 감시하고 통제하고 개입할 수 있는 자율적인 시민사회 영역은 민주주의의 핵심이고 사회학이라는 학문 활동이 가능하기 위해서도 시민사회가 존재해야 한다. 서구에서 사회학이라는 학문 자체가 시민사회의 형성과 함께 태어난 것이다. 한국의 경우 식민지체제와 전시체제를 겪으면서 비대하고 강력해진 국가는 국민을 일사불란한 감시와 통제, 지배와 동원의 대상으로 만들었다. 그런 국가의 억압에서 벗어난 시민들의 자율공간이 시민사회다.

한완상의 시민사회론은 1970년대 중반에 나온 '중간집단론'에서도 나타난다.[101] 그의 중간집단론은 크리스찬아카데미의 교육 프로그램과

---

98 한태선, 〈서평: 한완상의 《한국현실, 한국 사회학》(범우사, 1992)〉, 205쪽. 강수택은 한완상의 '민중'은 경제적 범주라기보다 오히려 정치적 개념에 가깝다고 보면서 서구 사회에서의 '시민' 개념과 유사하다고 보았다. 강수택, 《다시 지식인을 묻는다》, 삼인, 2001, 221~222쪽.

99 한태선은 시민 개념을 계층이나 계급 개념으로 환원시키는 것을 거부하는 입장에 선다. 한태선, 《소통하는 시민사회론》, 경문사, 1993.

100 한완상, 《현대 젊은이의 좌절과 열망》, 배영사, 1975, 192쪽.

101 한완상, 《지식인과 허위의식》, 현대사상사, 1977, 161~187쪽.

이어졌다. 크리스찬아카데미는 한국 사회의 민주화를 위해 국가와 개인 사이에 존재하면서 국가를 감시하고 비판하고 견제하는 중간집단이 필요하다고 생각했다. 그래서 대학생, 노동자, 농민, 여성 등의 중간집단 지도자를 양성하는 교육 프로그램을 실시했다. 한완상은 이 교육 프로그램의 기획에 관여했다. 국가와 개인 사이에 어떠한 자율적인 조직도 허용하지 않는 유신체제의 억압적 상황에서 한완상은 "장기적인 시각에서 볼 때는 화해가 강조되어야" 하지만 "화해에 이르기 위하여 비굴한 타협이 아닌 당당한 태도가 대화 못지않게 실현되어야 한다"면서 상황이 경직화되어 강자와 약자가 심각하게 양극화되면 "중간집단은 화해보다 갈등을, 대화보다 적극적인 전략을 사용해야 한다"는 입장을 견지했다.[102] 시민사회에 대한 규제와 탄압이 점점 더 강해지는 상황에서 "대화나 화해만 강조한다면, 모르는 사이에 이것은 부당한 강자의 이익을 돕는 결과가 된다"는 것이다. 한완상은 일찍부터 시민사회론자였지만 억압적인 상황에서 시민사회가 저절로 형성되기 어려우므로 크리스찬아카데미가 학생, 여성, 노동자, 농민 지도자들을 대상으로 지도자 교육을 하고 그들이 앞장서서 중간집단을 형성하도록 돕는 프로그램을 제안했던 것이다.[103] 그의 민중사회학은 유신체제라는 억압적 상

---

102 한완상, 〈중간집단은 다원사회를 통합한다〉, 크리스찬아카데미 편, 《한국사회의 진단과 전망》, 삼성출판사, 1975, 67쪽.

103 이 프로그램으로 1970년대 중후반 여성운동, 노동운동, 학생운동, 농민운동의 지도자들이 배출되었지만 1979년 교육을 담당했던 크리스찬아카데미 간사들이 구속됨으로써 더 이상 지속되지 못했다. 김건우, 〈크리스찬아카데미의 중간집단 교육〉, 《대한민국의 설계자들》, 느티나무책방, 2017, 191~194쪽.

황에서 시민사회론이 급진화한 것이라고 해석할 수 있다.[104]

1987년 이후 한국 사회가 민주화 과정에 들어서면서 국가로부터 상대적으로 독립적이고 일정한 자율성을 갖는 시민사회의 형성이 가능해졌다. 1990년대 들어 활성화된 시민운동은 그러한 상황에서 일어난 시민사회의 형성 과정이었다.[105] 한완상은 시민사회에 대한 연구를 1990년대 사회학의 주요 과제로 설정했다.[106]

1978년에 발표했고 《민중사회학》 1장에 실린 〈민중사회학 서설〉이 1970년대 한국 상황을 염두에 둔 비판사회학의 방향 설정이라면, 1991년 한국 사회학회 회장 취임 강연문으로 쓰였고 《한국현실, 한국 사회학》의 13장으로 실린 〈90년대 한국 사회학의 진로—'전통'과 '정통'의 비적합성을 지양하며〉는 1990년대 한국 사회의 민주화와 미소 냉전체제의 와해라는 달라진 상황에서 한국 사회학의 새로운 진로를 모색한 글이다.[107] 한완상은 이 글에서 한국의 강단사회학과 비판사회학 양자

---

104 한완상의 정치적 입장은 중도적 진보라고 할 수 있다. 그는 필자와의 개인적 인터뷰 과정에서 '진보적 자유주의자progressive liberal'라는 용어를 쓰기도 했다.

105 1990년대의 시민사회와 시민운동에 대해서는 정수복, 《시민의식과 시민참여》, 아르케, 2002, 109~134쪽 참조.

106 1991년 한국 사회학회 회장으로 취임한 한완상은 시민사회를 주제로 한국정치학회와 한국사회학회의 공동학술대회를 개최했다. 이때 그는 〈한국에서의 시민사회, 국가, 계급: 과연 시민운동은 개량주의적 선택인가〉라는 제목으로 기조 발제를 했다. 한완상, 〈한국에서의 시민사회, 국가, 계급: 과연 시민운동은 개량주의적 선택인가〉, 한국 사회학회·한국정치학회 편, 《한국의 국가와 시민사회》, 한울, 1992, 9~25쪽.

107 1980년 봄 복직 후 얼마 되지 않아 다시 해직된 한완상은 이후 미국에서 망명 생

를 비판하고 종합하면서 민주화 이후 한국 사회학의 바람직한 방향을 제시했다.[108] 1950년대 이후 한국 사회학의 주류가 된 제도권 '전통·표준사회학'과 1980년대 새롭게 형성된 이념 과잉의 '민족·민중사회학'의 변증법적 통합이 그가 제시한 한국 사회학 전체가 나아갈 방향이었다. 다시 말해서 아카데믹 사회학의 보수성은 버리되 민족·민중사회학으로 포착되지 않는 다양한 사회현상들을 아카데믹 사회학을 활용하여 연구해야 하며 민족·민중사회학의 계급 중심주의와 이념적으로 교조화된 부분을 걷어내되 건강한 비판적 문제의식은 견지해야 된다는 입장을 제시했다. 그런 입장에서 한완상은 1990년대 한국 사회학이 수행할 두 가지 연구 영역을 제시했다. 첫째는 한국의 시민사회에 대한 연구이고, 둘째는 분단과 민족통일에 대한 연구이다. 말하자면 한완상의 사회학은 남한의 민주화와 민족통일에 대한 관심을 유지하면서 시대와 상황에 맞는 적합성을 확보하기 위해 1970년대의 '민중사회학'에서 1990년대의 '시민사회학'으로 전환했다고 볼 수 있다.

활을 하다가 1984년 가을에 복직되었다. 이후 1993년 통일부총리가 되어 학계를 떠날 때까지 한완상이 수행한 연구 결과를 보여주는 저서가 1992년에 출간된 《한국현실, 한국 사회학》이다. 한완상은 이 저서를 통해 1976년에서 1984년 사이에 해직교수로 지내면서 끊어졌던 사회학 연구의 맥을 이었다.

108　그는 이미 1986년에 기존의 학풍과 새로운 학풍 사이의 간격을 지적하면서 "학문의 적합성을 높이면서 학문의 보편성을 유지할 수 있는 선에서" 그 간격을 좁혀나갈 것을 제안했다. 한완상, 《인간과 사회구조—사회학 이론과 문제점들》, 경문사, 1986, 3~4쪽.

4.

한완상의
사회적 실천

1. 한완상의 공직 생활

한완상은 일찍부터 학자가 되어 '사회의 병social illness'을 진단하고 치료하는 '사회의사social doctor'의 역할을 담당하고자 했다.[109] 그는 학자로서 한국 사회의 병을 진단하고 비판적 지식인이자 공인으로서 한국 사회의 병을 치료하는 일에 나섰다.[110] 한완상의 비판사회학은 강단사

---

109 사회 연구social studies를 의학medicine에 비교하며 '사회과학social science'이라는
    표현보다는 지혜wisdom와 기술skill을 포함하는 '사회적 기예social art'라고 부를
    것을 제안한 Kyung Durk Har, *Social Laws: A Study of the Validity of Sociological
    Generalizations*(Chapel Hill: The University of North Carolina Press, 1930), pp. 212~213
    참조. 하경덕Kyung Durk Har은 1930년대 연희전문 문과 교수였다. 하경덕에 대
    해서는《한국 사회학의 지성사》2권 1장 참조.
110 한완상은 '사회의사'라는 용어를 1970년대부터 썼다. 2009년 에모리대학이 동

회학을 비판하는 데 그치지 않고 현실을 비판하고 개혁하는 공공사회학의 성격을 띤다. 그의 사회적 실천은 비판사회학의 한 부분을 이룬다. 이론과 실천은 서로 영향을 미치기 때문이다.[111] 한완상은 1970년 귀국 이후 1992년까지 비판적 사회학자로 활동하다가 1993년 2월 김영삼 대통령의 '문민정부' 시대 초대 부총리 겸 통일원 장관이라는 공직을 맡게 되었고 1998년 김대중 대통령의 '국민의 정부'에서는 부총리 겸 교육인적자원부 장관으로 일했다. 이후 한국방송통신대학교, 한성대학교, 상지대학교 총장을 역임한 그는 노무현 대통령의 '참여정부' 시절에는 한국적십자사 총재로 활동했다. 여기서 1993년 이후 한완상의 활동을 어떻게 볼 것인가라는 문제가 제기된다.[112] 그는 더이상

문 가운데 뛰어난 업적을 이룬 사람에 수여하는 '세트상Sheth Distinguished International Alumni Award' 수상 소감에서 마틴 루터 킹 목사를 '위대한 사회의 사a great social doctor'라고 표현하고 그를 자신의 새로운 롤 모델로 삼았다고 밝혔다. 그러면서 박해를 당해 "고통을 당할수록 사회의사가 되려는 욕구는 더욱 강해졌다"고 말했다.

111 모든 학문은 '인식론적 근거'와 더불어 '실천론적 근거'를 갖는다. "학문의 실천론적 근거는 학술 활동이 이루어지는 사회적 근거와 역사적 상황에서 마련된다." 한완상·백욱인, 〈민중사회학의 몇 가지 문제점들―그 총체적 바탕을 다지기 위하여〉, 장을병 외, 《우리 시대 민족운동의 과제》, 한길사, 1986, 134쪽.

112 한완상이 통일부총리와 교육부총리를 거쳐 여러 대학의 총장을 역임하고 적십자사 총재 등 여러 직책을 맡은 것을 보고 그의 '감투욕'을 말하는 의견도 있다. 이재봉 '남이랑북이랑' 대표는 2016년 10월 4일 보낸 이메일 소식지에서 한완상이 "학자 출신으로 관직을 너무 밝힌 것 아닌가?"라고 물었다. 익명을 요구한 한 사회학자는 한완상이 "저 낮은 곳을 향하여"를 주장하면서 늘 "저 높은 곳을 향하여"라는 태도로 관직과 총장직을 역임한 것은 모순이라고 말했다.

권력을 감시하고 비판하는 사회학자가 아니라 국가정책에 관여하는 개혁 정부의 핵심 인물이 되었기 때문이다.

한완상은 1980년 봄 서울대에 잠시 복직된 시기에 김대중 내란음모 사건에 연루되어 쓴 '항소이유서'에서 자신을 사회학자로 밝혔다.

본인은 어떠한 정당이나 단체에 가입해본 적이 전혀 없는 사회학자입니다. 본인의 학문적 양식과 학자적 양심을 가지고 조국의 이상적異常的 정치사회 현실을 관찰·분석·비판한 것을 결코 부당한 행위나 정치적 행위로 볼 수 없을 것입니다.[113]

1987년 6월 항쟁 이후 민주화가 진행되고 있던 1988년에 나온 책의 서문에서는 이렇게 썼다.

일찍이 학자 되기로 작정하여 한 번도 내 스스로 교단을 떠나본 적이 없건만, '불순한' 정치를 했다는 누명을 씌워 나를 법으로 묶어 두더니만 그해 2월에 정치활동 금지라는 압제의 한 사슬에서 나를 풀어주었다. 사실 별로 반가운 일도 아니었다. 그것은 내가 정치를 해본 적도 없고 또 해볼 생각도 없었기 때문이다. 내가 바란 것은 복권과 복직이었으니 말이다.[114]

---

113 한완상, 《다시 한국의 지식인에게》, 당대, 2000, 237쪽.
114 한완상, 《청산이냐 답습이냐: 냉전문화의 극복을 위하여》, 정우사, 1988, 3쪽.

그러나 한완상은 1993년 학계를 떠나 정치현실에 몸담게 되었다. 그는 그러한 존재이전存在移轉의 이유에 대해 이렇게 썼다.

1993년 2월 말 나는 문민정부 출범과 함께 부총리 겸 통일원 장관 자리로 초청받게 되었다. 어떤 뜻에서는 본격적인 사회의사 노릇을 할 수 있다고 생각했다. 왜냐하면 한국 사회를 병들게 한 가장 무서운 질병균이 바로 민족분단에서 나온 것이라고 믿었기 때문이다.[115]

한완상의 말을 따른다면 문민정부 시절 학자에서 장관으로 존재이전은 사회적 지위에 있어서는 단절이지만 사회의사의 역할 수행에는 연속성이 있다고 해석할 수 있다.[116] 그러나 비판적 지식인으로 민주화운동을 하던 학자가 정치판에 뛰어들어 개혁을 이루기란 그리 쉬운 일은 아니었다. 그는 통일부총리 시절의 어려움에 대해 이렇게 증언했다.

비록 문민정부라고 하나, 냉전 이데올로기에서 자유롭지 못했던 정부였기에, 그 정부에서 민족통일 업무를 책임져야 했던 각료가 진심으로 분단을 합리화해온 냉전 이데올로기를 극복한다는 것은 지난한 일이었다.[117]

---

115 한완상, 《다시 한국의 지식인에게》, 334쪽.
116 1993년 이후 한완상의 활동은 더이상 학자로서의 활동이 아니기 때문에 논의 대상에서 제외되어야 한다는 주장이 있을 수 있다. 그러나 여기서는 공직 수행도 '사회의사'로서의 활동이라는 한완상의 주장을 따르기로 한다.
117 한완상, 〈민족통일, 사회통합, 그리고 사회학〉, 《통독 10주년 기념 한독특별심포지엄 자료집》, 한국 사회학회, 1999, 164쪽.

결국 그는 반대세력들의 공격에 직면해 정치적 난관에 봉착했고 1년을 채우지 못하고 통일원 장관직에서 물러났다. 약 300일가량의 통일부총리 경험에서 그는 우리 사회에 깊이 뿌리내린 냉전적 대립구조의 해체 없이는 남북화해와 민족통일이 불가능함을 절감했다.[118]

한완상은 1993년 2월부터 2007년 12월까지 자신이 수행한 공직 활동에 대해 이렇게 썼다.

국가공직은 역사에 책임지는 직이다. 그것은 공익을 추구·실천하고 그것에 책임지는 공공의 직책이다. 그래서 그것은 일종의 성직聖職이기에 결코 사사로운 자리일 수가 없다. …… 그것은 후손과 역사에 책임져야 할 무거운 과업이었고 소명이기도 했다.[119]

두 번에 걸친 부총리직과 적십자사 총재직 등 모든 공직 생활을 마감하고 쓴 책에서 한완상은 이렇게 썼다.

정부 안팎에서 절감했던 한 지식인의 한계와 그것을 극복해내려는 새로운 다짐 등을 오늘의 21세기 주역들과 나눠보고 싶다. 그들과 함께 오늘의 역사 역류를 극복하는 지혜와 의지를 함께 찾아내고 키워보고 싶다. 무엇보다 나는 지식인이 국가권력에 참여하게 될 때, 지식인으로서의

---

118 한완상의 통일원 장관 시절의 경험은 한완상, 〈짧고도 긴 문민정부 10개월〉, 《한반도는 아프다》, 한울, 2013, 157~187쪽 참조.
119 한완상, 〈짧고도 긴 문민정부 10개월〉, 5~6쪽.

품격과 정체성을 올곧게 지켜내는 것이 얼마나 고단하고 힘든 일인가를 증언하고 싶다.[120]

그렇다면 한완상의 공직 생활을 비판사회학의 연장으로 볼 것인가 단절로 볼 것인가? 그의 의도를 따른다면 학자로서의 활동과 공직 활동 사이에 연속성이 있지만 학문의 세계와 정치의 세계는 서로 다른 논리로 움직이는 별개의 장場이다. 더욱이 통일부총리와 교육부총리 시절 한완상의 업적에 대한 평가도 대체로 부정적이다. 보수세력과 언론의 방해가 있었다고 하지만 결과적으로 남북관계를 개선하지 못하고 도중에 하차했으며 학벌체제를 타파하지 못한 채 물러났기 때문이다. 이런 점에서 "과연 비판적 사회학자의 국가권력 참여가 바람직한 것인가"라는 문제 제기가 가능하다.

2. 신앙인 한완상

한완상의 비판사회학의 밑바닥에는 기독교 신앙이 자리하고 있다.[121] 그는 기독교 신앙을 사회학적 비판의식과 결합시켜 사회를 개혁하고 교회를 개혁하려고 했다. 그는 탄생과 함께 기독교 신자가 된 사람이

---

120 한완상, 《우아한 패배》, 김영사, 2009, 5쪽.
121 이는 한완상이 필자와의 개인적 면담 과정에서 한 말이다.

다.[122] 고교시절에는 김재준 목사의 저서를 읽고 큰 감동을 받기도 했다.[123] 그런 배경에서 한완상은 1970년대 중반 민중신학자들과 어울리면서 신학에 관심을 갖게 되었고 1981년에서 1984년 미국 망명 생활 중에는 유니온신학교에서 신학을 공부하기도 했다.[124] 기독교 신자이면서 1970년대 한완상과 함께 민주화운동에 참여했던 김동길은 한완상에 대해 이렇게 썼다.

그는 말솜씨가 뛰어나서 강연을 하게 되면 청중을 잘 파악하고 끝까지

---

122 한완상이 태중 6개월 무렵에 그의 어머니가 큰 화상을 입게 되었다. 사경을 헤맬 정도로 매우 심각했다. 그때 어머니는 구사일생으로 살아났고 독실한 기독교 신자가 되었다. 한완상은 어머니 뱃속에서 '모유母乳'와 '신유神乳'를 함께 먹고 자랐다고 생각한다. 한완상, 〈나의 삶, 나의 생각: 사회의사의 길, 민중사회학으로 개안〉, 《한국일보》 1992년 10월 31일 자, 9면.

123 한완상은 1940년대에 초등학교에 다닐 때는 "퍽이나 조용하고 내성적인 아이"여서 "남들 앞에 나서기를 부끄러워했"으나 1950년대 "고등학교 2학년 때부터 YMCA 학생회 임원이 되고 학교 규율반이 되면서 적극적인 성격을 갖기 시작했"고 대학에 들어오면서 더욱 그렇게 되었다고 술회했다. 한완상, 《역사에 부치는 편지》, 삼민사, 1985, 298쪽.

124 한국 기독교의 주류는 월남 기독교 세력이다. 먼저 평안도와 황해도를 중심으로 하는 서북 지역의 보수 기독교 세력이 주류를 형성했고 이에 대해 두 갈래 비판 기독교 세력이 형성되었다. 하나는 평안도 배경의 함석헌과 김교신 등이 속한 '성서조선' 그룹이고 다른 하나는 함경도와 북간도를 배경으로 형성된 문재린, 김재준 등 '한신그룹'이다. 한완상은 크게 보면 강원룡, 서남동, 안병무, 문익환, 문동환 등과 함께 '한신그룹'에 속한다. 김건우, 〈한국 현대지성사에서 한신韓神이 가지는 의미〉, 《상허학보》 42집, 2014년 10월, 503~531쪽.

이끌어나가는 천부의 재능을 드러낸다. 학자연하고 뻐기면서 듣는 사람에게 높은 자세를 취하는 일도 없고, 알아듣지 못할 말로 담을 쌓는 일도 없다. …… 맑고 밝고 착한 그의 삶의 비결은 과연 무엇일까? 그것이 종교라는 사실은 의심할 여지가 없다. 그는 어려서부터 기독교인이고, 그 신앙은 오늘도 그의 생활의 기둥이요, 원동력이다. 그는 한국 교회의 산물이며, 이 나라 개신교 100년 역사의 작품이다.[125]

시인 고은은 《만인보》에서 기독교인 한완상에 대해 이렇게 썼다.[126]

괴로운 날에도
말이 화려했다 벚꽃처럼
그래서인가
괴로움도 한동안이므로
그의 노래같은 눈은
돌아서며 아름답다 여름 자귀꽃처럼
그래서인가
그의 사회학은 전투가 아니라 연주였다
교회 주일예배
자랑스러이 찬양대 앞에서
찬송가 지휘하는

---

125   김동길, 〈한완상론〉, 한완상, 《밖에서 본 자화상》, 범우사, 1979, 8쪽과 13쪽.
126   고은, 《만인보, 10, 11, 12권》, 창작과비평사, 2010, 447쪽.

그의 눈은

돌아서며 아름답다

그의 진보는 보수에 기울어지고

그의 보수는 진보에 기대에 선다

이 돌이킬 수 없는 모순으로

그의 눈은

돌아서며 아름답다

한완상은 1980년 내란음모죄로 체포되어 중앙정보부 지하 독방에 갇혔을 때 자신의 심정을 이렇게 쓴 바 있다. "(그때) 성서는 내 삶의 안내자요, 목마른 사슴에게 시냇물이 되듯 나에게 긴요한 생명수였다."[127] 내란음모 사건 재판 과정에서 한완상은 기독교 신자로서 이 땅에 군사정치가 뿌리내린 뒤 인권, 평화, 정의가 심각하게 손상되어왔기에 기독교 신자로서 예언자적 사명을 다하려고 노력했다고 증언했다. 1993년 통일부총리 시절 보수언론의 이념 재판 앞에 섰을 때도 "내 힘이 아니라 내 속에 살아계신 예수의 힘"으로 상황을 극복할 수 있었다고 회고했다.[128] 다시 말해 한완상의 신앙은 불의를 비판하고 사회 개혁을 지향하는 실천적 기독교 신앙이다. 그러기에 그는 줄곧 기존 체제에 안주하고 불의에 타협하고 적응하는 한국의 기독교를 비판하고 개혁을

---

127 한완상, 〈서울의 짧은 봄, 긴 겨울, 그리고…〉, 이문영 외 엮음, 《김대중 내란음모의 진실》, 문이당, 2000, 254쪽.

128 한완상, 《다시 한국의 지식인에게》, 당대, 2000, 337~338쪽.

축구했다. 1976년 해직 이후 그는 한국 사회 비판과 더불어 한국 교회를 비판하는 글을 연이어 발표했다. 1978년 발표한《저 낮은 곳을 향하여》는 같은 해에 출간된《민중과 지식인》과 짝을 이룬다.《민중과 지식인》이 한국 사회를 향한 한완상의 외침이었다면《저 낮은 곳을 향하여》는 한국 교회를 향한 비판의 소리였다. 그는 권위주의 정권과 보수 교회를 똑같이 비판하면서 참된 민주주의와 진정한 기독교 정신의 회복을 추구했다. 그의 한국 교회 비판은《하느님은 누구의 편인가》(1980),《한국 교회 이대로 과연 좋은가》(1982)로 계속되었다. 1982년 이후 미국 망명 생활 기간에 유니온신학교에서 신학을 공부한 그는 1984년 귀국 후 신앙 동료들과 현대교회를 설립했고 1987년에는 새길교회를 세워 '목회자 아닌 목회자'의 길을 걷고 있다. 2007년 공직에서 물러난 이후에는《예수 없는 예수교회》(2008),《한국 교회여 낮은 곳에 서라》(2009),《우아한 패배》(2009),《바보예수》(2012),《사자가 소처럼 여물을 먹고》(2017),《돌 쥔 주먹을 풀게 하는 힘》(2021),《예수, 숯불에 생선을 굽다》(2021) 등의 저서를 출간했다. 이 저서들을 통해 그는 예수의 정신이 사라진 교회를 비판의 과녁으로 삼아 이렇게 외쳤다. "한마디로 한국 교회는 예수의 십자가를 폐기처분함으로써 예수님을 추방시켜버렸습니다. …… 한국 교회에서 예수님의 십자가가 없어졌기에 진정한 예수의 복음도 실종되고 말았습니다."[129]

사회학자, 사회비평가, 정치인, 대학총장, 신학자로서 학계와 교육

---

129 한완상,《바보 예수》, 삼인, 2012, 8~9쪽.

계, 정치계와 종교계를 넘나들며 활동한 한완상의 여러 사회적 역할을 하나의 단어로 말하자면 그의 말대로 '사회의사social doctor'라고 할 수 있다. 그는 일찍이 '사회의사'가 되기 위해 사회학을 공부했고 사회의사의 역할을 하기 위해 여러 다른 직분을 수행했다.[130] 정치 일선에서 물러난 한완상은 신앙인의 길을 걸으면서 혼자 이렇게 생각한다.

사회의사의 일은 피곤한 일이다. 닫힌 사회에서는 그 일이 지극히 위험한 일이기도 하다. 그런데 한반도에 아직도 음침한 냉전구조의 그늘이 진하게 드리워져 있는 한 사회의사는 계속 외롭고 괴로운 길을 걸어가야 할 것 같다.[131]

---

130 한완상, 《예수 없는 예수교회》, 김영사, 2008, 87~88쪽.
131 한완상, 《다시 한국의 지식인에게》, 당대, 2000, 339쪽.

5.

한완상 사회학의
비판적 계승

1980년대 중반 서관모를 비롯한 소장학자들은 사회계급론과 사회구성
체론으로 나아가면서 노동계급과 노동운동에 대한 연구에 집중했다.[132]
그들은 그것을 비판사회학을 '과학화'하는 길이라고 생각했다. 이들은
사회구성체 논쟁이라는 이름으로 한국 사회의 성격을 논의하면서 계급
해방과 민족해방 사이의 관계와 우선순위에 대한 논쟁을 전개했다.[133]

132　서관모, 《한국사회의 계급구성과 계급분화》, 한울, 1984; 한국사회연구소 편, 《한
　　　국사회노동자연구》, 백산서당, 1989; 김용기·박승옥, 《한국노동운동논쟁사: 자
　　　료모음: 80년대를 중심으로》, 현장문학사, 1989; 조형제, 1993, 《한국 자동차산업
　　　의 전략적 선택》, 백산서당, 1983; 김동춘, 《한국사회 노동자 연구》, 역사비평사,
　　　1995 등 참조.
133　이진경, 《사회구성체논쟁과 사회과학방법론》, 아침, 1987; 박현채·조희연 공편,
　　　《한국사회구성체논쟁 1~2》, 죽산, 1989; 《한국사회구성체논쟁 3》, 죽산, 1991;
　　　《한국사회구성체논쟁 4》, 죽산, 1992 참조.

이러한 논쟁의 중심에는 1984년 김진균을 중심으로 만들어진 산업사회연구회에 속하는 젊은 사회학자들이 있었다. 그러나 1989년 베를린 장벽이 붕괴한 이후, 특히 1993년 김영삼 정권이 출범한 이후 '과학화'된 비판사회학은 급격하게 적합성을 상실했다. 이러한 상황에서 시민사회론이 등장했고 한완상은 아카데믹 사회학과 비판사회학을 아우르며 시민사회론이라는 새로운 연구 지향성을 제시했다.

오늘날 한국 비판사회학의 흐름은 '산업사회학회'에서 출발한 '비판사회학회'가 주도하고 있다.[134] 비판사회학회는 2015년 30주년을 맞이했고 비판사회학회가 펴내는 학술지 《경제와 사회》는 100호를 넘겼다. 김진균 중심으로 시작된 비판사회학회는 한완상과 거리를 둔다. 학회 창립 30주년을 기념하면서 이루어진 역사적 회고에서 이효재, 김진균, 박현재, 안병직 등의 이름이 등장하지만 한완상에 대한 언급은 전혀 없었다.[135] 1984년 산업사회연구회가 출범할 당시에는 주로 마르크스주의적 관점을 공유하는 '좌파 동호회'의 성격을 띠었기 때문에 소장 학

---

134 1984년 창립된 '한국산업사회연구회'(산사연)은 1996년에 '산업사회학회'로 개칭했다가 2007년에는 '비판사회학회'로 이름을 바꾸었다. 현재 '비판사회학회' 안에는 김진균의 학맥만이 아니라, 한완상, 이효재, 한상진 등의 학맥이 공존하고 있다. 비판사회학회는 한국 사회 현실이 당면한 문제와 과제를 비판적으로 검토하며 대안을 모색하고 실천 지향적 학문의 지향성을 갖는다는 점에서 기존의 '한국사회학회'와 차이점을 보인다.

135 서관모, 〈학회 30주년과 비판사회학의 전망〉, 비판사회학회, 《학회 30주년과 비판사회학의 전망》, 2015, 1~3쪽; 조형제, 〈30주년을 맞이한 비판사회학회: 다시 무엇을 할 것인가?〉, 비판사회학회, 《학회 30주년과 비판사회학의 전망》, 2015, 5~8쪽.

자들은 한완상의 민중사회학을 이미 시효가 지난 사회학으로 취급했다.[136] 1973년에 대학에 입학했던 서관모는 은퇴를 맞이하여 이루어진 인터뷰 〈한 마르크스주의자의 회고〉에서 한완상의 사회학을 다음과 같이 평가했다.

학부 때 배운 기능주의 사회학은 지적 자극의 원천이 되지 못했습니다. 당시 미국에서 얼마간 유행한 '인간주의 사회학'의 흐름을 전하신 한완상 선생님이 학과에서 비판적 사회학자이셨습니다만, 선생님의 학문이 '10월 유신' 이후 긴급조치 시대의 학생들에게 절실하게 다가오기는 어려웠습니다.[137]

한완상의 제자였던 백욱인도 〈과학적 민중론의 정립을 위하여〉라는 글에서 한완상의 민중사회학에는 민중들이 겪는 "구체적인 사회모순에 대한 정치경제학적 분석이 결여되었을 뿐만 아니라 역사적 관점에서 민중운동의 역사적 전통을 계승하지 못했기 때문에" 1980년대에 들어서 침체의 늪에 빠졌다고 진단했다.[138]

---

136 정태석·조형제·서동진·백승욱·윤상철·홍일표, 정태석·조형제·서동진·백승욱·윤상철·홍일표, 〈집담회: 비판사회학의 어제와 오늘 그리고 내일〉, 《경제와 사회》 108호, 2015, 18쪽과 25쪽.

137 서관모, 〈한 마르크스주의자의 회고〉, 《경제와 사회》 120호, 2018, 357쪽.

138 백욱인, 《한국사회운동론》, 한울아카데미, 2009, 72~73쪽. 그러나 한완상은 이러한 비판에 앞서 민중의 경제적 소외 못지않게 정치적으로 소외되고 있으며 바로 이 점에서 민중은 계급과 다르다는 입장을 취했다. 그래서 "계급이 민중 개념

그러나 한완상의 민중사회학은 1970년대 중후반 한국 비판사회학의 태동 과정에서 중요한 역할을 했고 그의 민주주의, 사회적 불평등, 민족분단에 대한 문제의식은 1980년대 급진화한 사회과학도들과 사회운동권으로 연결되었으며 오늘날의 상황에서도 여전히 빛을 발한다.[139] 계급론과 사회구성체론이 1989년 이후 급속하게 후퇴한 반면, 한완상의 민중사회학은 시민사회론으로 변화하면서 현실 적합성을 유지했기 때문이다. 1980년대 급진화한 비판사회학이 계급과 민족을 강조하면서 민주주의를 부차적인 목표로 취급했을 때 한완상의 비판사회학은 개인의 자유와 인권을 강조하며 민주주의라는 가치를 지켰다. 앞으로 한국의 비판사회학계는 한완상과 이효재에서 출발하여 김진균과 한상진으로 분화되고 다음 세대 학자들로 이어지는 지적 흐름을 반성적으로 재검토하면서 오늘날의 상황에 상응하는 새로운 비판사회학의 길을 열어가야 한다.

그런 점에서 한완상의 비판사회학을 비판적으로 계승하는 작업이 필

속에 포함될 수 있지만 민중이 계급 개념에 종속될 수 없다"는 입장이다. 한완상, 《민중사회학》, 종로서적, 1982, 65~67쪽.

139 김성기는 "대다수 민중들이 중요하다고 납득할 수 있는 문제들을 통하여 세계와 사물을 바라보는 방법, 더 나아가 그것에 개입하는 방식이 형성돼 나온다"며 "이런 맥락에서 보면 의식화니 민중의식의 확립이니 하는 것은 일상 민중의 주체적 의사소통 행위를 활성화시키는 방향으로 소통의 기반을 바꾼다는 의미에 다름 아니다"라는 입장을 제시했다. 김성기, 〈후기구조주의 시각에서 본 민중—주체 형성 논의를 중심으로〉, 《한국 사회학연구》 9호, 1987, 200쪽. 김성기는 윗글에서 민중의 '한'이 굿과 탈춤을 통해 비판적으로 초월되고 저항정신으로 승화되어 사회운동으로 연결되는 과정을 밝히려고 했다.

요하다. 이미 이루어진 강정구, 김동춘, 김귀옥, 박명규, 정근식, 김학재, 강성현 등의 전쟁과 분단, 이산과 통일에 대한 연구는 직간접적으로 한완상의 민중사회학을 계승하는 측면이 있다.[140] 한완상과 함께 공저자로 글을 발표한 바 있는 이기홍, 백욱인, 김성기 등도 민중사회학의 세례를 받은 다음 세대 학자라고 볼 수 있다. 개신교를 중심으로 하는 한국 현대의 종교현상을 체계적으로 정리한 강인철의 종교사회학도 민중사회학자 한완상의 종교에 대한 관심을 계승·발전시킨 경우이다.[141] 한완상은 "후일 시간이 나는 대로 민중사회학을 좀 더 체계화시켜 한국 풍토에 적합한 한국화된 사회학으로 발전시켜보고 싶다"는 의지를 표명했는데 이런 문제의식이 다음 세대로 이어지고 있다.[142]

앞으로 한국의 비판사회학계는 한완상의 비판사회학을 비판적으로 계승할 필요가 있다. 하나의 예로 한완상의 청년문화론을 되살리는 작

---

140 강정구, 《허물어진 냉전성역, 드러난 진실》, 선인, 2010; 강정구, 《냉전성역 허물기의 발자취》, 선인, 2012; 강정구·김진환·손우정·윤충로·이인우, 《시련과 발돋움의 남북현대사》, 선인, 2009; 김동춘, 《분단과 한국사회》, 역사비평사, 1997; 김동춘, 《근대의 그늘》, 당대, 2000; 김동춘, 《전쟁과 사회》, 돌베개, 2006; 김귀옥 외, 《북한여성들은 어떻게 살고 있을까》, 당대, 2000; 김귀옥, 《이산가족》, 역사비평사, 2004; 김귀옥 외, 《전쟁의 기억, 냉전의 구술》, 선인, 2008; 박명규, 《남북경계선의 사회학》, 창비, 2012; 김학재, 《판문점 체제의 기원》, 후마니타스, 2015; 정근식·강성현, 《한국전쟁사진의 역사사회학》, 서울대학교출판문화원, 2016.

141 강인철, 《한국 기독교회와 국가·시민사회: 1945~1960》, 한국기독교역사연구소, 1996; 강인철, 《한국의 개신교와 반공주의》, 중심, 2007; 강인철, 《한국의 종교, 정치, 국가: 1945~2012》, 한신대학교출판부, 2013.

142 한완상, 《민중과 사회: 민중사회학을 위한 서설》, 종로서적, 1980, 2~3쪽.

업을 생각해 볼 수 있다. 한국 사회를 설명하는 데 계층·계급, 지역과 더불어 세대가 중요한 변수이기 때문이다. 요즈음 사회학자들이 세대 문제를 논의하면서 전혀 언급하지 않고 있지만 한완상의 청년문화론이 야말로 한국 사회학계에서 이룩한 세대론의 고전적 연구라고 할 수 있다. 그는 1970년대 초 이렇게 썼다. "현대 젊은이의 문제를 깊이 이해하지 않고 내일의 우리 사회의 제 문제를 이해한다는 것은 어리석은 일인지도 모른다."[143] 한완상의 청년문화론을 민중사회학의 관점에서 계승하여 오늘날의 젊은 세대가 기성세대의 피해자에 머무르지 않고 새로운 한국 사회를 만드는 행위의 주체로 전환되는 과정을 연구할 수 있을 것이다.[144]

사회학 이론의 관점에서 보자면 한완상의 사회결정론 비판과 사회적 행위자의 주체성을 강조하는 이론적 입장을 계승하여 발전시킬 필요가 있다. 민중사회학으로 전개된 그의 주체적 인간론은 지금도 사회구조의 구속력에도 불구하고 저항적·비판적·창조적·대안적 의미구조를 형성하면서 주체적으로 행위하는 개인적·집합적 행위자의 형성 과정에 대한 연구가 사회학 연구의 중요한 영역임을 일깨워준다. 사회구조의 결정력으로 모든 것을 설명하지 않고 주체의 행위 가능성을 열어놓

---

143 한완상, 《현대 젊은이의 좌절과 열망》, 배영사, 1975, 3~4쪽.
144 한완상, 《한국현실, 한국 사회학》, 범우사, 1992, 83~144쪽. 다음 세대의 세대 연구로 박재홍, 〈세대연구의 이론적·방법론적 쟁점〉, 《한국인구학》 24권 2호, 2001, 47~78쪽; 전상진, 〈세대사회학의 가능성과 한계〉, 《한국인구학》 25권 2호, 2002, 193~230쪽; 전상진, 《세대 게임》, 문학과지성사, 2018; 최샛별, 《한국의 세대 연대기》, 이화여자대학교출판문화원, 2018 참조.

고 있는 그의 '사회학적 인간관'은 재미 한인들에 대한 연구에서도 나타났다.[145] 한완상은 재미 한인 학자들이 수행한 미국 이민 한인에 대한 연구가 오로지 '적응'의 시각에서만 이루어졌음을 비판하면서 한인들을 깊이 있게 인터뷰해보면 "얼마간이라도 미국 문화와 사회구조에 대한 비판의식을 관찰할 수 있었을 것"이라고 지적했다.[146]

행위자의 비판의식을 연구하기 위해서는 주체적 행위자가 형성되는 과정에 대한 연구방법론의 개발이 필요하다. 민중사회학의 용어로 말하자면 즉자적 민중이 대자적 민중으로 변화하는 과정에 대한 연구방법론의 모색이 절실하다. 민중사회학이 심층인터뷰, 집단인터뷰, 생애사적 접근, 프랑스의 사회학자 알랭 투렌이 개발한 '사회학적 개입 Sociological Intervention', 미국의 공공사회학자와 해방사회학자들이 사용하는 '참여행동 연구Participatory Action Research' 등을 참조하여 상황에 반응하는 수동적 행위자reactor에서 상황을 주체적으로 정의하는 행위 주체actor로 전환하는 과정에 대한 질적 연구방법론을 개발하고 그것을 활용한 연구 결과를 축적했더라면 훨씬 더 의미 있는 학문적 기여

---

145 한완상, 《한국현실, 한국 사회학》, 366~385쪽.

146 미국 이주 한인들에 대한 한완상과 김경동의 연구 관점을 비교해보려면 한완상의 윗글과 Kyong-Dong Kim, "Korean in America: Their Cultural Adaptation and Contributions", *Rethinking Development*(SNU Press, 1985), pp. 141~159을 참조. 미국 이민과 달리 독일 이주 한인 노동자들이 비판의식을 가진 적극적인 주체가 되어 사회운동에 나서게 되는 과정을 생애사적 접근으로 연구한 이희영, 〈이주노동자들의 생애체험과 사회운동〉, 《사회와 역사》 68호, 2005, 281~316쪽도 참조할 것.

를 할 수 있었을 것이다.[147] 그러나 한완상은 즉자적 민중이 대자적 민중으로 전환되는 과정을 연구하기 위한 심층인터뷰를 비롯하여 다른 어떤 연구방법도 개발하지 못했다. 해직되어 연구에 전념할 수 없는 상황에서 그는 사회학자와 사회적 행위자 사이의 '긴장'을 유지하지 못하고 그 스스로가 비판적 지식인이라는 행위자가 될 수밖에 없었다. 관찰하고 분석하는 사회학자에서 증언하고 행동하는 민중적 지식인이 되어버렸다. 이후 그가 쓴 글은 예언자적 지식인의 증언이 되었다. 그는 자신의 글을 통해 대자적 민중이 형성되는 데 기여하는 교육자가 되려 했고 실제로 그가 쓴 수많은 책은 1970년대와 1980년대를 거쳐 많은 사람들의 비판의식을 고양시키는 데 큰 역할을 했다. 그러나 그것은 비판사회학이라는 학문의 경계를 넘어서는 '사회의사'로서의 역할이었다.[148]

---

147 생애사적 접근에 대해서는 이희영, 〈사회학 방법론으로서의 생애사 재구성: 행위이론의 관점에서 본 이론적 의의와 방법론적 원칙〉, 《한국사회학》 39권 3호, 2005, 120~148쪽 참조. '사회학적 개입'에 대해서는 Alain Touraine, *La voix et le regard*(Paris: Seuil, 1978), pp. 181~307 또는 이 책의 영어판, *The Voice and the Eye*(Cambridge: Cambridge University Press, 1981), pp. 139~222 참조. 알랭 투렌의 사회학 전반에 대해서는 정수복, 〈해설: 알랭 투렌의 학문과 사상─노동사회학에서 정치사상까지〉, 알랭 투렌, 정수복·이기현 옮김, 《현대성 비판》, 문예출판사, 1995, 487~512쪽 참조. 참여행동방법에 대해서는 Joe Feagin, Hernan Vera and Kimberly Ducey, *Liberation Sociology*, 3rd edition(New York: Routledge, 2014) 참조. 사회학의 대안적 연구방법에 대해서는 정수복, 〈사람들이 살아가는 이야기가 있는 사회학〉, 《한국사회학》 50권 4호, 2016, 275~317쪽도 참조.

148 한 학술담당 기자는 한완상의 사회학에 대해 다음과 같이 평가했다. "재야인사로

1976년 해직 이후 한완상은 비판적인 사회적 행위자의 형성 과정을 연구하기보다는 지배계급의 이데올로기를 비판하고 해체하는 방향으로 나아갔다. 학문으로서 민중사회학을 발전시키기 위해서는 "민중이 역사와 구조의 주역이 되어야 한다"는 당위적 주장[149]을 넘어 민중이 주체가 되어 스스로 사회를 분석하고 이데올로기를 비판하면서 사회를 개혁하는 과정을 연구해야 했다. 1987년 민주화 이후에는 시민이 주체가 되는 과정을 연구하고 시민사회의 확장과 강화에 힘써야 했다.[150] 그러나 그는 '사회의사'로서 현실의 변화를 위해 활동하다가 1993년 사회학자의 역할을 중단하고 분단현실이라는 한국병을 고치기 위해 직접 정치의 영역으로 들어갔다.

크게 보면 한완상의 모든 공적 활동은 기독교 신앙을 바탕으로 그가 말한 '사회의사'의 역할을 수행하는 것이었다. 그러나 한국 사회학

서, 장관이라는 정치인으로서 한완상에게 어떤 평가가 내려질지 모르겠지만 '학자'로서 한완상에게 높은 점수를 주기는 어렵다. 그가 '한국 사회'가 직면하는 문제들에 대해 민감하게 반응하고 선진적 문제의식을 보여주기는 했지만 그런 것들을 체계화해서 '학문이론'화하고 현실을 통해 다시 검증하는 길을 걸은 것은 아니기 때문이다." 이한우, 《한국의 학맥과 학풍》, 문예출판사, 1995, 194쪽.

149 한완상, 《민중과 지식인》, 정우사, 1978, 4쪽.

150 한완상은 해방신학Liberation Theology의 영향을 받아 민중사회학을 인간화와 해방을 위한 사회학이라고 보았는데 미국의 비판사회학자들은 아예 자신들의 사회학을 '해방사회학Liberation Sociology'이라고 명명하고 주류 사회학의 '수단적 실증주의instrumental positivism'에 반대하여 반체제 사회학Antisystem Sociology을 발전시키고 있다. Joe Feagin, Hernan Vera and Kimberly Ducey, *Liberation Sociology*, 3rd edition(New York: Routledge, 2014) 참조.

의 역사에서 보면 그가 계속 학계에 남아 비판사회학의 연구방법론을 수립하고 그것을 현장에서 활용하여 풍부한 연구 결과를 산출했더라면 한국 비판사회학의 역사는 더욱 풍성해졌을 것이다. 이제라도 한국의 비판사회학자들은 한완상의 문제의식을 변화된 시대에 맞게 계승하고 그런 문제의식을 뒷받침하는 구체적인 연구방법을 개발하고 적용하고 발전시켜야 한다. 사회학이 사회비판적 담론에 머무르지 않고 담론의 현실적 근거를 마련하기 위해서는 현장 연구방법론의 개발이 절실하다. 사회학자는 현실 속에서 부대끼며 살아가는 사람들이 고통과 좌절, 희망과 기대 속에서 사회라는 실재를 어떻게 구성하고 어떻게 바꿔 나가려고 하는지를 그들의 말과 글을 통해 연구해야 한다. 한국의 비판사회학이 한완상이 학자시절 담당했던 공공사회학의 역할을 수행하기 위해서는 현장에서 일반 시민과 대화하고 소통하는 연구방법을 개발할 필요가 있다. 앞으로 한국의 비판사회학은 참여관찰, 현장 연구, 심층 인터뷰, 집단인터뷰, 실험적 토론회, 생애사 연구, 구술사 연구 등 다양한 질적 방법을 활용하면서 한국 현실에 적절한 비판사회학의 연구방법론을 개발해 나가야 할 것이다.

3부
·
김진균의
민중·민족사회학

1.

한국 비판사회학과
김진균

김진균은 한국의 비판사회학을 대표하는 사회학자이다. 민중사회학을 제창한 한완상이 1970년대 후반에서 1980년대 초까지 한국 비판사회학을 대표했다면 1980년대 중반 이후부터 1990년대에는 김진균이 한국 비판사회학을 대표하는 학자로 활동했다. 김진균은 한완상이 물꼬를 튼 민중사회학과 비판적 지식인으로서의 사회참여를 더욱 급진화시켰다.[1]

김진균은 자본주의 체제분석과 계급분석을 적극적으로 도입하여 한국 사회를 분석하고 분단 상황과 반공 이데올로기가 한국 사회에 미치

---

1   정수복, 〈한완상과 비판사회학의 형성〉, 《한국사회학》 51집 1호, 2017, 360쪽. 한완상이 1993년 학계를 떠나 통일부 장관, 교육부 장관, 대한적십자사 총재 등의 공직을 역임한 반면 김진균은 대학교수이자 지식노동자로서 민중과 하나가 되어 민주노조와 진보정당 건설에 헌신했다는 점에도 차이가 있다.

는 영향을 분석했으며 노동운동과 지식인운동을 중심으로 하는 진보진
영의 정치세력화를 지속적으로 추구했다. 그는 온몸으로 학계의 금기
를 깨는 일에 앞장서면서 민중의 힘을 키워 한국 사회를 실질적으로 민
주화하는 일에 솔선수범했다. 1980년대 중반 이후 사회적 실천에 나선
김진균은 노동자계급의 사회적 지위와 정치적 구실을 강조하면서 진보
정당 설립에 힘을 기울였다. 이 글에서는 사회학자 김진균에 초점을 맞
추면서 진보적 지식인이자 사회운동가로서 김진균의 모습도 함께 살펴
보려고 한다.[2]

김진균은 1937년생으로 1957년 서울대학교 사회학과에 입학했다.
신용하가 그의 동기생이다.[3] 신용하가 오로지 연구실을 지키며 한국 사
회사 연구를 심화시켰다면 김진균은 민중·민족사회학을 지향하는 실
천적 사회학자가 되어 연구실과 현장을 오갔다. 학자 김진균은 서울대
학교 상과대학 전임강사 시절 산업사회학, 조직사회학, 사회변동론 과
목을 담당하다가 1975년 사회학과로 자리를 옮긴 이후에는 점차 산업
사회학과 사회변동론에 집중하면서 민중과 민족의 관점에서 비판사회

---

2 비판적 학자이자 진보적 지식인으로서 김진균은 활동가들에게 자기 활동을 기록으
   로 남길 것을 요구했다. 기록이 있어야 사후에 연구자들이 사건의 표피만이 아니라
   활동의 동기와 배경을 이해할 수 있을 것이기 때문이다. 그러나 김진균 자신은 자신
   의 활동을 자서전 형태로 남기지 못하고 세상을 떠났다. 그 대신 제자 홍성태가 그의
   삶과 활동을 《김진균 평전—민중을 위한 학문과 실천의 삶》, 진인진, 2014으로 재구
   성했다. 이 글을 쓰는 데 홍성태의 평전이 결정적인 도움이 되었음을 밝힌다.
3 김진균과 신용하 두 사람 다 서울대학교 상과대학 교수로 가르치다가 1975년 사회
   과학대학 사회학과로 자리를 옮겼다.

학을 지향했다. 실천적 지식인 김진균은 제자들은 물론 학계를 넘어 시민사회의 진보적 지식인들과 노동자들로부터 존경을 받았다.[4] 민교협을 비롯하여 여러 기회에 김진균과 함께 비판적 지식인으로 활동한 철학자 유초하는 김진균에 대해 다음과 같이 썼다.

> 인간 김진균의 삶에는 학문이 하나의 중심을 이룬다. 전공 영역에서 그가 수행한 연구와 저술은 풍부하고 그 폭 또한 넓다. …… 김진균의 학문세계는 그러나 전공 영역에 그치지 않는다. 해방과 함께 부당하게 고착된 분단체제의 구조와 역동을 전반적으로 해명하는 여러 방향의 학제적 작업을 그는 꾸준히 계속하고 있다. 분단현실의 형성요인과 구성요소를 밝히는 그의 연구는 분단을 넘어서는 통일된 민족국가의 모습을 그려내는 데로 나아간다. …… 김진균의 실천활동은 노동운동의 확대, 강화와 진보세력의 정치적 성장이라는 기조에서 진행된다. 이들 두 방향의 활동은 민족통일의 성취와 내용상 중첩되는 현재적 과업의 두 축으로 상정된다. …… 선생에게서 후학들이 배워야 할 것은 학문과 실천의 올바른 통합만이 아니다. 선생이 보여주지 않되 우리가 엿볼 수 있는 일상적 삶의 태도 또한 거울이다. 특히 부문·지역·학력·연령의 어떤 측면에서도 경계선을 두지 않고 모든 사람들과 두루 허심탄회하게 어울리며 서로의 생각과 느낌과 삶을 나누는 태도야말로 선생에게 배워야 할 인격적 면모라 할 것이다.[5]

---

4 홍성태,《김진균 평전—민중을 위한 학문과 실천의 삶》, 146쪽.
5 유초하, 〈발문—역사현실을 껴안는 통합학문의 길〉, 김진균,《한국의 사회현실과 학

서울대학교 사회학과 후배이자 동료 교수였던 임현진은 김진균에 대해 다음과 같은 글을 남겼다.

김진균 선생님은 개인의 이익이나 목적을 마다하고 사회발전과 진보를 위해 자신을 헌신하신 분이다. 보통사람을 자처했지만 보통사람이 아니다. 선생께서는 강단의 학자로서 후학을 가르치고 학문을 지피면서도 우리 사회의 어두운 곳곳을 찾아 빛과 소금의 역할을 주저하지 않았다. 민중의 어려움이 있는 현장이면, 그들이 학생이건 노동자이건 농민이건 빈민이건 간에 서슴지 않고 찾아 위무하고 도움을 주려 노력하였다. 역경에 처했을 때 항시 말없이 앞장섰지만 말을 아꼈다. 자기를 내세우거나 자랑하지 않았다. 참으로 겸손하면서도 굳건한 신념을 가진 분이라고 본다. 신실하고 고담한 인품의 소유자였다.[6]

계명대 사회학과 교수이자 김진균과 함께 산업사회학회에서 활동했던 이종오는 김진균에 대해 다음과 같이 썼다.

선생님이 80년대 지성사에 독특하고 우뚝한 자리를 지니셨던 것은 모두가 익히 아는 바이다. 이런 선생님과 80년대 이래 학술운동, 교수운동 등으로 긴밀하게 엮어질 수 있었던 것은 개인적으로 큰 행운이었다. 개

문의 과제》, 문화과학사, 1977, 299~302쪽.

6 임현진, 〈우리 시대의 대인 김진균〉, 《벗으로 스승으로》, 문화과학사, 2005, 265~266쪽.

인적 인연을 떠나서 이런 만남이 이루어질 수 있었던 것은 8·90년대 한국 지성사의 맥락 속에서 이해할 수 있다. 당시 학계에서 선생님은 리영희, 백낙청, 강만길 선생들과 같이 민주화, 진보운동의 몇 안 되는 대표 지성이셨으며 특히 김진균 선생님은 사회학계에서 독보적인 존재이셨다. 그러나 선생님은 굳이 사회학이라는 분과학문의 테두리 안에 규정될 수 있는 분은 아니었고 경제학을 포함한 사회과학 일반을 자기 영역으로 삼는 지성인이셨고 산사연의 분위기도 그러하였다.[7]

김진균의 제자 정근식은 김진균의 회갑을 맞이하여 그의 학문과 실천에 대해 다음과 같은 헌사를 남겼다.

김진균 교수는 1980년 이후 언제나 변함없이 젊은 사회과학도들에게 큰 가르침을 주었고, 또한 한국의 진보적 사회운동을 튼튼하게 후원해준 대표적 지성이기도 하다. 선생은 지금까지 언제나 제자들보다 더 젊은 자세로 연구에 임하였으며, 앞으로도 영원한 청춘으로 우리 옆에 계실 것이다.[8]

시인 고은은 《만인보》에서 김진균에 대해 이렇게 썼다.[9]

---

7 이종오, 〈김진균 선생님의 추억〉, 《벗으로 스승으로》, 문화과학사, 2005, 159쪽.
8 정근식, 〈책머리에〉, 김진균·정근식 편, 《근대 주체와 식민지 규율권력》, 문화과학사, 1997, 11쪽.
9 고은, 《만인보》 13~15권, 창작과비평사, 2010, 189쪽.

그냥 장독대 항아리이다

그냥 장독대 항아리 채워진 캄캄한 간장이다

그냥 기둥이다

거기에 대못 박아

곡식 씨앗들이 무덤덤하게 걸려 있다

그냥 진술이다

어떤 기교도 없는 문장이다

그런 문장도 뜸부기 올 때 한두 번 쓴다

그냥 술이다

그 술이 몸 속에 들어가서야

다섯 병쯤

여섯 병쯤 들어가서야

말 몇 마디가 빛난다

통금시대의 외등이 더욱 밝아진다

그럴수록 그는 그냥 암실이다

그 암실에서

수많은 진실들이 인화된다

2.

사회학자 김진균의
형성 과정

1. 김진균의 형성기

그렇다면 김진균은 어떤 과정을 거쳐 많은 사람들에게 존경받는 비판 사회학자가 되었는가? 김진균은 아버지 김문희, 어머니 안판환의 2남 4녀 가운데 장남으로 1937년 11월 20일 경남 진주시 봉래동에서 출생 했다.[10] 기울어진 집안을 일으키기 위해 사업에 뜻을 둔 김진균의 부친 은 한학자였던 조부를 설득하여 창원에서 진주로 이주했다. 애초에는 사업에 유리한 부산으로 이주할 생각이었으나 유학자였던 조부의 반 대로 오랜 전통이 깃든 도시 진주로 이주한 것이다. 김진균의 조부 김 상수는 일제강점기에 세상과 절연하고 유교 경전을 읽으며 지조를 지

---

10 김진균의 형성 과정은 홍성태의 《김진균 평전—민중을 위한 학문과 실천의 삶》을 기초자료로 삼아 재구성했음을 밝힌다.

킨 선비였다. 김진균은 어린 시절 조부로부터 한문을 배웠고 《효경》을 외우기도 했다.[11] 본래 학문을 숭상했지만 사업의 길로 들어선 김진균의 아버지는 연료사업으로 상당한 부를 축적하여 김진균의 학문 생활 초기에 물질적 후원을 담당했다. 학문의 길은 가문의 숙원이었다.

> 할아버지는 전형적인 유학자이셨고, 그 학풍이 손자에게로 전해지기를 무척이나 바라셨다. …… 할아버지는 이미 학교 교육제도의 대세를 인정하셨지만 한문과 유학과 그 도덕성을 존중해주기를 바라셨다. …… 내가 학자로서 발전하기를 더욱 간절히 소망한 분은 아버지이시다. 공부를 하고 싶었지만 일찍이 농업을 버리고 진주로 나와서 자영업을 생업으로 삼을 수밖에 없었던 아버지는 평생을 현실적 생활과 이상적 꿈사이에서 '갈망'의 땅을 가꾸시고자 노력하셨다.[12]

김진균은 초등학교 시절을 일제 말기와 해방 정국의 혼란 속에서 보냈고 한국전쟁의 소용돌이 속에서 중학교를 다녔다. 진주사범 부속국민학교 2학년 때 해방이 되었고 진주사범 병설 중학교에 입학한 해에 한국전쟁이 터졌다. 1953년에는 진주고등학교에 입학했다. 고교시절

---

11 김진균은 조부에 대해 다음과 같은 기록을 남겼다. "할아버지는 옛 유학자로 갓 쓰고 두루마기 입으시고, 말기로 타락한 이 세상 생활과 거의 절연을 하고, 자기만의 독서와 철저한 건강관리를 하고 있었을 뿐이었습니다." 홍성태, 《김진균 평전—민중을 위한 학문과 실천의 삶》, 21쪽.
12 김진균, 〈강변에 엄마〉, 김진균 등 공저, 《바람 찬 날 우리들의 사랑은》, 참세상, 1992, 89~90쪽.

김진균은 말수가 적고 인내심이 남달랐으며 학교 대표 테니스 선수로 활동했다. 그는 친구들과 잘 어울렸고 집안 사정이 어려운 친구들을 적극적으로 돕곤 했다.[13]

1956년 김진균은 엔지니어가 되어 국가의 산업 부흥에 기여할 마음으로 서울대학교 공대를 지망했으나 낙방했다. 다음 해 입시준비를 위해 서울에 올라온 김진균은 달동네에 살면서 아수라장 같은 생존경쟁의 현장을 체험했고 그 과정에서 사회적 문제의식을 갖게 되었다. 고민 끝에 진로를 사회학으로 바꾸었다.[14] 1957년 서울대학교 사회학과 입학 후 김진균이 비판사회학자로서 형성되는 과정에서 가장 중요한 계기를 꼽으라면 4·19 체험일 것이다.[15] 1960년 김진균이 대학 4학년 때 4·19혁명이 일어났다. 김진균은 4·19혁명 당시 학생시위에 참여했고 이후 대학생들이 국민계몽대를 조직하여 전국의 농촌 각지로 퍼져나갈 때 신용하와 팀을 이루어 경남 창녕으로 내려가서 농촌 계몽 활동을 펼쳤다.[16] 4·19를 워낙 강렬하게 체험했던 김진균은 5·16쿠데타로 상황

---

13 홍성태, 《김진균 평전—민중을 위한 학문과 실천의 삶》, 24쪽.
14 김진균의 동기생으로는 김금수, 김영모, 신용하, 안계춘, 유재천 등이 있다.
15 문학평론가 염무웅의 다음과 같은 증언은 김진균을 포함한 4·19세대의 내면적 자산이 무엇인지를 말해준다. "나는 대학에 입학하자마자 4·19를 맞이했는데, 4·19 이후의 자유로운 대학 분위기에서 학창시절을 보내면서 그때 흡수한 자양분이 지금까지도 내 삶의 원천이고 기준이고, 그때 심어졌던 마음이 지금도 내게는 문학적인 측면에서만 아니라 살아가는 데 있어서도 근본적인 자산이 된다고 느낍니다." 염무웅, 《문학과의 동행》, 한티재, 2018, 19쪽.
16 성대경, 〈만나서 헤어진 이야기〉, 《벗으로 스승으로》, 문화과학사, 2005, 93쪽.

이 반전되자 "4·19혁명을 어떻게 이해해야 하며, 그 과제를 어떻게 이루어야 하는가"라는 문제와 평생 씨름하게 되었다.[17] 그는 훗날 그 시절을 다음과 같이 회고했다.

젊은 시절 우리 사회가 발전해야 한다는 강박감에 사로잡혀 있었는데 하나는 민주화이고 하나는 자립경제의 문제였다. 이것이 어느 정도 이루어지면 남북통일도 가능할 것이라고 믿었다. 60년의 4·19혁명은 이러한 생각에 강한 충동을 주었다고 생각한다.[18]

억압적 통치의 시절이던 1986년 김진균은 4·19혁명의 의미를 한국 사회운동사의 긴 맥락 속에 위치시켰다.

이러한 전망에서 보면 민중이 주도하고 그 완성이 추구되어야 하는 1960년의 4·19민주혁명은 한국에 있어서 총체적으로 요구되는 혁명의 계기적인 국면에 불과할 것이다. 우리는 종결되지 않은 '한국혁명'의 시대에 살고 있고 그 완수를 요구받고 있는 시대에 살고 있는 셈이다. 이 '한국혁명'이 완수될 때까지는 4·19혁명과 같은 역사적 고비가 몇 번이나 일어날는지 모른다. 그것은 순전히 우리들의 선택 능력에 달려 있다.[19]

---

17 홍성태, 《김진균 평전—민중을 위한 학문과 실천의 삶》, 31쪽.
18 김진균, 〈마지막 강의〉, 《불나비처럼》, 문화과학사, 2005, 170쪽.
19 김진균, 〈더 크게 보여지는 4·19혁명〉, 《사회과학과 민족현실》, 한길사, 1988, 344쪽.

김진균은 1961년 4월 서울대학교 사회학과 대학원에 진학했다. 그는 진학 동기를 다음과 같이 회고했다.

1960년 봄 학기가 시작되자마자, 그리고 내가 대학 4학년이 되자마자 4·19라는 전국 차원의 '데모'가 일어났다. 이를 두고 나중에 4월 혁명이라고 이름 짓게 되지만, 당시로선 전국에서 고등학생과 대학생이 이승만 독재정권을 무너뜨린 '데모'가 일어난 것이었다. 신기하게도 극우 세력과 친일 세력이 '국부'로 치켜세운 이승만 대통령이 하야하고, 강고해 보이던 자유당 정권이 허무하게 무너졌다. 그때 어느 선배가 '한국은 사회학하기 좋은 곳이야 …… 혁명이 일어나는 곳이니까' 하고 불쑥 말하는 것을 듣고, 나는 그제서야 사회(과)학이 역사적 변동과 어떤 비밀스런 관계가 있을 수 있구나 생각하고, 연구 대상으로서 '격변하는 한국 사회'를 갑자기 인식하기 시작했다.[20]

대학원 석사 과정을 이수하면서 김진균은 여러 사회조사 연구에 참여하여 현장 연구 경험을 쌓기 시작했다. 1961년에는 전라남도 구례에서 행한 '지리산 지구 사회조사'에 참여했고 1962년에는 황성모 교수가 주도한 강원도 삼척의 장성탄광에 대한 조사 연구에 참여했다.[21]

---

20 김진균, 〈살아 숨쉬는 학문을 일구기 위해〉, 《끝나지 않은 강의》, 서울대학교출판부, 2004, 247쪽.

21 이 조사 연구의 결과는 1963년 《한국공업노동의 사회학적 고찰》로 발표되었다. 홍성태, 《김진균 평전—민중을 위한 학문과 실천의 삶》, 34~35쪽.

1963년에는 김경동, 임희섭, 오갑환 등과 함께 '지리산 지역개발 조사위원회'에 참가하여 《지리산 개발지역에 관한 조사 연구보고서》의 '사회' 부문의 조사와 집필에 참여했다.[22] 김진균은 이해영을 지도교수로 삼아 1964년 2월 석사학위를 받았다. 〈한국의 인구와 노동력에 대한 인구학적 접근〉이라는 이 논문은 1964년 5월에 간행된 《사회학논총》 창간호에 실렸다. 1964년 3월 김진균은 곧바로 박사 과정에 진학했고 이화여대, 덕성여대 등에서 강의를 시작했다. 1964년 12월에서 1966년 5월까지 이해영이 설립한 인구 및 발전문제연구소의 조교로 일했다. 이 시기에 이해영이 주도한 이천 지역 출산력 조사 연구를 이동원, 권태환과 함께 현장에서 진행했다.[23]

김진균은 1964년 정혜영과 결혼했다.[24] 정혜영은 이후 줄곧 김진균의 학문 연구와 사회 활동을 뒤에서 조용히 뒷바라지했다.[25] 훗날 그

---

22 홍성태, 《김진균 평전―민중을 위한 학문과 실천의 삶》, 36쪽.

23 경기도 이천 출산력 연구에 대해서는 김인수, 《서울대학교 사회발전연구소 50년사, 1965~2015》, 한울아카데미, 2015, 51~61쪽을 볼 것.

24 정혜영은 김굉필, 조광조, 이언적, 이황과 함께 조선 사림 5현五賢의 한 사람인 정여창(1450~1504)의 직계 후손으로 함양에 있는 정여창 고택은 훗날 김진균이 다산연구회를 하면서 지식인들이 모이는 장소가 되기도 했다. 홍성태, 《김진균 평전―민중을 위한 학문과 실천의 삶》, 41~44쪽.

25 1964년 3월에 결혼한 김진균은 서울의 동선동 산등성이 달동네에 신혼집을 차렸다. 높은 곳인데도 친구들이 몰려왔다. 김진균의 부인 정혜영은 김진균의 친구들이나 제자들을 늘 편안하게 맞이했다. 사람들은 김진균의 작은 신혼집을 '일미식당'이라고 불렀다. 그 집에서 많은 사람들이 만나 이야기꽃을 피웠고 시국을 토론했고 조국의 미래를 걱정했다. 이후 김진균은 삼선동으로 이주했다가 1975년 서울대 근

는 자신이 학자로 성장할 수 있었던 배경에는 아내의 도움이 있었으며 "아내의 검소함과 담백함에서 절제를 배우고 성심껏 하는 자세도 배웠다"고 썼다.[26]

김진균은 1966년 3월에 박사 과정을 수료했지만 이후 박사학위 논문은 제출하지 않았다. 그의 동기생인 신용하와 김영모가 각기 1975년과 1977년 서울대학교 사회학과에서 박사학위를 받았지만 김진균은 고집스럽게 박사학위에 연연하지 않았다.[27]

2. 김진균의 스승들

김진균은 1950년대 서울대학교 사회학과를 다닌 세대 구성원의 대부분과 마찬가지로 이상백에게 학문적 문제의식을 배웠다. 김진균은 대

처인 독산동으로 이사했다. 이 집은 이후 젊은 대학원생들과 비판적 지식인들의 모임의 장소가 되었다.

26 김진균, 〈강변에 엄마〉, 김진균 등 공저, 《바람 찬 날 우리들의 사랑은》, 참세상, 1992, 89~90쪽.

27 지도교수였던 이해영이 김진균에게 박사학위 논문 제출을 재촉할 때마다 그는 "학자 생활을 하는 데 박사학위가 꼭 필요합니까?"라는 말로 이해영의 입을 막곤 했다. 이상백과 이만갑이 구제 박사학위를 받았지만 이해영도 박사학위 없이 교수 생활을 했기 때문이다. 권태환, 〈1964~65년의 이야기〉, 《벗으로 스승으로》, 문화과학사, 2005, 85쪽.

학원 시절 이상백이 사회학과에 처음 개설했던 '한국사회론'을 계승하겠다는 뜻을 세웠다.[28] 서울대학교 사회학과 재학시절 김진균은 이해영(1925~1979)과 황성모(1926~1992) 두 사람에게 직접적인 영향을 받았다. 이해영은 김진균의 석사학위 논문 지도교수였으며 김진균은 이해영이 창립한 인구 및 발전문제연구소에서 연구조교 생활을 했다.[29] 1962년 서울대에 부임한 황성모는 산업사회학 과목을 개설했으며 공장노동자에 대한 현장 연구의 길을 열어 김진균이 산업사회학을 자신의 전공으로 삼을 수 있는 기회를 제공했다. 권태환의 증언에 따르면 연구소 조교시절 김진균은 이해영에게 야단을 많이 맞았지만 "아무런 불쾌한 기색도 하지 않았고, 그 결과 남의 야단을 덤으로 받기까지 하였다. 그러나 그는 평생 이해영 선생을 스승으로 존경하였고 어떻게 보면 선생의 면모를 많이 이어받았다. 제자 사랑, 단호함, 근엄한 인상이 그랬고 고집이 센 것도 그랬다."[30]

---

28 김진균은 "(이상백) 선생님의 넓은 견문을 이제 막 들으려던 참에 별세하시어 아쉽기도 했지만, '한국사회론'에 대한 생각은 강하게 남아서 내가 교수가 되면 이 강좌를 기필코 해보리라 마음먹었다." 김진균, 〈살아 숨쉬는 학문을 일구기 위해〉, 《끝나지 않은 강의》, 서울대학교출판부, 2004, 260쪽.

29 이해영과 인구 및 발전문제연구소의 역사를 연구한 김인수에 따르면 "1965년 이천 출산력 조사의 경우, 김진균 교수가 현장의 실질적인 리더가 되어 학생들을 통솔 관리했던 측면이 있다. 1980년대 이후, 김진균 교수는 비판사회학 진영의 '대부'로 자리매김하지만, 이해영 교수의 '애제자'이자 사회조사 분야의 '산 증인'이기도 했다." 김인수, 《서울대학교 사회발전연구소 50년사, 1965~2015》, 한울아카데미, 2015에 실린 이동원과 권태환의 인터뷰 참조.

30 권태환, 〈1964~65년의 이야기〉, 85쪽.

황성모는 1960년 독일 유학을 마치고 귀국하여 1961년부터 이화여자대학교 사회학과에서 교수 생활을 하다가 1962년 서울대학교 사회학과에 부임했다. 그는 서울대학교 사회학과에 '산업사회학' 과목을 처음 개설했으며 1962년 8월 1일부터 9월 30일까지 강원도 삼척의 장성탄광 현지조사를 실시하기도 했다. 김진균은 이 조사 연구에 참여했으며 1964년 이화여자대학교 사회학과에서 산업사회학 강의를 시작하면서 산업사회학을 자신의 전공으로 삼게 되었다.[31] 황성모는 1962년 김진균이 주도하여 만든 한국사회학연구회의 2대 회장을 맡았고 1963년 발족한 '민족주의비교연구회' 지도교수로 활동하다가 1967년 동백림 간첩단 사건과 민족주의비교연구회 사건으로 무기징역을 구형받고 대법원에서 징역 2년형이 확정되어 옥고를 치렀다.[32] 이때 김진균은 스승인 황성모가 박정희 정권에 의해 부당하게 구속되어 곤욕을 치른 것을 보면서 박정희 군사정권의 문제를 심각하게 느끼기 시작했다.

김진균은 1968년 이해영, 김채윤 등 사회학과 교수들의 추천을 받아 '산업사회학' 전공자로서 서울대학교 상과대학 전임강사로 부임했

---

31 홍성태, 《김진균 평전―민중을 위한 학문과 실천의 삶》, 52쪽.

32 황성모는 만기 복역 이후 서울대학교 교수로 복귀하지 못하고 중앙일보 부설 동서문제연구소 소장으로 일하다가 1976년 충남대학교에 부임하여 사회학과를 창설했다. 1981년부터 1991년까지는 정신문화연구원 교수를 역임했다. 훗날 김진균은 동백림 사건으로 말미암아 "한국과 유럽의 문화적·학문적 교류는 차단되고, 한국 학생들은 주로 미국으로 공부하러 가는 성향을 띠게 되었으며, 국내에서는 근현대사 연구가 편향되는 결과가 생겨났다"고 해석했다. 김진균, 〈살아 숨쉬는 학문을 일구기 위해〉, 《끝나지 않은 강의》, 서울대학교출판부, 2004, 252쪽.

다.[33] 그 무렵 그는 경제개발 과정에 필요한 인구, 노동력과 인력개발, 경제조직이라는 문제를 자신의 주요한 연구 과제로 설정하고 있었다.[34] 상과대학에 있었기 때문에 사회학자로서 연구 활동에 일정한 제약을 받았지만 1975년 사회학과로 소속을 바꾼 이후에는 비판사회학자로서 자신의 학문 세계를 자유롭게 열어나갔다. 김진균은 당시를 다음과 같이 회고했다.

만약 계속 상대에 있었으면 지금과 같은 역할을 하지 못했을 것이다. 상대에서는 비전공 교수였으니까 무관심할 수도 있었고, 또 그때는 좋아하는 테니스나 치고 술이나 마시면서 세상과 떨어져 살까 하는 생각도 있었다(웃음). 그런데 1975년에 사회학과로 자리를 옮기고 나서, 한 다리 건너면 알 만한 사람들이 각종 사건에 휘말려 대학을 떠나는 과정을 보니 가만히 있을 수가 없었다. …… 서울대 캠퍼스가 관악산으로 옮기면서, 학내시위가 많아졌다. 어느 날 연구실에서 테니스 라켓을 들고 나오는데, 학생들의 시위로 최루탄 냄새가 가득했다. 순간 이건 아니다 싶은 생각이 들었다. 그래서 라켓과 공을 다 치워버렸다. 그리고 그 뒤로 테니스를 치지 않았다.[35]

---

33 홍성태, 《김진균 평전―민중을 위한 학문과 실천의 삶》, 48~49쪽.

34 그 보기로 김진균, 〈인력개발〉, 이해영·권태환 공편, 《한국 사회: 인구와 발전, 2: 인력·자원》, 서울대학교출판부, 1978, 389~450쪽을 볼 것.

35 이지영, 〈신년 연속 인터뷰―그가 남긴 자리: '토착 사회학' 일군 김진균 서울대 교수〉, 《교수신문》 2003년 1월 11일.

김진균에게 또 한 명의 스승이 있다면 이효재일 것이다. 이효재가 미국에서 귀국하여 1957년 서울대학교에서 처음 사회심리학 과목을 가르치게 되었을 때 김진균은 그의 강의를 들었다. 그러나 김진균이 이효재를 스승으로 가까이 모시게 된 것은 1980년대 초 해직교수 시절이다. 두 사람 다 해직을 당하면서 해직교수협의회를 만들어서 함께 활동했다. 그런 과정에서 공동의 사회학적 관심을 나누었다. 이효재가 《분단시대의 사회학》(1985)에서 논의한 한국 사회에 대한 인식은 김진균의 비판사회학과 문제의식을 공유하는 것이었다. 이효재가 은퇴 후 1997년 서울 생활을 청산하고 귀향하게 되었을 때 김진균은 《분단시대의 역사인식》(1978)의 저자 역사학자 강만길, 《분단시대와 한국 사회》(1985)의 공저자인 경제학자 변형윤, 《민족통일과 기독교》(1987)의 저자 신학자 박순경 등을 이효재와 함께 초청하는 자리를 마련했다. 그 자리를 기억하면서 김진균은 이렇게 썼다.

벌써 3년이 넘었나 보다. 늦가을인지, 입맛이 나는 그런 추수의 계절이었다. 마침 그 계절에 이효재 선생이 서울 생활을 청산하고 고향인 진해로 내려가신다고 해서 아무래도 환송을 해드려야 도리라고 생각하여 집으로 초청을 하였다. …… 그날 저녁 식사는 밥과 게장으로 내놓았다. 그 깔끔하게 짠맛이 그분들의 입맛을 돋우었다. 어느 영화에서 말하는 것처럼 한평생 한 번이라도 정성껏 차린 음식을 먹게 되면 평생 그 맛으로 해서 행복하다고 하던가. 이효재 선생은 그 뒤에 안부를 물을 때마다 그 게장 맛을 들먹이신다. 우리 현대사에서 빛나는 자리를 차지하신 이효재 선생은 정도 많을 뿐만 아니라 정성된 것을 알아내는 안목도 갖추신

분이다.[36]

3. 김진균의 급진화 과정

김진균은 1970년대에 한완상이 시작한 비판사회학을 1980년대 들어 더욱 급진화시켰다. 1980년대와 1990년대를 거치면서 김진균은 온갖 사회운동의 현장을 지키면서 비판사회학을 온몸으로 실천했다. 역사학자 강만길은 비판적 지식인으로서의 김진균의 활동을 다음과 같이 요약했다.

> 벗들이 지켜본 당신의 고난과 영광의 길은 군사독재 아래서의 크리스찬 아카데미사건 뒷바라지로 시작되어 '해직교수'로, 그리고 장례위원회가 명정에서 밝힌 대로 '민중의 스승'으로 이어졌습니다. …… 대부분의 '해직교수'들이 학교로 돌아간 후에는 양심적 지식인으로 사는 데 한정되었지만, 청정! 당신은 계속 민주화운동 및 노동운동의 현장에서 제 할 일을 다해 왔습니다. 민주화를 위한 교수협의회의 책임을 맡고 민주노총 지도위원 등을 맡으면서 한편으로 제 세계관 및 역사관을 뚜렷하게 또 날카롭게 세워가기 시작했습니다. 현장참여 자체가 학문의 선진화

---

36 김진균, 〈계장, 그리고 이효재 선생〉(2001), 《불나비처럼》, 문화과학사, 2005, 36쪽과 41쪽.

김진균의 민중·민족사회학

및 첨예화를 가져오는 전형적인 예를 당신에게서 볼 수 있었습니다.[37]

　그렇다면 김진균은 어떤 과정과 어떤 계기를 거쳐 비판적 지식인으로 급진화되었을까? 앞서 말했지만 김진균의 비판의식의 원점은 4·19 체험이라고 볼 수 있다. 그의 비판의식은 5·16군사쿠데타 이후 잠복기를 거쳐 1967년 동백림 사건과 민족주의비교연구회 사건을 겪으면서 심화되었다. 1968년에는 《사상계》에 박정희 군사독재를 비판하는 글을 발표했다.[38]

　1972년 《경제논집》에 투고한 〈카리스마, 엘리트와 근대화〉라는 논문이 계엄 당국의 검열로 출간되지 못하면서 그의 비판의식은 한 단계 더 심화된 듯하다.[39] 1972년 유신체제 수립 이후 민주화운동에 대한 탄압이 더욱 거세졌다. 1973년 김대중 납치 사건이 있었고 1974년에는 민청학련 사건이 있었다. 연이은 긴급조치의 발동으로 억압은 더욱 심해졌다.[40] 1975년 사회학과로 소속을 옮긴 후 김진균은 학생들의 비판의식과 저항 활동을 내심 지지하고 있었다.[41]

37　강만길, 〈청정 김진균 교수를 추도함—당신이 간 길, 역사의 강이 되어〉, 《교수신문》 2004년 2월 17일. 청정菁丁은 '진주 사나이'란 뜻으로 김진균의 호이다.

38　김진균, 〈민주 군대의 이상과 현실〉, 《사상계》 16권 6호, 1968년 6월, 54~60쪽.

39　이 글은 김진균, 《비판과 변동의 사회학》, 한울, 1983, 51~80쪽에 실려 있다.

40　박정희 정권의 동원과 억압에 대해서는 조희연, 《박정희 개발독재 시대》, 역사비평사, 2007; 조희연, 《동원된 근대화》, 후마니타스, 2010 참조.

41　1977년 '서울대 사회학과 심포지엄 사건' 이후 김진균이 제안한 학생 지도 여행에 참여했던 김석준은 그 여행에 대해 다음과 같은 글을 남겼다. "교수님과 함께 한 2

1979년 크리스찬아카데미 사건은 김진균의 비판의식이 발화되는 결정적 계기였다. 권력 당국의 용공조작 사건으로 그의 동생 김세균 등 크리스찬아카데미의 간사와 활동 관련 교수가 고문을 받고 구속, 수감되었다. 김진균은 피해자가족대책위원회를 꾸리고 '반공법 위반'이라는 혐의로 조작된 '크리스찬아카데미 사건'의 진상을 밝히기 위해 동분서주하면서 유신독재 체제의 실상을 더욱 깊이 알게 되었고 그에 따라 민주화운동의 필요성도 절감하게 되었다.[42] 이 사건에 깊이 관여한 이후 김진균은 1980년대 들어 이론과 실천 양면에서 비판적인 지식인으로 나서게 된다.[43]

김진균이 썼듯이 가족의 구성원이 사회운동에 참여했다는 이유로 구속되어 부당한 억압을 받을 경우 다른 가족 구성원은 자식이나 형제자매 등 같은 가족 구성원의 보호를 위해 활동하다가 "운동의 대의를 이해하여 의식화가 되기도 한다."[44] 위의 논의를 김진균 자신의 체험에 적용해보면 그는 4·19혁명 이후 마음속에 비판의식을 지니고 있었지만 실천으로 분명하게 발화할 기회를 갖지 못하고 있다가 1979년 동생

박3일간의 여행은 교수님들을 학생운동에 대한 감시자 내지 유신독재에 굴종하는 무기력한 지식인 정도로만 인식해 오던 저의 잘못된 생각을 바로잡는 계기가 되었습니다." 김석준, 〈고 김진균 선생님께 드립니다〉, 2004년 2월 16일(인터넷 추도문). 홍성태, 《김진균 평전—민중을 위한 학문과 실천의 삶》, 67쪽에서 재인용.

42 홍성태, 《김진균 평전—민중을 위한 학문과 실천의 삶》, 87쪽.

43 이만열, 〈긴 만남과 짧은 회고〉, 《벗으로 스승으로》, 문화과학사, 2005, 119~120쪽.

44 김진균 편, 《저항, 연대, 기억의 정치 1》, 문화과학사, 2003, 12쪽.

김세균이 크리스찬아카데미 사건으로 구속되자 동생을 구제하기 위해 활동하면서 서서히 분출되었다고 볼 수 있다. 그러나 비판의식은 가족의 울타리를 넘어 더 큰 공동체의 가치를 추구할 때 진정한 비판의식이 된다. 그리고 한 사람의 비판의식은 여러 번의 계기를 겪으면서 크리스털처럼 단단하고 분명한 형태를 갖추게 된다.[45]

1980년 봄은 김진균의 비판의식이 심화되는 또 하나의 계기였다. 1980년 광주항쟁 이후 민주화를 위한 지식인 서명운동에 참여했다는 이유로 학교에서 해직되면서 결정적인 '전환conversion'을 경험하게 된다. 당시 40대 초반의 가장으로 가정 경제의 막중한 책임을 지고 있던 김진균은 해직으로 말미암아 정신적 고통은 물론 경제적으로도 큰 고통을 겪었다.[46] 해직교수 시절 김진균과 친밀한 관계를 유지했던 역사학자 이만열은 당시의 김진균에 대해 다음과 같이 썼다.

청정을 민족·민중·민주화운동의 기수로 또 '사회민주주의'를 실천하려는 사상가로 만든 것은 …… 1980년 '신군부'에 의한 '해직사건'이었다. …… 해직 후 1년이 지났을 무렵, 해직교수 몇이 모여 그동안 어떻게 살아왔는가를 이야기하면서 서로를 위로 격려했다. 그때 청정은 믿기지

---

45 지식인의 이데올로기적 급진화 과정을 연구하기 위한 분석틀과 사례 연구를 제시한 정수복, 〈지식인의 이데올로기적 개종〉, 《의미세계와 사회운동》, 민영사, 1994, 39~67쪽 참조.

46 김진균은 해직교수 시절 경제적 궁핍 상황에서 평소 즐기던 커피와 담배를 모두 끊었고, 식사와 술도 줄였다. 홍성태, 《김진균 평전—민중을 위한 학문과 실천의 삶》, 101쪽.

않는 말을 했다. 지난 한 해 동안 수입이라고는 기독교사회문제연구원의 토론에 참여하고 받은 사례비 한 번뿐이었다는 것이다. 그 말을 듣고 나는 놀랐고 주변에서는 입을 다물었다. …… 이런 상황을 겪으면서 아마도 청정은 민중들의 삶을 체험적으로 자기 속에 육화시킬 수 있었을 것이다. 다산 정약용이 19년간의 귀양살이를 통해 민중의 삶에 다가가 《목민심서》를 쓸 수 있었듯이 청정도 이런 고난을 통해서 이 땅의 민중들에게 한층 더 다가갈 수 있었던 것이다.[47]

1980년대 중반부터 민주화를 위한 학생운동이 더욱 확대 강화되었다. 1984년 복직한 후 김진균은 캠퍼스에서 학생들의 시위와 경찰의 진압 과정을 늘 지켜보게 되었다. 학생들의 치열한 투쟁과 희생 앞에서 김진균은 지식인이자 교육자로서 무거운 부채의식을 갖게 되었다. 훗날 김진균은 1980년대 민주화운동에 헌신한 젊은이들에 대해 다음과 같이 썼다.

나는 1980년대의 젊은이들이 위대한 역사의 자산이라고 생각한다. 종철이의 평전을 보라! 거기에는 꿈을 키우는 젊은이의 몸부림이 보인다. 개인의 안전한 자유로운 삶을 위해서라도 자기가 살아가고 있는 사회의 문제를 끌어안고 그것을 뒤집어보려는 소망과 용기와 신의가 신비로울 정도로 무럭무럭 자라고 있다.[48]

───────────

47 이만열, 〈긴 만남과 짧은 회고〉, 《벗으로 스승으로》, 문화과학사, 2005, 121~122쪽.
48 김진균, 〈의롭게 싸우다 간 그 젊은이의 흔적〉(1998), 《진보에서 희망을 꿈꾼다》, 박

1980년대 초 해직교수 시절 임영일, 조희연, 서관모, 허석렬 등 제자들과 함께 '상도연구실'에서 공부하는 과정에서 김진균의 비판의식은 더욱 급진화되었다.

1980년대를 거쳐 1990년대 들어 김진균은 노동운동과 진보정당 설립운동 등 민주화 이후 한국 사회의 진보운동을 대표하는 지식인의 한 사람이 되었다. 민중운동가 백기완은 김진균의 민중적 실천에 대해 이렇게 썼다.

대학교수라는 지위를 이용해 출세를 좇고 지식인이라는 지위를 이용해 돈벌이와 사회적 계층 상승을 노리는 오늘의 작태들은 모두 조작된 인간상들이다. 아니 파리한 낱매(개체)로 바사진 허깨비에 다름아니다. 여기서 우뚝 선 노동자 대학교수가 하나 있었다. 창조적 지식인이 하나 있었으니 그것이 누구일까. 바로 김진균 교수라면 이에 고개 저을 딴선이가 있을 수 있을까?[49]

김진균은 지배체제에 순응하고 지배계급에 기생하는 기능적 지식인이 아니라 그에 저항하는 민중계급을 위해 자신의 지식을 전달하고 그들과 함께 투쟁하는 진보적 지식인의 모습을 보여주었다. 1990년대 후반 세계화가 진행되는 와중에서도 그는 진정한 지식인이라면 "자본이 세계화의 전략에 따른 노동통제 전략과 전술을 구사하고 정보의 세계

종철출판사, 2003, 105~107쪽.

49 백기완, 〈아, 김진균 교수〉, 《벗으로 스승으로》, 문화과학사, 2005, 367~368쪽.

화를 통하여 대중 개인, 민족 구성원 개인의 창의적 주관성을 억누르고 감각적 자극에 반응토록 하는 욕망의 배치"를 꿰뚫어보고 그것을 객관적으로 분석하여 일반 대중들이 주체적으로 사태를 파악하고 더욱 평등하고 민주적인 사회적 관계를 만들어나가는 일을 도와야 한다고 생각했다.[50]

4. 김진균 사회학의 인식론적 전환

한국 사회학의 역사에서 김진균은 1980년대 이후 하나의 갈래로 형성된 한국 비판사회학을 대표하는 학자로 기억될 것이다. 그러나 그가 사회학을 처음 시작할 때부터 비판사회학자였던 것은 아니다. 1957년 사회학과에 입학한 이후 그는 이상백의 사회학사와 한국 사회사, 최문환의 민족주의론과 사회사상사, 그리고 이만갑의 사회조사방법론, 이해영의 인구학 등을 접했다. 1960년대 중반 학자 생활을 시작하면서 파슨스를 중심으로 하는 미국 주류 사회학 이론을 열심히 연구했고 1970년대 초에는 아이젠슈타트의 《사회변동론》을 번역하면서 1960년대 미국 사회학계의 후진국 사회발전론인 근대화론을 천착했다.[51]

---

50 김진균, 〈한국 사회변동과 민교협〉(1997), 《21세기 진보운동의 기획》, 문화과학사, 2003, 259쪽.

51 이효재는 김진균을 회고하는 글을 쓰면서 김진균이 자기에게 파슨스의 《사회체계

1970년대 말에 이르기까지 그의 학문적 관심은 우리 사회의 근대화와 합리화라는 주류 사회학의 문제의식에 머물러 있었다.[52] 그러나 김진균은 미국 사회학을 공부하면서도 불만과 회의를 느끼고 있었다. 김진균은 일찍부터 한국 사회학은 한국 사회를 제대로 설명하는 우리의 학문이어야 한다고 생각했다. 그는 이미 1966년에 발표한 〈소아마비 못 면한 사회학〉이라는 글에서 미국에서 수입한 학문인 사회학을 한국 사회에 적합한 학문으로 재창조해야 한다는 문제의식을 다음과 같이 표명했다.[53]

론*Social System*》 영어본을 빌려갔던 일을 적어놓고 있다. 이이효재, 〈앞서 떠나신 김 선생께 보내는 편지〉, 김진균기념사업회 엮음, 《벗으로 스승으로》, 문화과학사, 2003, 137~146쪽. 조돈문은 1970년대 초 김진균이 아직 상대에서 가르칠 때 사회학개론 시간에 파슨스의 기능주의 사회학 이론에 대한 강의를 들었다고 회고했다. 조돈문, 〈계급론자, 연구자·활동가로 살아가기〉, 《경제와 사회》 123호, 2019, 451쪽. 김진균의 근대화론 번역서로는 S. N. 아이젠슈타트, 김진균·여정동 공역, 《근대화: 저항과 변동》, 탐구당, 1972이 있고 그에 대한 비판적 입장의 책인 피터 버거, 김진균 옮김, 《제3세계의 희생: 그 발전과 정치윤리》, 인동, 1980을 번역하기도 했다.

52 김진균이 서울대학교 상대 전임강사 시절 쓴 논문들은 근대화와 합리성의 문제틀 안에 들어 있다. 그의 문제의식은 기업 경영에서 근대적 의식과 규범이 행위자들 속에 어떻게 뿌리내릴 수 있을까였다. 김진균, 〈공업화 과정의 사회에 있어서의 전통과 합리성〉, 《경제논집》 7권 4호, 1968, 49~78쪽; 〈경제행위에 대한 사회학적 접근〉, 《경제논집》 9권 2호, 1970, 83~108쪽을 볼 것. 김진균은 미국 사회학 이론의 흐름에도 관심을 기울였다. 조나단 터너, 김진균 외 공역, 《사회학이론의 구조》, 한길사, 1980 참조.

53 김진균, 〈소아마비 못 면한 사회학〉, 《청맥》 제20호, 1966년 8월, 64~73쪽. 이 글은 김진균, 《비판과 변동의 사회학》, 한울, 1983, 149~160쪽에 다시 실렸다.

한국에서는 사회학이 일천한 외래품이었다. …… 외래품이라 하여 당장 소비할 수 있는 완제품도 아닌 것이고, 마지막 공정을 필요로 하는 부분 완제품도 아닌 것이다. 새롭게 설계되고 제작되어야 하는 기계인 것이다. 따라서 외국의 이론과 방법론이 우리 사회의 이해에 적합성이 있는가 없는가 하는 문제가 처음부터 과제로서 주어졌던 것이다. 이 문제는 한국 사회와 서구 사회의 문화적 차이 및 상황 규정의 차이라는 측면으로부터 제기되고 있다.[54]

1970년대에 들어서도 김진균은 기회 있을 때마다 미국 주류 사회학을 수용하는 방식에 대해 문제를 제기했다. 1979년에 발표한 〈발전과 내생적 변동이론의 필요성〉에서 그는 "외국에서(특히 미국에서) 새로운 학문을 수입할 때 이것을 도구로서 주체적으로 사용하는 것이 아니라, 그 속에 마치 어떤 권위가 있는 것처럼 생각하여 사실에 대한 객관적 관찰과 판단을 포기"하는 한국 학자들의 태도를 비판했다.[55] 이 논문에서 그는 1960년대 이후 한국의 사회과학계가 수용한 근대화론에 대해 다음과 같은 비판적 평가를 남겼다.

우리 한국에 있어서 1960~1970년대에 학계뿐만 아니라 정책의 측면에 있어서도 활발하게 논의되거나 그 이름 밑에 추진되었던 근대화론은 사실 미국의 기능주의 이론에 근거한 신진화론이었다. 신진화론 자체가

---

54   김진균, 《비판과 변동의 사회학》, 154쪽.
55   김진균, 〈발전과 내생적 변동이론의 필요성〉(1979), 《비판과 변동의 사회학》, 141쪽.

이미 역사적 대상물이 없는 순수한 추상적 개념으로 구성되어 무시간적 체계를 제시하고 있으며 분명한 인과적 분석을 제공하고 있지 못하다는 비판을 받고 있을 뿐만 아니라, 근대화론에서 제시되는 개념들이 대체로 애매하다고 비판받고 있다. 사실 이렇게 애매한 근대화론은 문화결정론이며 서구문화 지상주의적이다. 기능주의에 입각한 신진화론으로서의 근대화론은, 합리적 가치의 성숙성과 그 성숙의 척도가 서구적 경험에 의거할진대, 후진국의 입장에서 보면 후진국 사회의 발전론이라기보다는 서구의 산업자본주의가 세계적 체계로 발전해 가는 데 필요로 하는 이론에 불과하다는 것이다.[56]

김진균의 비판적 문제의식은 1983년에 발표한 〈한국 사회학, 그 몰역사적 성격〉에서 더욱 심화되었다.[57] 그에 따르면 한국의 사회과학은 맹목적 반공 이데올로기에 의한 제약, 미국적 이론의 무비판적 수용, 과거의 실상을 은폐하려는 반역사적 세력의 존재로 인해 몰역사적인 '절름발이 학문'이 될 수밖에 없었다.[58]

---

56 김진균, 〈발전과 내생적 변동이론의 필요성〉, 126쪽.
57 김진균, 〈한국 사회학, 그 몰역사적 성격〉, 《한국사회연구 1》, 한길사, 1983, 87~107쪽; 〈80년대 한국 사회과학의 과제〉, 한국산업사회연구회 엮음, 《산업사회연구》 1호, 한울, 1985. 이 글은 수정 보완되어 〈한국 사회과학의 현실적 과제―새로운 학문 공동체를 위하여〉라는 제목으로 《한국사회연구》 5호, 한길사, 1987에 실렸다가 김진균의 저서 《사회과학과 민족현실》, 한길사, 1988에 재수록되었다.
58 김진균, 〈한국 사회과학의 현재적 과제〉(1984), 《사회과학과 민족현실》, 한길사, 1988, 18~19쪽.

이시재는 김경동과 김진균 두 사람의 사회변동론을 비교한 글에서 김경동이 미국 사회학에 기반을 두고 추상적이며 거시적인 발전사회학과 사회변동론을 추구한 반면, 김진균은 미국 사회학으로 시작했으나 제3세계적 관점으로 한국 현실을 비판적으로 인식하면서 '내생적 발전론'을 추구했다고 평가했다.[59] 김진균의 내생적 발전론은 한국 사회의 발전을 구조적으로 제약하는 분단과 종속의 문제를 제기하면서 "통일 지향적이며 민족주의적인 사회학"의 모습을 보여주었다.[60]

1980년대 들어서 과거의 사회학을 버리고 진보적 사회학으로 전환한 김진균은 1998년에 열린 제1회 비판사회학대회에서 기조강연을 통해 지식인의 인식론적 단절과 사회적 책임에 대해 다음과 같이 이야기했다.

지식인의 소임은 징후적 독해, 비판 그리고 인식론적 단절이라고 대략 말할 수 있을 것이다(우리 역사에서 선례는 조선조 후기 실학자 다산 정약용을 들 수 있을 것이다). 인식론적 단절은 기본적 성격으로는 기존 모순의 중첩적 구조에 대하여 해방적 길을 모색하는 이론적 실천이다. 지식인의 인식론적 단절은 치열한 역사의식에서 힘을 얻을 수밖에 없을 것이다. 그리고 인식론적 단절은 학문의 실제 상황에서 이론적 실천, 또는

---

59 이시재, 〈한국 사회학의 발전변동론 연구〉, 《한국사회학》 19집, 1985년 여름호, 49~72쪽.
60 이시재, 〈한국 사회학의 발전변동론 연구〉, 67쪽.

이론적 투쟁을 수반할 것이다.[61]

그렇다면 김진균 자신의 인식론적 전환은 어떻게 이루어진 것일까? 1980년대 들어서 김진균은 한국적 사실에 기초한 한국적 이론을 만들어 한국 사회를 총체적으로 설명하는 한국 사회론의 정립을 자신의 학문적 과제로 삼았다. 그것은 역사적 조건을 무시하고 현재의 단편적 사실 수집과 분석에 몰두하는 실증주의적 경험 연구와 파편적인 한국 근현대사의 사실의 수집과 서술에 머무는 자족적 역사 서술, 구체적 근거 없이 급진화한 추상적 이론에 대한 맹신이라는 세 가지 그릇된 입장을 벗어나 역사적이면서도 현실적이고 이론적인 사회학을 구성하는 것이었다. 1983년에 나온 책의 서문에서 김진균은 이런 문제의식을 다음과 같이 표명했다.

우리는 더이상 뿌리 잃은 무국적 지식인의 대열에 설 수 없다. 60~70년대가 몰아온 사회적 격변 속에서 상아탑의 지적 작업은 어떤 방향으로 흘러갔던가? 안일한 보수적·몰주체적 지식의 홍수 속에서 우리는 역사 현실의 발전을 실천적 요구에 대응하여 적절히 파악하지 못하고 낯선 서구이론의 맹목적 도입에 몰두해 온 것은 아닌가? 또한 이데올로기적 폐쇄성을 탈각하지 못하고 오히려 그 폐쇄성을 내화하여 '반쪽 진리'만에 만족해 온 것은 아닌가? 지금 우리는 이 현실의 내재적 변모를 바라

---

61 김진균, 〈객관적 모순을 인식하는 비판적 안목의 문제〉(1998), 《21세기 진보운동의 기획》, 문화과학사, 2003, 243~244쪽.

보며, '이론적 지체'라고 하는 뼈아픈 고백을 되뇌지 않을 수 없는 것이다. …… 이제 우리의 아카데미즘은 뒤늦게 우리 문제로의 회귀를 단행해야 한다. 그런데 그것은 서구이론을 한국에 무조건 도입, 적용함으로써 현실을 다시 한번 굴절시키는 '왜곡된 추상적 경험주의'에 의해 이루어질 수가 없다. 또한 그것은 골동품을 발굴해내듯 세계사적 보편성을 전제하지 않고 한국의 고유한 사실 그 자체에만 집착하는 '왜곡된 토착주의'에 의해 이루어질 수도 없다. 그것은 우리가 발 딛고 선, '보고 경험하는' 현실 그 자체의 독특한 문제구조를 우리의 주체적 시각에서 해명함으로써 비로소 가능한 것이다. 주체적 시각에서의 문제 파악은 이론적 전망을 천착하지 않고서 특정한 단편적 사실들을 나열한다거나, 우리의 특수한 현실과의 상관성 없이 급진적 이론의 제시만으로 이루어지는 것은 아니며, 오직 '한국적 사실의 새로운 이론적 발전' 위에서 가능한 것이다.[62]

김진균의 비판사회학적 시각은 1985년에 발표한 〈80년대 한국 사회과학의 과제〉를 거쳐 1988년 학술단체협의회 공동 심포지엄에서 기조 발제한 〈민족적·민중적 학문을 제창한다〉에서 더욱 분명한 방식으로 정리되었다.[63]

---

62 김진균, 〈책머리에〉, 《역사와 사회: 제3세계와 사회이론》 1권, 한울 1983, 4~5쪽.
63 김진균, 〈80년대 한국 사회과학의 과제〉, 한국산업사회연구회 엮음, 《산업사회연구 1》, 한울, 1985; 〈민족적·민중적 학문을 제창한다〉, 학술단체공동심포지엄, 《1980년대 한국 인문사회과학의 현 단계와 전망》, 역사비평사, 1988, 13~25쪽.

그가 온건한 비판의식의 단계를 지나 마르크스의 저작에 관심을 기울이고 국가론과 계급론의 관점으로 인식론적 단절을 경험한 것은 1980년대 초중반이다. 김진균은 자신이 걸어온 학문 역정을 정리하면서 자신의 한국 사회 인식에서의 인식론적 단절이 일어나게 된 경위를 다음과 같이 밝혔다.

전통과 근대성을 이해하는 인식 문제로부터 사고가 시작되었다. 현실적으로 합리적이어야 하는 산업조직에서, 혹은 외형적 근대조직체에서 전통적 요소들이 약화되는 것이 아니라 강화 존속되는 문제에 대하여 그냥 '과도기적 현상'이라고 설명하기는 곤욕스러운 것이었다. 이러한 딜레마를 해결하는 단서를 준 것이 70년대 말과 80년대 초기에 도입된 '생산양식'과 한 사회구성체에서도 '생산양식들 간의 결합'이 가능하다는 이론이었다. 즉 자본이 잉여노동을 추출하고 잉여가치를 더 생산하기 위해서는 비非 혹은 전前 합리성을 아주 교묘하게 채택하고 이를 강도 높게 이용한다는 것이다. 이로써 근대화론에서 제거시켜야 한다고 강조된 연고 관계 이것이 우리 역사 문화에서는 가족주의에 근간을 두고 있는 혈연, 지연 그리고 나중에 이 성격으로 전환한 '학연'이 경제발전계획에 의하여 성장하고 있는 대기업 구조에 자리 잡고 있었던 것이다. 이 연고 관계는 기업이 자본의 효율성 제고에, 즉 노동자를 전통적 연고 관계로 통제하는 체제로 발전하였다. 이것이 정치적으로 병폐가 된 '지역주의'로 전화 발전되었다. 이 연고주의를 해결하는 문제를 인식하기 위해서는 다른 사회적 관계의 설정을 인식해야 했다. 여기에 우리가 80년대 초반에 '계급'이라는 개념을 채택하게 되는 배경이 있다. 한국 사회는 국가 전체 수준에서 자본주의가 군사독재체제와 더불어 발전하여 내부적으로 계급분화가 격심하게 진행되고 정치적 갈등이 성장하고 있는데, 이의 분출을 억제하는 방식으로 연고주의적 통제방식과 군사주의와 국가보안법을 이용한 반공 이데올로기가 서로 융합하여 사회 전반에 걸쳐 억압구조를 만들어내었다. 연고주의 연줄망의 결속적 힘이 계급구조 전반을 횡단하여 지배하였다. 노동자 민중의 삶을 제고하고 민주화를 진행하자면 이 세 가지 억압 축을 전복시키는 인식방법과 운동 방향을 추구해야 했다. 우선은 계급의식이 사회 전반에 횡단해서 보편화되어야 한다고 보았다(이것은 강단이나 학계에서만의 이론적 투쟁이 아니라 사회 전반에 걸쳐서 지식을 규정하는 이데올로기 투쟁을 수반하는 것이기도 하다).[64]

이런 인식론적 전환은 광주항쟁 이후 1980년에서 1984년까지 그가 해직교수 생활을 할 때 일어났다. 제자들과 '상도연구실'에서 공동 연구를 진행하던 그 시절 김진균은 대학 캠퍼스 안에서 벌어지는 학생운동과 캠퍼스 밖에서 벌어지는 다양한 민주화운동, 노동운동을 지켜보면서 기존 체제 유지에 기여하는 보수적 사회학과 결별하고 체제 변혁을 지향하는 진보적 사회학으로 자신의 학문 세계를 전환시켰다.

'진보사회학'은 남한 사회의 자본주의적 모순을 분석하는 한편 분단과 통일 문제를 문제의식의 틀 안에 포함시켰다.[65] 민중과 계급의 차원

---

64 김진균, 〈마지막 강의〉, 《불나비처럼》, 문화과학사, 2005, 170~171쪽.
65 지금은 '비판사회학'이라는 명칭이 일반화되었지만 1998년 산업사회학회가 비판

에서 자본주의의 발전에 따른 노동계급의 성장에 주목하면서 분단과 통일 문제를 다루기 위해서는 '한국 사회'에 남한만이 아니라 북한까지 포함시켜야 한다고 주장했다.[66] 1988년 6월 한국사회학회가 주관하고 12명의 학자가 자신의 견해를 밝힌 '한국 사회학 어디로 가는가'라는 제목으로 열린 심포지엄에서 김진균은 자신이 추구하는 진보사회학의 입장을 다음과 같이 밝혔다.

> 민중 지향성은 원칙적으로 현존 종속적 질서에 대립하는 민족적 자주 질서로의 지향을 의미하고 그 종속적 질서로부터 민중에 대한 수탈에 대립하는 민중적 경제 질서로 지향하는 것을 의미한다. 즉 민중성의 내포야말로 계급성과 민족성을 올바르게 포괄하는 것이며, 이러한 원칙을 구체화해 가는 것이 민족·민중지향적 학문의 정립이라고 여겨진다.[67]

김진균은 진보사회학의 구체적 형태인 민족·민중사회학을 제대로 전개하기 위해 그동안 외국에서 수입되어 한국 사회학계의 주류를 형

사회학회로 개칭하기 전에는 비판사회학이라는 용어보다 '진보사회학'이라는 명칭이 널리 쓰였다. 학회 명칭을 바꾸는 과정에서 유팔무는 '진보사회학회'를 제시했고 조희연은 '비판사회학회'를 제안했는데 다수결로 '비판사회학회'로 결정되었다. 2020년 1월 18일 비판사회학회, 유팔무 증언.

66 홍성태, 《김진균 평전—민중을 위한 학문과 실천의 삶》, 124~125쪽.

67 김일철(사회), 배용광, 황성모, 김진균, 박영신, 조형, 정창수, 김성국, 이각범, 최석만, 김미숙, 김용학, 박명규, 〈심포지엄 보고: 한국 사회학 어디로 가야 하나〉, 《한국사회학》 22집, 1988년 여름호, 7쪽.

성한 미국 주류 사회학 이론과 가치중립적인 실증주의 연구방법에 대한 철저한 반성이 필요하다고 생각했다. 그는 "기존 학계에서 이때까지 전문적 학문 또는 개별 분과학에서 자라왔고 또 거기에서 기득권을 옹호하고 있는 소위 전문적이라는 편협된 방법론을 극복해서 민족·민중 지향 학문은 역사와 사회구성에 총체적 접근 가능성"을 열어가야 한다고 주장했다.[68] 그러기 위해서는 미국을 중심으로 한 서구에서 수입된 기존의 이론과 시각을 민족·민중적 관점에서 검토하고 폐기할 것은 빨리 폐기해야 한다고 주장했다.

우리가 민족·민중 지향적 학문을 추구한다는 것은 기존 이론들이 갖고 있는 '가치로부터의 자유'가 어떤 성격을 갖고 있느냐, 달리 표현하면 어떤 가치를 전제로 해서 어느 만큼의 자유를 누리고 있느냐 하는 것부터 검토하게 된다. 우리 학계에는 많은 이론 내지 시각이 들어와 있으나, 이러한 이론들이 우리 민족사회가 부닥치고 있는 문제를 어떻게 이해하게 했는가, 자본주의의 모순이나 분단에서 오는 모순을 정면으로 대결하게 하거나 그것을 과학적으로 이해하게 했는가, 그리고 '속물' 실증주의가 얼마나 우리를 소모케 했는가 하는 물음부터 던져야 할 것이다.[69]

68　김진균의 비판사회학은 1988년 학술단체연합심포지엄에서 기조연설로 공식화되었다. 김진균, 〈민족적·민중적 학문을 제창한다〉, 학술단체연합심포지엄 준비위원회 편, 《80년대 한국 인문사회과학의 현 단계와 전망》, 역사비평사, 1988, 13~25쪽.
69　김일철(사회), 배용광, 황성모, 김진균, 박영신 외, 〈심포지엄 보고: 한국 사회학 어디로 가야 하나〉, 207쪽.

3.

김진균
비판사회학의 전개

1. 김진균의 한국 사회 인식

김진균은 1980년 해직 후 나름의 '한국적 사회론'을 본격적으로 추구
했다. 그것은 실학의 전통을 계승하여 한국 현실에 개입하면서 실천적
지식을 구성하는 작업으로 나타났다. 이미 1977년 《진단학보》에 〈박
지원의 사회학적 안목에 관하여〉라는 논문을 발표한 바 있던 김진균은
1980~1984년 해직 기간에 타 분야 학자들과 함께 꾸린 '다산연구회'
활동에 참여하면서 정약용의 실학사상을 연구하게 되었다.[70]

그는 다산연구회 활동을 통해 박학博學, 심문審問, 신사愼思, 명변明辯,

---

70 홍성태, 《김진균 평전―민중을 위한 학문과 실천의 삶》, 332쪽. 김진균, 〈박지원의
 사회학적 안목에 관하여〉, 《진단학보》 제44호, 1977, 81~94쪽. 이 글에서 김진균은
 박지원의 저서에 나타나는 '사회적 관계의 구조'와 '발전론적 관점'을 정리했다.

독행篤行이라는 학문적 태도를 자신의 것으로 수용하여 늘 넓게 읽고, 깊이 질문하고, 신중하게 생각하고, 명확하게 말하고, 독실하게 행동하는 삶을 지향했다.[71] 김진균은 실학사상 연구를 주체적 '토종 사회학' 구성을 위한 지적 자원으로 생각했다. 주체적 학문을 이루기 위해서는 먼저 학자의 주체성이 필요하다. 김진균은 학문과 학자의 주체성에 대해 다음과 같은 생각을 밝혔다.

'문제'를 빌려온다고 '해답'까지 빌려오는 것은 노예나 할 것이라고 한다. 그렇게 공부하고 그렇게 자란 자는 노예밖에 되지 않을 것이다. 자기의 문제를 풀어갈 '눈'과 '생각'과 '능력'이 없기 때문이다. 학문은 학문 자체만의 논리에 따라 발전하는 것은 아니다. 학문을 하는 사람과 학문이 작용하게 되는 그 사회의 작용 요소들 사이에 어떤 관계가 있느냐에 따라 학문의 성격, 발전 방향과 수준이 달라질 수 있다. …… 다시 한번 우리는 우리 학문의 주체성을 세우는 일, 그 기초를 닦는 일을 생각하자. 문제 해결의 힘을 '외세'에서 찾지 말고 안에서 질곡을 지고 가는 사람들의 힘을 살려내는 데서 찾아가야 할 것이 아닌가? 이것은 '개항' 이후 적실하게 가르쳐주고 있는 역사적 교훈이다. 다시 돌아가서 생산과정과 통신과정이 급격히 국경을 넘나드는 상황에서 우리는 우리의 두뇌를 길러나가야 할 것이다. 우리 역사를 주체적으로 결정할 수 있는 조건과 방법을 찾아나가야 할 것이다. …… 학문의 연원을 외국의 사례만 준거로

---

71   김진균, 《한국의 사회현실과 학문의 과제》, 문화과학사, 1997, 9쪽.

드는 일이 사라지도록, 우리의 연구실적을 쌓아서 거기서 주를 달아갈 수 있도록 해보자. 그리고 우리 이야기를 바깥세상에 우리 목소리로 하도록 해보자.[72]

김진균이 실학을 통해 구상한 이상적인 사회는 '상자이생相資以生의 대동사회大同社會'로 응축된다.[73] 그는 화이부동和而不同과 상자이생이라는 사상을 통해 현대 사회의 문제를 해결할 수 있는 실마리를 찾고자 했다. 김진균은 상자이생의 사회관을 다음과 같이 제시했다.

조선조 18세기 말 19세기 초 미래를 기획하고자 했던 일군의 실학자에 의하여 명쾌한 명제가 제시되었다. 오행五行은 모두 하늘이 부여한 것이고 땅이 비축한 것인데 어느 하나가 다른 것을 낳았다는 의미에서 상생相生이 아니라 상자相資함으로써 생한다. 각 물질을 다른 물질의 자원이되게 함으로써 상생한다는 것이다. …… 사람들이 이 각 물질을 자기 이익에만 전용한다면 후생, 상생을 해 갈 수가 없다고 지적하였다. 실학자들이 제시한 민물民物이 상자함으로써 상생한다는 명제는 신분제에 의한 모순을 극복하고 새로운 사회를 구상하는 단초였다고 생각한다.[74]

---

72 김진균, 〈우리 학문의 발전에 대하여〉(1991), 《한국의 사회현실과 학문의 과제》, 문화과학사, 1997, 134·141~142쪽.
73 홍성태, 《김진균 평전—민중을 위한 학문과 실천의 삶》, 304쪽. '상자이생'이라는 말은 박지원의 《연암집》에 나오는 말이다.
74 김진균, 〈자본과 근대국가에 내재한 폭력을 넘어 정의를 추구하기 위하여—상자이생을 검토함〉(2001), 《21세기 진보운동의 기획》, 문화과학사, 2003, 62쪽.

3부   - 243 -   김진균의 민중·민족사회학

김진균의 실학사상 연구는 1980년대 이후 한국 사회 연구의 기초가 되었다. 그는 1980년대를 두 가지 의미에서 '위대한 각성의 시대'이자 '새로운 실학'의 시대로 파악했다.[75] 하나는 우리의 근현대사 연구, 특히 그간 억압되었던 사회주의 운동사에 대한 연구가 시작되었다는 것이고 다른 하나는 냉전과 분단으로 인해 금기시되었던 마르크스주의 이론의 도입이었다. 이와 같은 학계의 획기적 변화는 한국 사회의 민주화와 변혁을 위한 사회운동의 진전과 연계되어 있었다.[76] 김진균은 한국 현대사를 분단체제와 자본주의 체제의 결합으로 보고 1980년대를 그런 체제가 낳은 한국적 모순이 표출되는 시기로 파악했다.

한편으로 분단을 구조적 조건으로 하여 동시에 발전해 온 자본주의는 한국 역사의 특수성이라는 통로를 통과하면서 자본주의 자체의 한국적 모순을 잉태 산출하고 있는 것도 우리의 목전에서 일어나고 있는 사실이다.[77]

그는 1987년 민주화 이후 민중 친화적인 민주정권이 바로 들어서지 못하는 이유를 분단과 반공체제로 설명했다. 민주화 이후에도 "반공이

---

75 김진균, 〈자유를 위한 개혁을 꿈꾸며〉, 《문화과학》 199년 겨울호, 99~100쪽.

76 김진균, 〈1980년대: 위대한 각성과 주체 형성의 시대〉(1999), 《진보에서 희망을 꿈꾼다》, 박종철출판사, 2003, 70~71쪽.

77 김진균, 〈한국 사회과학의 현재적 과제〉(1984), 《사회과학과 민족현실》, 한길사, 1988, 18~19쪽.

라는 요소와 남북 상호 배제적 체제의 깊고 긴 역사가 우리의 민주화 발전과 통일된 민족적 발전의 발목을 붙잡고" 있기 때문에 민중적 개혁이 지연되고 있다는 것이다.[78] 김진균은 노태우 정권 등장 이후의 한국 사회를 다음과 같이 분석했다.

'6월 민중항쟁'의 승리는—비록 그것이 불철저하고 부분적인 것이었다 하더라도—민중에게 커다란 정치적 자신감을 불어넣었고, 바로 그것이 독점세력과 민주세력 간의 역관계를 크게 역전시키는 동력이었다. ······ 노 정권에 들어와 나타나고 있는 제반 변화는 지배체제·세력의 본질은 변화하지 않은 가운데 그 형식과 부분적인 내용만이 변한 것이라고 할 수 있다. 결국 현재의 변화의 본질은 한국 사회를 지금까지 지배해왔던 지배세력(독점자본·국가·외세)이 민중 역량의 고양과 지난날의 지배체제의 부분적 붕괴 또는 약화에 즈음하여, 자신들의 지배력과 핵심적 이해를 유지, 확보하면서 민중의 요구를 일부 축소·변형된 형태로 수용함으로써 궁극적으로는 자신들의 지배의 본질을 유지하면서도 민중 진영의 일부 동요하는 중간층을 분리, 견인함으로써 오히려 자신들의 헤게모니를 강화하려고 하는 이른바 '개량화' 전술의 산물임과 동시에 현실의 변화를 요구하는 거역할 수 없는(그러나 구지배세력·체제를 일거에 타파할 만한 역량에는 이르지 못한) 민중세력의 요구와 투쟁이 쟁취해낸 부분적인 전과이기도 하다고 해야 할 것이다. 그러나 무엇보다도 중요한

78 김진균, 〈레드 테이프: 반공의 사회적 기계장치〉(1998), 《진보에서 희망을 꿈꾼다》, 박종철출판사, 2003, 35~36쪽.

것은 이러한 변화를 이끌어낸 기본적인 동력은 민중의 요구와 힘이었다는 점이다.[79]

이에 따라 김진균은 분단 현실의 규명, 자본주의 사회의 계급구조 분석, 사회적 모순을 해결하기 위한 주체 형성을 한국 사회과학의 주요 과제로 설정했다.[80] 그러한 분석에 따라 김진균의 민족·민중 지향적 사회학은 다음과 같은 행동 지향성을 갖게 되었다.

이제 이론적으로나 실천적으로나 민족주의 문제와 자본주의 문제가 각각 서로 다른 운동 논리에서가 아니라 같은 바퀴의 운동으로 이해되어야 한다. 따라서 분단극복의 통일운동과 민주노동운동에 기초하는 민주화운동은 통일된 차원에서 결합되고 규명되어야 할 것이다.[81]

79　김진균, 〈남한의 독재정권과 독점재벌의 구조적 성격〉, 《사회과학과 민족현실 2》, 한길사, 1991, 232~234쪽. 위의 인용문은 운동권 사이에 유통되던 정세분석 팸플릿과 같은 분위기의 문체로 쓰였는데 실제로 김진균이 쓴 글인지 아니면 다른 사람이 쓴 글을 김진균이 읽고 동의하여 자기 이름으로 발표한 것인지는 분명하지 않다. 김진균의 이름으로 발표된 글들의 문체를 정밀하게 살펴볼 필요가 있다.

80　그런 문제의식을 가진 학자들의 공동체가 그가 말하는 '새로운 학문공동체'였다. 김진균, 〈한국 사회과학의 현재적 과제〉(1984), 《사회과학과 민족현실》, 한길사, 1988, 26쪽.

81　김진균, 〈책을 내면서—민족·민중지향의 이론화 전력을 위하여〉, 《사회과학과 민족현실 2》, 한길사, 1991, 3~4쪽.

그는 계급관계를 사회의 기초적 관계로 보면서 노동계급의 연대를 강조했다.[82] 1997년 1월의 총파업 과정에서 김진균은 노동계급 내부의 연대가 갖는 중요성을 다음과 같이 강조했다.

이번 총파업은 임금노동자 모두가 산업과 업종을 넘어서, 그리고 중간 계급이나 넥타이 부대라는 껍질을 벗고 정치적으로 하나의 '노동자 계급'임을 자각하고 선언한 것이라고 평가해도 좋을 것이다.[83]

김진균은 민주노동운동을 적극적으로 지지하는 한편 노동자와 민중을 대변하는 독자적인 진보정당 구성을 위해 노력했다.[84] 진보정당이 있어야 민중을 위한 복지정책의 확대 강화가 가능했기 때문이다. 김진균은 세계화, 유연화, 고령화, 저출산 등의 사회 전반적 추세를 감지하고 30년 뒤를 대비하는 개혁이 필요하다고 생각했다. 한국 사회가 급격하게 다가오는 사회 해체 상황을 피하려면 노인, 어린이, 여성이 차별 없이 통합되는 사회보장제도의 확립과 고용안정과 실업에 대한 대책 마련이 시급하다고 주장했다.[85] 김진균은 그런 생각을 바탕으로

---

82 김진균, 〈연대는 삶과 운동의 기초〉(1997), 《진보에서 희망을 꿈꾼다》, 박종철출판사, 2003, 148쪽. 김진균, 242~244쪽.

83 김진균, 〈운동은 중층적이고 받드는 골격은 계급관계이다〉(1997), 《진보에서 희망을 꿈꾼다》, 148쪽.

84 2000년 창당한 민주노동당 강령에는 "민주노동당은 노동자와 민중의 투쟁에 늘 함께하고, 투쟁의 성과를 정치권력의 장에 확장시킨다"라는 문구가 나온다.

85 김진균, 〈한국의 정체성을 위하여〉(1977), 《21세기 진보운동의 기획》, 문화과학사,

2000년 '민주노동당' 창당을 적극 지원했다.

2. 김진균의 계급론과 민중론

김진균은 일찍부터 "현실적으로 합리적이어야 하는 산업조직에서, 혹은 외형적 근대조직체에서 전통적인 요소들이 약화되는 것이 아니라 강화 존속되는 현상"을 사회학적으로 이해하기 위해 고심했다.[86] 그러다가 1970년대 말 1980년대 초 '생산양식 접합론'으로 이 딜레마를 해결했다. 즉 자본이 더 많은 잉여가치를 생산하기 위해 전근대적 비합리성을 보존하고 이용한다는 것이다. 근대화론에 따르면 혈연, 지연, 학연 등의 연고주의는 근대화가 진행될수록 약화되거나 소멸할 것으로 예상되었다. 그러나 한국 사회에서 전근대적 연고주의는 자본의 경제 논리에 의해 대기업 구조 안에 그대로 자리잡고 자본의 효율성 제고에 기여하고 있으며 정치적 차원에서는 '지역주의' 정치로 지속되고 있다는 설명이다.[87] 김진균은 계급론으로 연고주의 문제를 극복할 수 있기

2003, 77~78쪽.

86 김진균, 〈마지막 강의〉(2002), 《불나비처럼》, 문화과학사, 2005, 169~173쪽.

87 김진균의 '연줄 결속체' 개념을 보기로 삼아 사회이론 구성 방법을 논의하고 있는 이기홍, 〈사회현실과 사회이론: 김진균의 '연줄 결속체' 개념을 범례로〉, 산업사회연구회 편, 《사회이론과 사회변혁》, 한울, 2003, 228~248쪽 참조.

를 기대했다.[88]

한국 사회는 국가 전체 수준에서 자본주의가 군사독재체제와 더불어 발전하여 내부적으로 계급분화가 격심하게 진행되고 정치적 갈등이 성장하고 있는데, 이의 분출을 억제하고 있는 방식으로 연고주의적 통제방식과 군사주의와 국가보안법을 이용한 반공 이데올로기가 서로 융합하여 사회 전반에 걸쳐 억압구조를 만들어냈다. 연고주의, 연줄망의 결속적 힘이 계급구조 전반을 횡단하여 지배하였다. 노동자 민중의 삶을 제고하고 민주화를 진행하자면 이 세 가지 억압 축을 전복시키는 인식방법과 운동방향을 추구해야 했다. 우선은 계급의식이 사회 전반에 횡단해서 보편화되어야 한다고 보았다.[89]

김진균은 1980년대에서 1990년대에 걸쳐 한국의 자본주의를 분석하고 민주화와 통일을 위한 주체 형성에서 남한의 노동계급과 노동운동이 중심 역할을 할 것을 기대했다. 그러나 1990년대 말로 가면서 '계급'보다 포괄적인 의미를 지니는 '민중' 개념을 다시 사용하게 된다. "자본주의의 지배가 지구 전역에서 전일화된 상황에서 자본에 의해 배

---

88 "80년대 봇물을 이룬 계급과 불평등에 관한 논의는 그 이후 여러 분야로 논의가 확대되어 한국 사회과학의 혁신을 이룬 모태가 되었다." 신광영, 〈한국 계층과 계급연구사〉, 이화여자대학교 한국문화연구원 편, 《사회학 연구 50년》, 혜안, 2004, 128쪽.
89 김진균, 〈마지막 강의〉(2002), 171쪽.

제되는 실업자와 자본에 의해 착취되는 여성, 아동 등을 모두 포괄하는 개념으로서 민중 개념의 중요성을 강조했던 것이다."[90] 2002년 서울대 사회학과 퇴임기념 강의에서 그는 자신의 소신을 다음과 같이 밝혔다.

나는 민중과 계급 개념을 지금도 폐기시키지 않고 있다. 아직 자본주의는 전 지구적으로 획일화되고 있고 불안정 노동이 확산되고 있으며 남북통일의 과제에 있어 이 개념들이 유효하다고 생각하기 때문이다.[91]

3. 김진균의 사회운동론

김진균의 계급론과 민중론은 사회운동론으로 이어진다. "정의를 추구하는 저항은 일단 기층민중의 삶에 기초하여 생성한다"고 전제한 그는 "인간은 운동함으로써 존재한다"는 명제를 노동운동을 비롯한 기층민중운동 연구를 통해 논증했다.[92] 김진균은 사회변동론 강의에서 사회운동론을 부분적으로만 다루다가 1998년 '사회운동론' 강좌를 처음으로 개설했다. 그는 사회운동을 다음과 같이 정의했다.

---

90 홍성태, 《김진균 평전—민중을 위한 학문과 실천의 삶》, 294~295쪽.
91 김진균, 〈마지막 강의〉(2002), 172쪽.
92 김진균, 〈마지막 강의〉(2002), 11쪽.

사회운동은 정의正義에 대한 어떤 이미지로써 기존 구조를 파괴 내지 개혁해서 새로운 구조로 전환시키고자 하는 사람들의 조직적인 힘의 움직임이다. 사회의 여러 수준에서 그리고 여러 영역에서 결집의 규모에 따라 사회운동의 형태, 지향성, 효과가 다를 수 있다.[93]

김진균의 사회운동 연구는 정의를 추구하는 기층민중의 삶에 대한 공감으로부터 출발한다.

사회운동은 객관적으로 기술되고 분석되어야 하지만 한국에서는 적어도 100년을 지내면서 공동체의 정의를 위해 숱하게 목숨을 바쳐 희생한 헌신자들에 대한 가슴 시린 애정을 갖지 않고는 제대로 연구될 수 없다고 생각한다. 사회운동은 거시적인 구조적−역사적 안목에서 조망되어야 하지만 운동에 참여한 사람들, 그 주체들, 그들의 꿈과 소망과 좌절과 희생을 생각하지 않고 그냥 대상으로만 삼아 분석할 수 없다고 생각한다. 그들이 이룰 수 있었던 조건들과 좌절된 조건을 면밀히 검토하고 이해함으로써 그들의 역사적 소임을 알아낼 수 있다고 본다.[94]

김진균은 사회운동에서 지식인이 차지하는 위치를 중요하게 생각했다. 그는 진보적 지식인의 주요 구성 인자인 비판의식을 지닌 교수들이

---

93 김진균, 〈머리글: 사회운동을 분석하는 방법〉, 김진균 편저, 《저항, 연대, 기억의 정치 1》, 문화과학사, 2003, 8~13쪽. 인용은 4쪽.
94 김진균, 〈머리글: 사회운동을 분석하는 방법〉, 13쪽.

민중과 결합할 때에만 자신이 생산한 지식을 가장 의미 있게 활용할 수 있다고 보았다. "교수가 가질 수 있는 전문적 지식이 정보로 유통되어 그것이 민주화의 토대로 전환되는 것은 공동체라는 하나의 울타리에 융합하는 민중의 주관적 창의성과 결부될 때"라는 것이다.[95] 김진균은 진보적인 교수들을 규합하여 '민주화를 위한 교수협의회'(민교협)를 구성하여 자본과 권력을 지지하고 그로부터 이익을 얻는 어용지식인들과 구별되는 민중에 대한 '유기적 지식인' 역할을 자임했다.[96]

김진균은 2002년 정년퇴임 이후 사회운동론과 관련하여 두 편의 중요한 논문을 발표했다. 〈지식인—인식론적 단절과 사회운동〉과 〈사회운동의 새로운 과제〉라는 글이 그것이다. 전자는 《진보평론》 15호(2003년 봄호)에 발표되었고 후자는 그해 6월 5일에 열린 '6월항쟁 기념토론회'에서 발표한 것이다. 전자에서 그는 민중 세상을 만드는 일에 나선 지식인이 유지해야 할 독자성을 다음과 같이 강조했다.

미래를 인식하는 지식인은 민중의 삶에서 인식론적 단서를 찾을 수밖에 없다고 본다. …… 이 인식론적 단절은 정치적 진영 안에서는 진행되기 어렵다. 진보적 정치세력이 사회적으로 자리를 잡는다고 해도 기본적이

---

95 김진균, 〈한국 사회변동과 민교협〉(1997), 260쪽.

96 김진균은 민교협의 의미에 대해 다음과 같이 썼다. "민교협은 민중에 대해 그람시가 말한 '유기적 지식인'임을 자임한 셈이다. 민중운동 진영에서 본다면 자본과 지배 블럭에 기능적으로 동원되고 있는 거대한 지식층이 각계각층에 포진하고 있는 데 비해, 민중들에게 유기적으로 결합하고 연대하는 지식인 집단은 오직 민교협뿐임이 드러나는 것이었다." 김진균, 〈한국 사회변동과 민교협〉(1997), 254쪽.

고 급진적인 인식을 담당하는 지식인은 독자적인 위치를 찾을 수밖에 없을 것이다.[97]

그는 지식인으로서 진보적 사회운동을 강화하고 그것의 정치세력화를 위해 노력했지만 앞의 논의에서 보듯이 지식인은 진보정치인으로 변신해서는 안 되고 끝까지 독자적인 위치를 지켜야 한다는 입장을 유지했다. 두 번째 논문 〈사회운동의 새로운 과제〉에서 그는 '연대'의 가치를 다음과 같이 강조했다.

연대는 인간의 삶 자체의 존재론적 근거이기도 하고, 따라서 사회가 형성되고 역사와 문화를 지속하는 근거이기도 하지만, 사회운동의 기반이기도 하다. 이 연대는 사람이 다른 사람의 고통을 자기의 것으로 감내하는 자세에서 나온다. 연대가 강하면 강할수록 민주화의 전망은 밝은 것이다.[98]

김진균의 사회운동론은 미국식 집합행동론이나 자원동원론과는 거리가 멀고 오히려 사회사적 접근에 가깝다. 갑오농민전쟁, 3·1독립운동, 4월혁명 경험, 80년대 초 대중운동, 87년 민주화 및 노동자 대투쟁

---

97 김진균, 〈지식인—인식론적 단절과 사회운동〉(2003), 《한국 사회와 평화》, 문화과학사, 232쪽.
98 김진균, 〈사회운동의 새로운 과제〉(2003), 《한국 사회와 평화》, 문화과학사, 2005, 237~238쪽.

으로 이어지는 한국에서의 사회운동 연구는 한국의 근현대사 연구와 궤를 같이한다. 그렇기에 김진균은 한국 사회운동 연구의 심화를 위해서는 사회운동의 전개와 관련된 기초자료의 광범위한 수집을 강조했다. 그는 《전노협백서》, 《민교협 10주년 백서》, 《서울대학교 교수 민주화운동 50년사》 등을 발간하는 일에 적극적으로 관여했고 1997년 네 차례에 걸쳐 발간된 《전노협백서》의 초안을 꼼꼼히 검토하기도 했다. 그는 사회운동에 참여한 사람들이 활동 기록을 남기는 일의 중요성을 다음과 같이 강조했다.

어떤 사건이 어떻게 발생하고 어떻게 귀결되었는가를 인물과 활동의 기록으로 정돈하면서 사건 사전도 만들어야 한다. 이 두 가지는 운동사의 기초자료가 될 것이다. 그렇기 때문에 활동가들은 스스로 자기의 활동을 기록으로 남겨야 한다. 이 일을 하지 않고는 어떤 기초자료도 충실히 마련했다고 할 수 없을 것이고, 이런 기록이 있어야 활동이나 사건의 동기와 배경을 이해할 수 있을 것이다. 사건의 표피적 기록만 남긴다면 그것은 사후의 귀결만 기록하는 것이 될 것이고, 그 동기와 활동 내용은 폐기되기 쉽다.[99]

김진균은 자신의 활동에 대한 자료의 축적도 중요하게 생각했다. 그는 2002년 서울대에서 마지막 강의를 마치고 돌아오는 길에 "나의 모

---

99 김진균, 〈노동운동의 연구를 위한 기초자료 구축을 위하여〉(2001), 《진보에서 희망을 꿈꾼다》, 박종철출판사, 2003, 196쪽.

든 자료가 한 곳에 구축되도록 해서 (후학들과 젊은 활동가들이) 밟고 지나가는 길에 뿌려지도록 해야겠다"는 기록을 남겼다.[100]

4. 김진균의 역사사회학

윤정로는 1997년 영문으로 발표한 논문에서 '한국적 사회학'을 대표하는 학자로 최재석, 신용하, 박영신을 들었다.[101] 그들은 모두 한국 사회를 역사사회학의 관점에서 이해하려고 노력한 학자들이었다. 거기에 김진균을 추가할 수도 있을 것이다. 김진균은 비판사회학자로서 정치경제학적 계급분석을 중시했지만 한국 사회학의 몰역사성을 비판하면서 한국 근현대사에 깊은 관심을 지니고 있었기 때문이다. 흔히 서울대학교 사회학과에서는 사회사를 전공한 학자들을 '신용하 사단'이라고 부르는 경향이 있다. 1980년대에서 1990년대에 이르기까지 서울대학교 사회학과에서 사회사를 전공한 학자들의 지도교수가 신용하였기 때문이다.[102]

---

100 김진균, 〈마지막 강의〉, 《불나비처럼》, 문화과학사, 2005, 173쪽.

101 Yoon Jeong-ro, "In Search of identity in Korean Sociology", *Contemporary Sociology*, Vol. 26, No. 3, 1997, pp. 308~310.

102 신용하의 《독립협회연구》(1976)는 사회학자들에게 근대 한국 사회사 연구의 시발점이 되었다. 신용하 이후의 다음 세대 연구자들은 사회사 연구의 분야와 시기를 확장시켰다.

그러나 김진균은 자기 나름의 사회사 연구를 진행했다. 그가 정근식과 함께 엮어서 펴낸 《근대주체와 식민지 규율권력》(1997)은 2000년대에 들어서 사회사 연구자들이 식민지 시대를 연구하는 계기가 되었다. 김백영, 정준영 등 다음 세대의 역사사회학자들은 김진균이 제시한 '규율권력'의 문제의식을 공유하면서 식민지 시대의 도시, 대학, 신여성, 시장, 검열, 통계, 의료, 주민등록, 소수자, 디아스포라 등의 영역으로 연구 주제를 확대했다. 최근 들어서는 해방 이후 한국전쟁을 거쳐 박정희 시대까지 연구 대상에 포함되면서 탈식민, 냉전, 전쟁, 학살, 기억, 가족, 인권 분야의 연구 성과들이 나오고 있다.[103]

서울대학교 사회학과의 신용하와 김진균을 원류로 하는 한국 사회사 연구의 두 흐름은 《사회와 역사》라는 한국사회사학회의 학술지를 중심으로 하여 합류하는 모습을 보이고 있다. 학맥으로 볼 때 김진균의 영향과 신용하의 영향은 하나로 수렴되기도 한다. 예컨대 정근식은 김진균의 제자이면서 동시에 신용하의 제자이기도 하다.[104] 신용하와 김진균 두 사람 다 국내 수학을 강조하면서 외국 이론의 적용보다는 한국 현실에 바탕으로 둔 이론 구성을 주장했다는 점에서 공통점을 지닌다. 서구에서 수입된 학문으로서의 사회학을 우리 실정에 맞는 학문으로 만들기 위해서는 한국 현실에서 출발해야 한다는 두 사람의 주장은 다

---

103 김백영·김민환·채오병 외, 〈한국 사회사, 역사사회학의 미래를 말한다—사회사·역사사회학 신진연구자 집담회〉, 《사회와 역사》 100호, 2013, 140~141쪽.

104 정근식은 자신이 신용하와 김진균 두 사람으로부터 학문적 영향을 거의 비슷한 비중으로 받았다고 말한 바 있다.

음 세대로 이어져 하나의 학풍을 만들고 있다. 신용하의 제자 박명규의 지도를 받은 제3세대 역사사회학자 김백영은 자신의 학문적 이력을 이렇게 요약했다.

처음 나의 관심은 급진적인 철학과 이론이었는데, 점차 서구에서 수입된 사상이나 이론으로는 내가 추구하는 한국 사회에 대한 학문적 해답을 찾을 수 없다고 생각하게 되면서 사회학의 보편 이론보다는 한국 사회의 장기 거시적 변동론에 관심을 갖게 되었다. 때문에 주변 사람들과 논쟁도 많이 했는데, 그 과정에서 소박한 수준에서의 '학문적 홀로서기'가 시작되었던 것 같다. …… 1994년 서울대에 부임하신 박명규 선생님의 첫 지도 학생으로 마르크스와 브로델 두 거장의 역사이론에 대한 비교 연구로 석사논문을 썼는데, 김진균, 신용하 '두 거인' 선생님께 심사를 받았던 기억은 아직도 생생하다. …… 1996년 유학을 택하지 않고 서울대 박사과정의 길을 선택하면서 한국 사회를 연구하는 역사사회학자로서의 길을 걷겠다는 결심은 확고해졌다. 겁 없이 과감한 문제 제기를 담은 박사논문을 쓸 수 있었던 것은, 2002년 불과 1년간이었지만 일본에 직접 가서 공부했던 경험이 결정적이었다. 그렇지 않았다면 아마 내 성격에 감히 민족주의 사학의 도그마에 도전하는 입론을 세우기는 어려웠을 것이다. 그 과정에서 나는 익숙한 사회학 이론의 담론 세계로부터 벗어나 역사학, 도시학, 건축학, 일본학 등 낯설고 생소한 자료의 밀림과

담론의 미로 속을 한참이나 혼자서 헤매고 돌아다녀야 했다.[105]

정근식과 김백영의 경우에서 볼 수 있듯이 김진균은 신용하와 함께 서울대 출신 사회사 연구자들에게 학문적 영감을 부여하는 학문적 준거점이었다.

5. 김진균의 방법론적 세계주의

김진균은 민족·민중사회학을 주장했지만 그렇다고 그의 시야가 국내에 한정된 것은 아니었다. 자본주의의 전 지구적 전개에 관심을 기울였던 김진균은 1990년대 초부터 민주노동운동의 국제연대를 주창했다. 민주노동운동이 자본의 세계화에 맞선 노동의 세계화를 적극적으로 추진해야 자신을 지키고 운동의 발전을 이룰 수 있다는 입장이었다.[106] 그는 한국의 노동운동이 세계화에 맞서는 대안운동의 성격을 가져야 한다고 주장했다. 한국의 민주노조는 "이제 IMF에 대응하는 것으로서의

---

105 김백영·김민환·채오병 외, 〈한국 사회사, 역사사회학의 미래를 말한다─사회사·역사사회학 신진연구자 집담회〉, 116~118쪽.

106 홍성태, 《김진균 평전─민중을 위한 학문과 실천의 삶》, 266쪽, 1997년 '서울국제노동미디어' 행사의 개회사로 쓴 김진균, 〈노동운동의 국제적 네트워크를 위하여〉를 볼 것. 이 글은 《진보에서 희망을 꿈꾼다》, 박종철출판사, 2003, 249~251쪽에 실려 있다.

대안적 세력 운동으로 탄생하는 동시에 다중적인 '지구화'된 민주운동의 기수"가 되어야 한다면서 북한에 대한 전략도 세우면서 그와 동시에 전 지구적 관점에서 '이론적 기획'을 세워야 한다고 주장했다.[107]

김진균은 공산권 붕괴 이후 탈냉전 시대가 평화의 시대로 이어지지 않고 군비경쟁이 강화되는 지구적 상황에 관심을 기울이면서 세계화 시대의 군사화 논리를 다음과 같이 간파했다.

냉전은 끝났을지언정 국민국가들의 경쟁과 대립은 사라지지 않았다. 이념의 자리를 경제가 장악한 지금, 많은 국가에서 군의 역할이 재조정되기는 하지만 약화되지는 않는 것으로 보인다. 세계정부가 아직은 꿈인 것처럼 탈군사화도 아직은 꿈에 불과하다. 탈냉전은 정보화와 지구화라는 점에서 새로운 시대이지만 군사화라는 점에서는 과거의 연장일 뿐이다. 새로운 시대에 부합하는 새로운 무장력의 필요성만이 강력하게 대두하고 있을 뿐, 어디서도 탈군사화의 조짐을 읽을 수 없다. 이 군사화의 논리는 어떻게 설명되어야 하는가?[108]

김진균은 "자본제적 생산양식과 근대국가에 내재한 배제/강제/폭력을 소멸시킬 수 있는 인식론적 방법은 어떻게 추구되어야 할 것인가?" 라는 질문을 던지고 "현재 전 지구적으로 일고 있는 세계적 민중연대

---

107 김진균, 〈21세기 세계질서와 아래로부터의 민중운동〉,《21세기 진보운동의 기획》, 문화과학사, 2003, 25·44~45쪽.
108 김진균·홍성태,《군신과 현대사회》, 문화과학사, 1996, 21쪽.

의 투쟁에서 그 단초를 찾아야 할 것"이라고 판단했다.[109] 방법론적 일
국주의를 벗어나 방법론적 세계주의를 지향했던 것이다. 그는 그런 자
신의 생각을 다음과 같이 표현했다.

현재 지구촌 민중은 '지구촌' 차원에서 서로 연대해서 투쟁하는 문제를
깨닫고 있다. 실제로 20세기 국가 내에서 조절되었던 민중적 삶의 방식
으로는 전 지구촌으로 뻗어가는 전체주의적 경향에 대항할 수 없음을
깨달아가고 있다. 이 대중투쟁은 계급과 인종, 지역, 성, 그리고 세대에
의하여 분리되거나 격리되어 있던 사람들을 하나의 연대로 인식케 할
것이다. 그 연대는 감성적이고 지적이고 도덕적인 정감을 갖게 하고 정
의를 새롭게 인식하게 할 것이다. 민주주의는 그러한 기초 위에서 차이
를 인정하면서 화합해가는 새로운 생활방식을 추구하는 데서 꽃피울 수
있다고 생각한다.[110]

탈냉전과 세계화에 따른 전 지구적 시장의 출현에 따라 김진균은 국
내적 차원에서 주장한 상자이생相資以生의 정신을 지구적 차원으로 확
장시켰다.

---

109 김진균, 〈자본과 근대국가에 내재한 폭력을 넘어 정의를 추구하기 위하여—상자
     이생을 검토함〉(2001), 《21세기 진보운동의 기획》, 문화과학사, 2003, 66쪽.
110 김진균, 〈인식의 전환: 성찰적 전망〉(1999), 《21세기 진보운동의 기획》, 문화과학
     사, 2003, 136~37쪽.

지구촌 민중은 각자가 살아온 가치가 있고, 또한 살아가면서 추구하는 가치가 있기 마련이다. 믿는 신도 결국 사람을 경건하고 가치 있게 살게 하려는 구성물 중의 하나일 것이다. 서로의 필요에 의해 서로의 능력과 감성과 도덕성이 서로를 위한 자원이 되게 어울려 사는 방법이 추구되어야 할 것이다. 국경을 넘어 서로 어울리는 지구촌이 되듯이 지구촌 안에 사는 민중은 서로 연대해서 살아가는 방식을 더욱 적극적으로 개발해야 할 것이다.[111]

김진균은 세계화의 진전에 따른 1990년대 이후 증가 추세에 있는 외국인 노동자에 대한 배려와 남북 교류에 따른 북한 노동자에 대한 고려도 필요하다고 생각했다.

---

111 김진균, 〈연대해서 살아가기—그 진보적 의미를 살펴본다〉(2001), 《21세기 진보운동의 기획》, 문화과학사, 2003, 21쪽.

4.

김진균의 친화력과
사회적 실천

학자의 역할이 연구와 교육이라면 비판적 지식인의 역할은 의식화와 조직화이다. 훌륭한 연구와 교육은 학문의 발전과 제자 양성에 기여하지만 그것이 사회적 실천으로 연결되기 위해서는 또 하나의 자질이 필요하다. 조직력이다. 김진균은 넉넉한 성품으로 서로 다른 생각과 입장을 가진 사람들을 연결시켜 하나의 조직을 만드는 일에 뛰어난 능력을 발휘했다. 김진균의 주위에는 언제나 많은 친구들과 제자들이 있었다. 중·고등학교 시절을 거쳐 대학생 시절은 물론 교수 시절에도 그러했다. 그는 과묵하면서도 친화력이 있는 사람이었다. 그의 친화력은 그가 학회를 조직하고 지식인운동 네트워크를 조직하는 일로 연결되었다. 그의 조직력은 어린 시절부터 친구들을 좋아하는 친화력에서 출발했지만 정의로운 일을 실천하기 위한 조직의 필요성을 절감하면서 더욱 커졌다. 그는 자신의 조직력이 화이부동의 철학에서 나온 것임을 이렇게 밝힌 바 있다.

우리는 화이부동和而不同을 음미해볼 필요가 있다. 화합하고 평화롭게 연대하고 관계를 맺지만 상대를 나와 동일하게 만들지 않는다는 말이다. 한 가지 기준을 가지고 모두를 동화시키고자 한다면 그것은 억지이고 또한 폭력일 것이고 그 사회적 관계에서는 강자와 노예가 있을 뿐이다.[112]

대학원 시절 김진균은 대학원생 중심의 조직을 주도하여 1962년 12월 15일 '한국사회학연구회'를 결성했다. 그때는 1957년 한국사회학회가 출범했다고 하지만 활동을 시작한 지 5년이 지나도록 학회지도 내지 못하고 있는 상황이었다. 반면 김진균이 주축이 되어 조직한 한국사회학연구회는 1963년부터 월례발표회를 시작했고 거기서 발표된 원고를 기초로 1964년 5월 《사회학논총》 1호를 간행했다.[113]

김진균의 조직력은 1980년대에 들어 그 빛을 발휘했다. 1983년 해직교수협의회, 1984년 산업사회연구회, 1987년 학술단체협의회, 1989년 민주화를 위한 교수협의회, 1994년 민주와 진보를 위한 지식인연대(약칭 진보지식인연대) 등의 조직 결성에 기여하고 전교조, 전노협, 민노총, 민주노동당 건설에서 주요한 역할을 담당했다.

김진균은 친구들이나 제자들과 술상에 둘러앉아 자유롭게 이야기 나

---

112 김진균, 〈객관적 모순을 인식하는 비판적 안목에 대해〉(1998), 《21세기 진보운동의 기획》, 문화과학사, 2003, 245쪽.

113 김진균, 〈살아 숨쉬는 학문을 일구기 위해〉, 《끝나지 않은 강의》, 서울대학교출판부, 2004, 249~250쪽. 이 모임의 회장은 이화여자대학교 사회생활과 교수였던 이근수가 맡았고 김진균이 총무를 맡았다. 한국사회학회의 공식 학술지 《한국사회학》은 《사회학논총》보다 늦게 1964년 11월 30일에 창간호가 나왔다.

누기를 즐겼다. 그의 동기생 안계춘은 김진균의 주량과 주도를 부러워했다. 대학생 시절부터 "그가 친구들과 어울려 술자리를 할 때면 술을 많이 마시면서도 술에 취해 흐트러진 모습을 보이는 일이 없었다."[114] 성대경도 다음과 같은 증언을 남겼다. 1980년대 해직교수 시절 다산연구회 회원으로 활동할 당시의 이야기이다.

> 당시 다산연구회 회원들은 모두가 대주객이었다. 마치 시대의 분노를 술이 아니고는 삭일 수 없다는 듯이 핑계만 있으면 고래처럼 마셔댔다. 안주가 떨어지면 재떨이에서 담배꽁초를 주어 먹으며 술을 마셔대는 친구도 있었으니 더 할 말이 없다. 그러나 주량에 한해서만은 청정을 당할 사람이 아무도 없었다. 그는 무량대주였다. 그렇지만 아무리 마셔도 주정 한 번 하는 일 없이 술판의 끝마무리를 하였다. 체력이 술을 이겨낸 것이겠지만 그보다는 무슨 일에서건 큰 형님 같은 심성이 발동하는 그의 천성 때문이리라.[115]

김진균은 분명한 자기 입장을 가지고 있었지만 그렇다고 해서 그가 교조적으로 자기 주장만 하는 사람은 아니었다. 다른 사람의 의견에 귀를 기울이고 마음을 열고 대화하고 토론하는 자세를 유지했다. 김진균과는 다른 학문적 입장을 견지했던 서울대 사회학과의 선배 교수 김일철은 김진균에 대해 이렇게 말한 적이 있다.

---

114 안계춘, 〈우리들의 학창시절〉, 《벗으로 스승으로》, 문화과학사, 2005, 76~77쪽.
115 성대경, 〈만나서 헤어진 이야기〉, 《벗으로 스승으로》, 문화과학사, 2005, 97쪽.

교수회의를 해도 디스커션이 안 되고, 나도 그런 노력을 좀 많이 했는데 잘 안 돼. ······ 그나마 김진균 교수가 가장 토론을 좋아하고. 그래서 내가 가장 좋아했어요. 토론을, 동정적인 토론이라고 해야 하나? 내가 이렇게 생각하는 것은 왜 그런 생각을 갖게 되었는가를 묻고 생각하는 그런 토론. 보통은 나는 이렇게 생각하고 너는 이렇게 생각한다. 그러면서 말을 더 안 하려고 하잖아. 그런데 그게 아니고, 너는 왜 그렇게 생각하는가, 이해를 하려고 하면 뭔가 이야기가 되지.[116]

김진균은 동료 교수들뿐만 아니라 제자들과도 편안한 분위기에서 편하게 이야기 나누는 것을 즐겼다. 1994년 12월 초 과천의 아파트로 이사할 때까지 "독산동의 마당 넓은 집은 많은 제자들을 맞이하기에 제격이어서 숱한 추억의 무대가 되었다. 야간 통행금지 제도가 있던 시절에는 밤새도록 술판이 이어지기 일쑤였으며, 사회학과의 주요 행사 뒤풀이 마지막 코스가 되곤 했다. 매년 1월 2일의 신년하례 때는 하루 종일 다른 사회학과 교수님들의 댁을 순례한 많은 제자들의 마지막 방문지가 되어, 저녁부터 삼삼오오 모여든 제자들이 새벽까지 술을 마시며, 온갖 얘기를 나누고, 노래를 부르고, 회포를 풀고, 우의를 다졌다."[117]

---

116 김인수, 〈김일철 교수 인터뷰〉, 《서울대학교 사회발전연구소 50년사: 1965~ 2015》, 2015, 한울, 334쪽.

117 홍성태, 《김진균 평전—민중을 위한 학문과 실천의 삶》, 60~61쪽. 박노영은 교수가 되어 운동권 학생들과 어울리면서 "교수로서 모델로 삼고자 했던 김진균 선생님을 흉내 내고자" 했지만 "선생님께서 워낙 높은 경지에 계셨으므로 나의 선생님 흉내 내기란 것이 선생님의 발끝에도 미칠 수 없었음이야 굳이 언급할 필요가

1980년대에 학생들과 회식하는 자리에서 김진균은 늘 학생들에게
〈불나비〉라는 노래를 불러주기를 바랐다. 3절로 이루어진 그 노래의 3
절은 다음과 같다.[118]

친구야 가자 가자 자유 찾으러

다행히도 난 아직 젊은이라네

가시밭길 험난해도 나는 갈 테야

푸른 하늘 넓은 들을 찾아갈 테야

푸른 하늘 넓은 들을 찾아갈 테야

조용한 성품의 김진균이 제자 또는 민주 인사들과 강력한 정서적·지
적 네트워크를 형성할 수 있었던 데에는 그가 즐겼던 술과 더불어 등산
도 한몫한 듯하다. 그는 중고등학교 시절부터 테니스 선수로 활동할 정
도로 운동을 좋아했고 상과대학 교수 시절에도 테니스를 즐겼다. 그러
나 1975년 사회학과로 자리를 옮긴 이후 테니스를 그만두고 등산을 시

없겠다"라고 썼다. 박노영, 〈나는 아직도 마르크스주의자다〉,《경제와 사회》111
호, 2016, 346쪽.

118 서울대 사회학과 86학번은 〈불나비〉를 '과가科歌'로 정했다. 김진균은 1980년대
의 운동가요에 대해 다음과 같은 글을 남겼다. "나는 이때 근래 학생들이 주로 부
르는 노래를 많이 듣게 되었다. 어떤 것은 처절하기도 하고, 어떤 것은 힘을 돋우
기도 하고, 어떤 것은 해학적이기도 하고, 전반적으로 노래 문화가 TV 매체를 통
해 보여주는 그것과는 아주 다른, 현실과 역사에 대결한다는 비장한 감정이 기조
를 이루는 것으로 보였다." 김진균,《불나비처럼》, 문화과학사, 2005, 203쪽.

작했다. 테니스가 두 사람이나 네 사람 사이에 이루어지는 승부를 따지는 다소 고급 스포츠라면 등산은 여러 사람들이 모여 연대의식을 다지며 자유롭게 대화하는 시간을 가질 수 있는 집단적이고 민중적인 운동이라고 할 수 있다. 1976년 김진균을 등산에 입문시킨 선배 교수 최홍기는 다음과 같은 글을 남겼다.

70년대부터 학원을 둘러싼 상황이 점차 어려워짐에 따라 교수로서의 스트레스가 점점 더해갔다. 그 스트레스를 해소하는 방법의 하나로 내가 택했던 일요 등산을 어느 날 청정이 함께 가기를 제의해왔다. 당시엔 남대문시장밖에 없던 등산구점에 가서 필요한 장비를 함께 구입하는 것부터 시작하여 산행을 거듭하면서 서로에 대한 이해를 더 깊이 할 수 있게 되었다.[119]

김진균은 1978년 4월 사회학과 74, 75학번 학생들이 지리산으로 수학여행을 갔을 때 지도교수로 그들과 함께한 후 1980년대 말까지 매년 4월 초에 이루어지는 지리산 산행의 지도교수를 도맡았다.[120] 1980년대에는 다산연구회 회원들과 전국의 명산을 찾아 올랐으며 평소에도 일요일 아침마다 북한산, 도봉산, 관악산 등에서 동료, 제자들과 함께 만나 등산을 했다. 그에게 산행은 심신 수련의 시간이었으며 동료나 제자들과 우의를 다지고 뜻을 새기는 시간이기도 했다. 강만길은 김진균과

---

119 최홍기, 〈청정과 함께 한 등산〉, 《벗으로 스승으로》, 문화과학사, 2005, 132쪽.
120 홍성태, 《김진균 평전―민중을 위한 학문과 실천의 삶》, 68쪽.

함께했던 산행을 다음과 같이 기억했다.

청정! 해직교수 시절 전국의 명산을 두루 찾았던 일이 어제처럼 생생합
니다. 그럴 때마다 당신은 언제나 대열의 제일 후미에서 모든 뒤처리를
감당하는 자상한 살림꾼이었습니다. 지리산을 좋아해서 종주를 여러 번
했지요.[121]

1992년 학생들과 함께 한 지리산 산행에서의 일이다. 김진균은 무거
운 배낭을 지고 대열의 맨 뒷자리에서 걸어가고 있었다. 그때 갑자기
내린 폭설에 더이상 올라갈 수 없는 위험 상황을 맞이했다. 그러자 김
진균은 배낭에서 비상식량을 꺼내 나누어주면서 학생들의 마음을 안
정시켰다. "그 위험한 상황에서 김진균은 언제나처럼 침착했다. 선두
에 섰던 한 제자가 잠시 길을 잘못 이끌어서 꽤 고생을 하기도 했지만
그는 시종 편안한 표정으로 일행이 조심스레 난관을 헤쳐 가도록 했다.
제자들은 그의 거대한 배낭에 들어있던 많은 비상식량에 놀랐고 어려
운 상황에서도 변함없는 그의 침착하고 따뜻한 태도에 더 놀랐다."[122]
김진균의 제자들은 산행을 하며 스승의 "진중하고 부드러운 인품"을
더욱 깊이 느꼈고 스승을 더욱 신뢰하고 따르게 되었다.[123]

---

121 강만길, 〈청정 김진균 교수를 추도함—당신이 간 길, 역사의 강이 되어〉, 《교수신
      문》, 2004년 2월 17일.
122 홍성태, 《김진균 평전—민중을 위한 학문과 실천의 삶》, 211쪽.
123 홍성태, 윗글, 116쪽.

1980년 해직교수가 된 후 김진균의 활동은 사회적 실천 쪽으로 기울었다. 김진균은 앎과 삶, 앎과 함을 일치시키려고 노력했다. 그는 책상물림이나 백면서생과는 구별되는 실천하는 지식인상을 만들었다. 그가 볼 때 "지식인은 자신의 처지를 사회적으로 인식할 줄 알고 남의 처지를 자기의 것과 같은 것으로 공유할 줄 아는 사람이면서, 동시에 그 문제를 '정의'로써 풀어가고자 실천하는 사람을 일컫는 말이다."[124] 그는 책 속이 아니라 현실 속에서 학문과 실천의 근거를 찾았다. "학문한다는 것이 자기가 살아가는 현실과 무관할 수 없다는 것은 당연하다. 소재와 대상이 거기에 있고 문제를 바라보는 인식방법도 있고 현실적인 문제를 풀어가는 방법도 거기서 찾아내야 하기 때문일 것이다."[125]

김진균은 노동운동을 확대 강화하고 진보적 정치세력을 성장시키기 위해 학문적 활동과 실천적 활동을 결합시켰다. 그는 "앎과 함이 하나로 어우러지는 삶을 살아온 진보적 학자요 실천적 지식인"이었다.[126] 김진균은 전노협 지도위원 역임 시절 어려운 상황에 있던 민주노총을 적극적으로 지원했고 후학들이 민주노총에 이론적·실천적으로 기여할 수 있는 통로를 마련했다. 여기에는 1994년 6월 결성된 한국산업노동학회가 기반이 되었다.[127]

---

124 김진균, 〈연대는 삶과 운동의 기초〉(1997), 《진보에서 희망을 꿈꾼다》, 박종철출판사, 2003, 243~244쪽.

125 김진균, 《한국의 사회 현실과 학문의 과제》, 문화과학사, 1997, 9쪽.

126 홍성태, 〈1990년대 한국 사회와 김진균〉, 한국산업사회학회 엮음, 《사회이론과 사회변혁》, 한울, 2003, 13~32쪽. 인용은 31쪽.

127 이 학회에는 사회학, 경제학, 경영학, 법학 등의 분야에서 노동 문제를 전공하는

그는 삶의 방법이 연대이듯 운동의 바탕도 연대라고 설파하면서 여러 형태의 사회운동 사이의 연대를 도모했다. 그의 실천 작업은 모든 민중이 상자이생相資以生하는 화이부동和而不同의 대동사회大同社會를 이룩하려는 것이었다. 그는 정의를 바탕으로 하여 저항했고 삶의 바탕이 연대이듯이 사회적 실천의 바탕도 연대의 원리에 기초해야 한다고 설파했다. 김진균이 말하는 연대는 개체들이 자기를 버리고 전체를 이루는 것이 아니라 자기를 지키며 전체를 이루는 것이었다. 이런 연대의 정신으로 김진균은 한국산업사회학회, 한국산업노동학회, 민주화를 위한 전국교수협의회, 학술단체협의회, 전국노동조합협의회, 전국민주노동조합총연맹, 진보사회연대, 진보네트워크센터 등의 설립과 운영에 관여하면서 지식인운동과 사회운동의 연대를 조직했다.[128]

진보 성향의 연구자들이 참여했다. 김진균은 이 학회의 초대 회장을 역임하면서 조돈문 등 산업사회학회 회원들의 적극적 참여를 독려했다. 조돈문, 〈책을 펴내며: 민주노동운동과 함께 노동계급의 계급형성을 향하여〉, 조돈문·이수봉 엮음, 《민주노동운동 20년: 쟁점과 과제》, 후마니타스, 2008, 10~14쪽.

[128] 백승욱의 해석에 따르면 "1980년대 후반 김진균의 사상적 급진화는 이론적 시도보다 실천의 방식을 통해서 드러나는데 …… 1987년부터 전개되어 1990년대까지 김진균이 선 자리는 사실 박현채가 설 자리의 대체물이라고 볼 수 있는 측면이 있다." 백승욱, 〈서평: 사상사 부재의 한국 현실에 대한 성찰의 요구—연광석, 《사상의 분단: 아시아를 방법으로 박현채를 다시 읽다》, 나름북스, 2018〉, 《경제와 사회》 123호, 2019년 가을호, 427쪽.

5.

김진균의
학문적 유산

2004년 김진균은 암 투병 끝에 세상을 떠났다. 그는 1980년대 이후 비판적 지식인으로서 한국 사회의 정치사회운동에 깊숙이 관여했다. 그러나 김진균의 모든 사회적 활동은 학자로서의 정체성에서 비롯된 것이다. 그러므로 그의 유산 가운데 학문적 유산에 일차적인 관심을 기울여야 한다.[129] 학자로서 김진균은 "이것과 저것을 연관지어 사회의 구조와 본질을 통찰하는 데" 뛰어났고 "작은 것이 큰 것과 연관되고, 일상이 역사로 이어지는 것을" 보여주기 위해 사회학적 상상력을 발휘했다.[130]

한국 사회학의 역사라는 관점에서 보면 김진균이 추구한 진보적 사

---

129 홍성태, 〈1990년대 한국 사회와 김진균〉, 32쪽.
130 홍성태, 〈김진균 선생님의 아름다운 젊은 삶〉, 김진균, 《불나비처럼》, 문화과학사, 2005, 4~7쪽. 인용은 5쪽.

회학은 한국비판사회학회와《경제와 사회》라는 학술지의 뿌리가 되었다.[131] 그를 중심으로 형성된 비판사회학의 흐름은 산업사회연구회에서 산업사회학회를 거쳐 비판사회학회로 계승되었으며 학술지《경제와 사회》는 100호를 돌파하면서 한국 비판사회학 연구의 거점 역할을하고 있다.

1. 김진균의 글쓰기

학자의 학문 세계는 글로 표현된다. 김진균의 글쓰기는 학문 생활의 진행에 따라 변화를 겪었다. 그는 1962년 8월 발간된《사회학보》5집에〈입과 손발 간의 경쟁―인구, 노동과 연령 구조〉라는 재미있는 제목의첫 논문을 발표했다.[132] 김진균은 1963년 2학기에 이해영을 지도교수로〈한국의 인구와 노동력에 관한 인구학적 접근〉이라는 주제로 1964년 2월에 석사학위를 받았다. 그는 인구변동 자체가 아니라 근대화의 전개에 따르는 노동력의 공급 측면에 초점을 맞추었다.[133]

---

131 김동춘, 김정훈, 신상숙, 이은진, 정태석, 〈제100호 기념 좌담:《경제와 사회》25년의 회고와 전망〉,《경제와 사회》100호, 2013년 겨울호, 19~20·23쪽.

132 《사회학보》는 서울대학교 사회학과에서 1958년 창간한 학술지이다.

133 김진균, 〈한국의 인구와 노동력에 관한 인구학적 접근〉, 서울대학교 석사학위 논문, 1963, 2~3쪽.

김진균이 1960년대와 1970년대에 쓴 논문들은 학술지에 실린 전형적인 논문 형식을 취하고 있다. 하지만 1980년대 쓴 글들은 학술논문의 체제를 벗어나 비판적 지식인과 의식화된 학생들을 대상으로 쓴 비평 형식의 글이 다수를 이룬다. 그의 글쓰기 방식과 문체가 달라진 것은 그가 겪은 인식론적 단절의 결과이다. 학자이자 지식인으로서 "김진균은 다양한 형태의 글을 꾸준히 써서 발표했다. 그에게 글은 단순히 자신의 생각을 표현하는 수단이 아니라 민중이 자유롭게 살아갈 수 있는 세상을 만들기 위한 '이론적 실천'의 발로였다."[134] 그의 글쓰기는 논문, 저서, 편저, 번역서 등으로 나눌 수 있고 발제문, 강의 원고, 시평, 서평, 칼럼, 산문, 서문, 권두언, 발간사, 격려사, 기념사, 축사, 추도사, 인사말 등 여러 형태로 분류할 수 있다.[135] 초기에는 주로 논문 형식의 글을 썼지만 후기로 갈수록 책의 서문이나 권두언을 많이 쓰고 공적 행사의 연설문을 많이 썼다. 김진균은 자신이 쓴 글을 다음과 같이 분류하고 요약했다.

내가 그동안 써온 글들을 주제별로 크게 나누면, 첫째로 민중 민족 현실에 지향하는 차원에서 학문의 지향성을 성찰적으로 검토하는 것이 한 무더기 있고. 둘째는 노동과 계급에 관한 것, 셋째는 노동 민중의 운동, 민족운동, 학술운동에 관한 것이 한 무더기 있다. 그 글의 형태가 논문이든 에세이 형태든 그리고 강좌에서 사회변동론, 산업-조직사회학, 현대

---

134 홍성태, 《김진균 평전—민중을 위한 학문과 실천의 삶》, 320쪽.
135 김진균이 남긴 글 총목록은 홍성태, 〈저술목록〉, 앞의 책, 379~397쪽을 볼 것.

사회론, 교육사회학 등의 교과 영역으로 나누어 강의하든지 간에, 그리고 대상의 범위가 넓혀지는 과정에도 위의 세 가지 주제를 별개로 또는 융합해서 서로 상승시키면서 글로 표현하고자 했다. 그리고 언제나 운동의 정세에서 제기되는 문제를 붙잡아 추상과 구체로 주제의 성격을 살피고 실천에서 나타날 효과를 염두에 두고 진술하는 편이었다.[136]

말년에 이를수록 김진균은 이성과 더불어 감성과 도덕성이 중요하다는 것을 깨닫게 되었다. 인간의 존엄성을 강조하고 인간은 귀하게 여기는 마음을 가질 것을 다음과 같이 강조했다.

인간이 가진 고유한 성능인 이성이 자유로운 감성과, 사람들이 함께 어울려 살아간다는 도덕성에 의하여 절제되어 이성의 폭력성이 제거되는 그러한 방향으로 세상의 구성을 살펴야 한다는 절실한 소망이 형성되어야 한다.[137]

김진균은 진보적 지식인으로서의 명성에 비해 비판사회학자로서의 저술을 그리 많이 남기지 못했다. 실천 활동에 주력하면서 연구에 전념할 시간을 갖지 못했기 때문일 것이다. 어쩌면 저서를 남기는 일보다는 사회 현실을 바꾸는 일이 더 의미 있는 일이라고 생각했을 수도 있다.

---

136 김진균, 《한국의 사회 현실과 학문의 과제》, 문화과학사, 1997, 10쪽.
137 김진균, 〈새 천년을 위하여〉(2000), 《21세기 진보운동의 기획》, 문화과학사, 2003, 222~223쪽.

그는 이론과 실천의 관계에 대해 다음과 같은 글을 남겼다.

> 지식인의 인식론적 단절과 이론적 실천을 위한 노력은 피를 말리는 일이다. 그리고 실천적 사회운동에 대한 투여는 그 이론적 실천을 더욱 실천적이 되게 하고 풍부하게 해 줄 것이다.[138]

김진균이 남긴 저서로는 1968~1974년 사이 상대 교수 시절에 쓴 공저로 《조직행위론》(1973)과 《경영조직론》(1974)이 있고 1975년 사회학과로 옮긴 이후 《비판과 변동의 사회학》(1983), 《사회과학과 민족현실 1》(1988), 《사회과학과 민족현실 2》(1991) 등의 저서를 펴냈다. 홍성태와 공저로 《군신과 현대사회》(1996)를 펴냈고 화갑 기념으로 《한국의 사회 현실과 학문의 과제》(1997)를 출간했다. 2002년 은퇴 이후에는 《진보에서 희망을 꿈꾼다》(2003), 《21세기 진보운동의 기획》(2003), 《불나비처럼》(2003)이라는 저서를 남겼다. 그가 편집한 책으로는 《제3세계와 한국의 사회학》(1983), 《독점자본주의의 이론적 제문제》(1983), 《저항, 연대, 기억의 정치 1: 한국 사회운동의 흐름과 지형》(2003), 《저항, 연대, 기억의 정치 2: 한국 사회운동의 흐름과 지형》(2003)이 있고 공편으로 《근대 주체와 식민지 규율권력》(1997)이 있다. 그는 《경제와 사회》, 《진보평론》, 《문화/과학》 등의 학술지 및 잡지 창간에도 기여하고 여러 편의 논문을 기고했다. 그는 말년에 학생들을 위해 자신의 인생과

---

138 김진균, 〈객관적 모순을 인식하는 비판적 안목에 대해〉(1998), 《21세기 진보운동의 기획》, 문화과학사, 2003, 246~247쪽.

학문을 돌아보고 정리하는 글을 한 편 썼다. 〈살아 숨쉬는 학문을 일구기 위해〉라는 글이다. 이 글에서 그는 현실의 고통을 바라보면서 평생 "조심스럽게 반성하는 마음으로 지내왔다"고 썼다.[139]

2. 김진균의 학문관

외국 유학을 마다하고 국내에서 수학하면서 현실에 바탕을 둔 비판적 학문을 일군 김진균은 젊은 시절부터 실학에 관심을 기울였다. 어린 시절 조부로부터 한문교육을 받은 바 있는 그의 학문관은 실학자들의 학문하는 태도로부터 영향을 받은 측면이 있다. 김진균은 해직교수 시절 다산연구회 활동에 참여하면서 다산의 학문관을 본받고자 했다. 김진균이 요약한 다산의 학문론은 다음과 같다.

다산 정약용은 그의 글 '오학론五學論'에서 학문하는 방법을 다섯 가지로 요약하였다. 즉 넓게 배우고博學, 따져서 묻고審問, 조심해서 생각하고愼思, 명백하게 분변하고明辯, 독실하게 실행篤行하는 것이라고 하고 조선조 후기 학문하는 자들은 첫째로 넓게 배울 뿐이고 따져서 묻는 것 이하에는 마음을 쓰지 않는다고 비판하였다. '그리하여 가깝게는 마음

---

139 김진균, 〈살아 숨쉬는 학문을 일구기 위해〉(2003), 《끝나지 않은 강의》, 서울대학교 출판부, 2003, 263쪽.

을 다듬어 성정性情을 다스릴 것을 생각하지도 않고 멀게는 세상을 도와서 백성을 다스리는 것을 구하지도 않는다. 오직 넓은 견문과 오래 기억하는 것, 굉려宏麗한 문장과 호쾌한 변론辯論을 스스로 자랑해서 한 세상의 더러움을 깔볼 뿐이다'고 비판하였다.[140]

김진균은 다산의 그와 같은 정신을 좇아 지식의 생산에 만족하지 않고 현실을 명백하게 판단하고 그 판단을 기초로 독실하게 실행하는 실천적 학문관을 가지고 있었다. 그는 학자의 학문 활동의 사회적 결과를 중시했다. 퇴임 강의에서는 자신의 학문관을 이렇게 표현했다.

학문하는 사람은 자기가 보고 있는 지식과 이론이 기층민중의 삶에 어떤 효과를 주는가를 가늠해야 한다고 본다. 그가 한 번 채택하는 개념과 이론에 대해서는 이 맥락에서 책임을 져야 하는 윤리가 있어야 한다.[141]

학자라면 특히 사회학자라면 자신이 주장하는 이론이나 개념이 기층민중을 오직 노동력이라는 상품으로 보거나 통제의 대상인 피통치자로 보는 이데올로기적 효과를 가지지 않는가를 진지하게 성찰해야 한다는 게 그의 생각이었다. 김진균은 자신의 사회인식의 기본 축을 다음과 같이 요약한 바 있다.

---

140 김진균, 《21세기 진보운동의 기획》, 문화과학사, 2003, 162~163쪽.
141 김진균, 〈마지막 강의〉, 《불나비처럼》, 문화과학사, 2005, 172쪽.

나에게는 인식을 위한 탐색의 길이 두 가지 축을 이루고 있다. 하나는 자본과 이에 동전의 양면을 이루어 온 국가를 발전적 차원에서가 아니라 모든 대상을 차별화하고 배제하고 통제하고 폭압하는 맥락에서 인식해야 한다는 것이다. 즉 자본과 국가에 내재된 폭력을 철저히 인식하는 축을 말한다. 다른 하나는 일상생활에서 혹은 이에 기반하고 있는 사회운동의 맥락에서 이러한 모순이 어떻게 표출되고 있고 이를 제어하거나 극복하기 위해서는 어떻게 해야 하느냐 하는 문제를 따져 사회운동을 만들어내거나 생성시키는 일에 관한 논의이다. 그래서 자본과 국가에 내재한 폭력을 인식하고 이를 넘어서기 위해서는 정치적 패권과 경제적 착취가 제거된 상자이생相資以生의 길이 추구되어야 하다는 명제를 세우기도 한다. 이를 추구해 가는 길도 결국 인식의 영역과 실천의 영역 양자에서 검토되어야 할 것이다.[142]

김진균은 2004년 세상을 떠날 때까지 줄곧 비판사회학자로서의 입장을 견지했다. 2003년에 나온 책의 서문에서 그는 당시 세계 상황을 "전 세계가 자본주의의 획일적 작동에 포섭되어 그 어떤 여지도 남아 있지 않는다는 사실, 패권주의적 군사력이 일방적으로 초국적 자본의 운동을 받쳐주고 있다는 사실, 전 세계 인민들이 비정규직이고도 노동

---

142 김진균, 《21세기 진보운동의 기획》, 문화과학사, 2003, 6쪽. '상자이생'은 박지원의 용어로 어느 하나가 다른 것을 낳았다는 의미에서 상생相生이 아니라 각 물질을 다른 물질의 자원이 되게 함으로써 상생하는 것을 말한다. 김진균, 《21세기 진보운동의 기획》, 51쪽.

생략적인 일에 매달려 살아야 하는 사태, 사람을 포함한 모든 자원들이 정보화되어 감시되고 통제되고 있다는 사실, 이것들이 새로운 세기 초에 우리 앞에 전개되고 있는 상황"으로 규정했다.[143] 그런 상황 정의 위에서 그는 "앞으로 여성과 어린이를 중심에 놓지 않은 개념이나 이론은 그것이 아무리 완성도가 높더라도 반쪽에 미치지 못할 것이다"라는 생각을 앞서 밝히기도 했다.[144]

3. 김진균과 한국 비판사회학파의 형성

하나의 학파가 형성되기 위해서는 학문적·인격적으로 제자들을 아우르는 중심 인물이 있어야 하고 그의 학문관에 동의하여 모여드는 다양한 관심의 제자들이 있어야 한다. 그런 의미에서 김진균은 한국 사회학의 역사에서 비판사회학파라는 하나의 학파를 형성했다고 볼 수 있다. 그렇다면 김진균 주위에 제자가 모여든 까닭은 무엇인가? 김진균이 학생들과 민주적이고 수평적인 인간관계를 맺으면서 학생들의 자유로운 활동을 지원했기 때문일 것이다.[145]

김필동에 따르면 김진균은 "학문을 논할 때에도 적극적으로 선생님

---

143 김진균, 《21세기 진보운동의 기획》, 5쪽.
144 김진균, 〈마지막 강의〉, 《불나비처럼》, 문화과학사, 2005, 173쪽.
145 홍성태, 《김진균 평전―민중을 위한 학문과 실천의 삶》, 65쪽.

의 의견을 내세우시기보다는 학생들에게 문제를 던져놓고, 스스로 많은 생각을 하게끔 인도해주셨다."[146] 김진균은 강의실에서는 학생들에게 그다지 큰 인상을 남기지 못했다. 낮은 목소리에 고저가 없이 독백처럼 진행되는 그의 수업 시간에는 많은 학생들이 졸기 일쑤였다.[147] 이상백이 그러했듯이 그는 강의실 밖에서 학생들에게 더욱 큰 영향력을 발휘했다. 술과 산을 좋아했던 김진균은 "때로는 선술집에서, 때로는 등산을 하면서 학생들의 얘기를 많이 듣고 선생님의 속생각의 일단을 열어 보이시곤 했다."[148]

그런 과정에서 제자들과의 끈끈한 유대감이 형성되었다. 홍성태도 김진균이 학생들과 관계 맺는 방식에 대해 다음과 같이 증언했다. "김진균은 항상 겸손한 자세와 조용한 말투로 학생들과 적극 소통하며 강의하는 것을 좋아했다. 그는 잘 모르는 것을 아는 것처럼 꾸미지 않고 언제나 학생들과 토론하며 함께 배우고자 했고, 이런 그의 겸손하고 개방적인 자세로 인해 학생들은 더욱 그를 존경하고 따르게 되었다."[149] 광주항쟁 이후 엄혹한 시절이었던 1980년대에 사회학과 대학원 학생들이 그의 주위에 모이기 시작했다.

---

146 김필동, 〈75학번의 수업시대〉, 서울대학교 사회학과 60년 편집위원회, 《다시 출발선에 서서: 동문들이 쓰는 사회학과 60년》, 선인, 2006, 298쪽.
147 김진균의 수업 시간에 졸았던 경험을 이야기한 사람은 조돈문, 김필동 등이다.
148 김필동, 〈75학번의 수업시대〉, 298쪽.
149 홍성태, 《김진균 평전—민중을 위한 학문과 실천의 삶》, 64쪽.

임영일, 서관모, 조희연 등 70년대 초·중반 학번들은 80년대 초·중반 한국의 정치와 사회운동이 극심하게 요동치던 시기에 석·박사 과정 중에 있었고 당시 선생님은 해직교수로서 제도권 외곽에서 학술운동 태동의 산파역을 맡고 있었다고 여겨진다.[150]

김진균의 해직교수 시절인 1983년 8월 임영일과 조희연이 적극적으로 나서 김진균을 위한 소박한 연구실을 마련하고 '상도연구실'이라는 이름을 붙였다. 창고를 개조해 만든 이 연구실은 '산업사회연구회'(산사연)라는 한국비판사회학회의 산실이 되었다. 이 연구실에서 임영일, 조희연, 서관모, 허석렬, 정근식, 김준, 조형제, 공제욱, 윤수종, 노중기, 정이환, 조효래 등의 제자들이 모여 공부했다. 이들은 1980년 광주항쟁 이후 한국 사회의 현실을 총체적으로 이해하고 설명할 수 있는 비판적 사회과학의 길을 모색하고 있었고 김진균은 그들을 격려하며 함께 공부하는 중심 인물이 되었다. 김진균은 자신의 산사연 초창기 경험을 이렇게 회고했다.

나는 운 좋게도 80년대 중반에 '학술운동'의 주역들을 접하게 되었는데, 이들의 헌신적인 학문적 실천은 반드시 좋은 결실을 맺을 것이라고 믿는다. 나는 1984년에 만들어진 '한국산업사회연구회'에 참여해서 그 학회 활동을 지켜보고 있는데, 그때가 마침 개인적으로는 80년대 초반 만

---

150 이종오, 〈김진균 선생님의 추억〉, 《벗으로 스승으로》, 문화과학사, 2005, 159쪽.

4년간의 참담하고도 긴 해직생활을 끝내고 다시 학교로 돌아가던 시기였다.[151]

상도연구실은 1984년 이후 월례발표회를 시작하면서 공동 연구실 수준을 넘어 학회로서 활동을 시작했다. 조희연이 학술 활동을 조직하는 중심적 역할을 담당했다. 그는 상도연구실의 연구 성과를 단행본과 무크지 등 다양한 형태의 출판물로 만드는 일에도 중요하게 기여했다. 조희연은 상도연구실이 갖는 의미를 다음과 같이 정리했다.

상도연구실은 80년대 이후의 진보적 학술운동의 한 중요한 산실로서 기록되어야 할 것이다. 당시 식민지 시기에 교육받은 1세대 지식인군, 한국전쟁 후 미국의 학문을 지배적인 패러다임으로 하여 연구 활동을 하는 2세대 지식인군과 달리, 반독재 민주화운동의 영향을 받으면서 새롭게 진보적·비판적·실천적 연구지향과 방법론으로 무장한 젊은 학자군을 '제3세대 학자군'이라고 불렀다. 이 '제3세대 학자군'의 핵심적인 부분이 상도연구실을 통해서 등장하였다.[152]

김진균은 상도연구실에서 제자들과 마르크스주의를 비롯한 서구의 비판적 사회이론들을 적극적으로 공부하면서 한국 사회 현실을 비판적으로 이해하고자 노력했다. 다시 조희연의 이야기를 들어보자.

---

151 김진균, 〈책을 펴내며〉, 《사회과학과 민족현실》, 한길사, 1988, 3쪽.
152 조희연, 〈상도동의 추억〉, 《벗으로 스승으로》, 문화과학사, 2005, 154~155쪽.

상도연구실의 변화의 과정은 김 선생님 자신의 이론적·현실적 입장을 혁신시켜가는 과정이기도 하였다. 비판적 근대화론으로부터 시작하여 종속이론, 네오맑스주의, 레닌주의, 탈근대적 맑스주의 등에 이르기까지, 또한 근대화 과정에서의 근대성과 전통의 관계, 조직론, 노동운동, 군사주의, 정보민주화, 지식인 운동사에 이르기까지 김 선생님이 자신의 연구지향과 연구주제들을 확장시켜 가는 과정이기도 하였다. 상도연구실에서 이루어지는 후학들의 연구를 독려하고 동시에 그것을 자신의 것으로 창조적으로 내재화하면서 김 선생님은 자신의 학문적 가치지향을 부단히 혁신시켜갔다.[153]

미국 사회학 이론과 연구방법에 입각해서 사회학을 연구하고 가르치던 1980년대 한국 대학 사회학과의 아카데믹 사회학 교수들이 비판적 사회이론을 멀리하면서 학생운동과 거리를 두었던 반면, 김진균은 젊은 세대의 비판적 사회이론에 대한 관심을 공유하면서 그들의 학습을 적극적으로 지지했다. 선학들로부터 비판적 사회이론을 배우지 못한 김진균은 제자들을 격려하고 지지하면서 그들과 함께 공부하고 그들에게서 비판적 사회과학 이론을 배웠다. 임영일은 상도연구실 시절 김진균의 그런 태도에 대해 다음과 같은 증언을 남겼다.

여기에서도 그분은 나를 가르치신 적이 없다. 나는 그분과 함께 공부한

---

153 조희연, 〈상도동의 추억〉, 152~153쪽.

기억만 있을 뿐이다. 그러나 나는 이 시절, 그분의 진면목을 알았다. 그분께서는 공부하고 또 공부하셨다. 제자들에게 이것저것을 물으시던 그분이 어느 날부터인가 그분의 말씀을 하기 시작하셨다. 한 번도 자세히 일러주시지 않았고, 나도 굳이 자세히 묻고 알려 하지 않았으나, 나는 그분께서 온 힘을 다하여, 한 걸음 한 걸음씩 역사의 한가운데로, 상황의 중심으로 걸어가고 계심을 알았다. 작은 일 하나도 결코 타협하는 일이 없었다.[154]

김진균의 조교로 여러 공동 연구를 진행했던 홍성태도 상도연구실 시절의 김진균에 대해 다음과 같이 증언했다.

상도연구실에서 김진균과 함께 공부한 젊은 연구자들은 박정희와 전두환의 독재에 대해, 한국 사회의 고성장과 불평등에 대해, 한국 사회의 발전 과제에 대해 열심히 공부했다. 그 성과들은 서울대 사회학과를 비롯한 여러 대학의 석박사 학위논문들로 집약되었고, 여러 단행본들이나 비정기간행물들을 통해 발표되었다. 김진균은 제자들이 강렬한 실천적 지향을 갖고 자유롭게 공부할 수 있도록 했다.[155]

---

154 임영일, 〈이제 선생님의 그늘에서 벗어나려 합니다〉, 《벗으로 스승으로》, 문화과학사, 2005, 167쪽.
155 홍성태, 《김진균 평전—민중을 위한 학문과 실천의 삶》, 118~119쪽. 산사연에서 김진균이 논문을 발표했을 때 제자 서관모는 "선생님, 참 무식하십니다"라고 논평을 시작했는데 이에 대해 김진균은 "고맙습니다"라는 말로 답변을 시작했다.

1984년 김진균의 복직과 더불어 상도연구실은 산업사회연구회(산사연)로 발전했다. 이때부터 김진균은 산사연의 초대 회장이 되어 자신의 이론적 입장을 정립하고 민주화운동과 노동운동의 실천적 노선을 제시하는 대표적 지식인으로 부상했다. 산사연은 1985년 《산업사회연구》 1집을 발간하면서 진보적 사회학계를 견인하는 역할을 담당했다. 1988년 겨울에는 《경제와 사회》라는 제목의 비판사회학 학술지를 창간했다.[156] 이 학술지는 "첫째, 변혁운동의 실천적 문제의식에 입각한 이론적·실증적 연구 성과의 창출, 둘째, 변혁운동에 기여하는 정세분석과 전략·전술 수립에의 이론적·실증적 기여, 셋째, 사회학계 내부의 학문적 주도성 확립과 사회학계의 전반적 쇄신을 집단적으로 실천, 넷째, 학문적 권위를 기반으로 정치적·이데올로기적 실천"이라는 네 가지 과제를 설정했다.[157]

산업사회연구회는 1996년 산업사회학회로 전환했고 2007년에는 비판사회학회로 이름을 바꾸었다. 이제 창립 30년을 넘어선 비판사회학회는 한국 비판사회학 연구의 중심 자리를 지키고 있다. 매년 비판사회학대회가 열리고 있는데 2005년에는 〈21세기 한국사회의 전환과 발전〉, 2009년에는 〈기로에 선 한국 사회: 비판에서 대안으로〉, 2015년 〈해방 70년의 사회과학: 새로운 사회의 모델을 상상한다〉, 2021년 〈비

---

156 《경제와 사회》 창간호에는 〈한국 사회 성격과 사회운동〉이라는 특집 제목 아래 조형제, 김동춘, 이기홍, 임영일 등의 글이 실렸다.

157 《경제와 사회》 편집위원회, 〈책을 펴내면서〉, 《경제와 사회》 제4호, 1990, 2쪽.

판의 재구성〉 등의 주제로 비판의식을 이어가고 있다.[158]

---

158 유팔무·김호기, 〈한국 비판사회과학의 궤적, 1988~1998〉, 학술단체협의회 편,
《한국 인문사회과학의 현재와 미래》, 푸른숲, 1998, 97~124쪽과 윤상철, 〈한국의
비판사회학, 1998~2008〉, 《경제와 사회》 85호, 2010, 121~151쪽 참조.

6.

김진균 비판사회학의
비판적 계승

김진균은 2000년 건강 문제가 생긴 이후에도 전과 다름없이 활발하게 활동했다.[159] 그러나 그런 지속적 활동이 그의 수명을 단축시켰다. 2003년 초 정년퇴임 후에는 모든 활동을 중단하고 조용히 지낼 수 있는 상황이었다. 하지만 그는 주위 사람들의 기대와 요구를 뿌리치지 않고 종전과 거의 같은 방식으로 활동했다.[160] 그러다가 병세가 악화되어 2004년 2월 자택에서 별세했다.[161]

---

159 그는 2000년 4월 대장암 진단을 받고 곧바로 수술을 받았다.

160 그는 2003년 분신한 노동자들의 장례위원 명단에 자신의 이름이 들어갈 때마다 소름이 끼친다고 썼다. 김진균, 〈장례위원 명단이 신문에 나올 때마다 소름이 끼친다〉, 《불나비처럼》, 문화과학사, 2005, 252쪽. 그는 그렇게 고통의 현장을 지켰다.

161 2005년 김진균의 1주기를 맞이하여 김진균기념사업회가 발족했고 그해부터 2015년까지 학술부문과 운동부문으로 나누어 '김진균상'을 시상했다. 김진균기념사업회 편, 《김진균기념사업회 백서: 2004~2015》, 진인진, 2017, 142쪽.

김진균은 2002년 12월 19일 마지막 강의를 하고 나서 자신의 학문과 활동이 뒤에 오는 사람들에 의해 더 나은 단계로 나아가기를 기대했다.

이렇게 마지막 강의를 했다 해서 35년간의 행적이 모두 용납되는 것은 아닐 것이다. 후학들과 젊은 활동가들이 그냥 두지 않을 것이다. 아마도 밟고 지나갈 것이다.[162]

그러면서 그는 자신의 학문과 활동에 관련된 자료가 체계적으로 수집되어 연구에 활용되기를 기대했다.

이제 극소전자기술은 모든 자료를 잘 구축해주고 있고 인터넷은 소통망을 넓게 만들어 주고 있다. 나의 모든 자료가 한 곳에 구축되도록 해서 '밟고 지나가는 길'에 뿌려지도록 해야겠다고 돌아오는 길에 생각한다.[163]

역사의 진보를 지향하는 학자와 지식인은 어려운 상황 속에서도 언제나 낙관적 전망을 유지한다. 그러나 현실은 기대에 부응하며 진전하지 않는다. 인생의 말년에 이르러 긴 세월을 뒤돌아보면 누구에게나 아쉽고 부족했던 점이 떠오르기 마련이다. 김진균은 학자로 또 지식인으로 살아온 자신의 과거를 다음과 같이 회고했다.

---

162 김진균, 〈마지막 강의〉(2002), 《불나비처럼》, 문화과학사, 2005, 173쪽.
163 김진균, 〈마지막 강의〉(2002).

꿈이 모두 실현되지는 않는다. 또 꿈이 모두 옳았던 것도 아닐 것이다. 내가 학문해 온 길이 과연 옳았는지 그렇지 않은지도 모른다. 허물이 많았을 것이다. 4·19 기념탑을 볼 때마다, 그리고 불안정한 삶에 내몰린 민중—노동자의 처절한 싸움을 볼 때마다, 이 시기에 내가 교수로서 소임을 다하고 있는지 언제나 조심스럽게 반성하는 마음으로 지내왔다면 스스로 조그만 위안이 될는지![164]

김진균은 인생의 말년에 자신의 실천적 활동과 관련하여 다음과 같은 글을 남겼다. 이 인용문은 IMF 위기 이후 대량해고가 진행되고 민주노총 위원장 단병호가 다시 한번 구속된 상태에서 쓴 글이다.

우리는 그나마 우리나라의 민주화의 역사를 낙관하고 있었다. 그(단병호)가 출소하고 나면 다시는 감옥에 가지 않을 것이라고 믿고 있었다. 노동자의 힘찬 운동으로 민주노총이 출범하였고 합법화되면 한국의 민주적 노동운동은 아주 정상적인 것으로 정착하리라 생각하였다. 역사는 희망하는 대로 그 경로를 거치지 않기도 하는 모양이다. 더구나 97년 이후 급격하게 구조조정을 감행함으로써 노동자가 대량으로 해고되는 사태가 진전되는 상황에서 노동자는 삶 자체가 벼랑에 내몰리고 있다.[165]

---

164 김진균, 〈살아 숨쉬는 학문을 일구기 위하여〉, 《끝나지 않은 강의》, 서울대학교출판부, 2003, 263쪽.
165 김진균, 〈섣달 그믐날〉(2002), 《불나비처럼》, 문화과학사, 2005, 81~82쪽.

김진균은 그의 스승 이상백과 마찬가지로 학문적 업적보다는 그 인품으로 여러 사람의 존경을 받았다. 그는 제자들과 동료 후배들을 인간적·정신적으로 존중하고 존경받았다. 홍성태는 김진균의 정신적 유산을 다음과 같이 정리했다.

사람은 가도 기억은 남는다. 김진균의 사상을 응축한 상자이생의 대동사회는 길이 전해야 할 우리의 소중한 자산이다. 김진균은 다산을 평생 깊이 존경하고 배우고자 애썼다. 그는 다산처럼 여러 분야에서 많은 연구 업적을 남기지는 않았으나 다산만큼 민중을 위해 열심히 연구하고 실천했다. 다산은 병든 사회의 개혁을 위해 연구에 매진했다. 이 점에서 김진균은 다산의 참 제자였다.[166]

김진균은 산행할 때와 마찬가지로 학문을 하면서도 제자들의 생각을 뒤에서 북돋우면서 앞으로 나아갈 방향을 제시하는 후견인 역할을 담당했다. 그는 후학들에게 모범이 되면서 나아갈 방향을 제시했다. 강만길은 김진균에 대한 추도사에서 "당신이 뿌려놓은 학문과 실천의 씨앗은 도도한 역사의 강을 이루고 말 것입니다"라면서 김진균의 학문적 업적을 다음과 같이 정리했다.

우리의 짧은 근대 학문사에서 아직 지성사가 성립되지 못하고 있습니

---

166   홍성태,《김진균 평전—민중을 위한 학문과 실천의 삶》, 332쪽.

다. 생각만이 정리된 사상사가 아니라 생각과 행동이 일치된 학문 업적을 중심으로 지성사가 엮어지는 날 '한국 사회과학과 학문의 과제', '21세기 진보운동의 기획' 등 당신의 업적은 그 뚜렷한 봉오리가 될 것이라 확신합니다.[167]

홍성태에 따르면 김진균은 정년퇴임을 5년 앞둔 1998년에 들어서면서 은퇴 이후의 삶을 준비하고 기획하기 시작했다, "개인적인 작업으로는 35년간의 연구 및 활동을 정리하고, 노동운동사와 지식인운동사의 집필을 계획하고 있었고, 70세를 기점으로 사회 활동에서는 완전히 손을 떼고, 자연인으로서 지내고자 구상하고 있었다. 나이가 들면서 생기는 아집과 노욕을 경계했기 때문이었다."[168] 그는 퇴임 이후 자신의 학문을 결산하기 위해 저서를 출간하고 편집하는 일에 정성을 기울이기도 했다. 그러나 해방 이후의 한국 노동운동사와 지식인운동사를 쓰지 못했고 자신의 자전적 경험을 책으로 엮어내지 못한 채 세상을 떠났다. 그가 못다 한 학문적 과제는 후학들의 것으로 남았다.

김진균의 학문 세계에 대해서 보는 사람의 입장에 따라 몇 가지 서로 다른 비판이 가능하다. 첫째는 그의 학문적 업적이 그리 풍부하지 않다는 비판이다. 학자는 오로지 저서로 승부한다는 아카데미즘의 정신에서 너무 멀어지면서 학술적인 글보다는 실천 지향성이 강한 글을 썼다

---

167 강만길, 〈청정 김진균 교수를 추도함—당신이 간 길, 역사의 강이 되어〉, 《교수신문》 2004년 2월 17일.

168 홍성태, 《김진균 평전—민중을 위한 학문과 실천의 삶》, 275쪽.

는 지적이다. 둘째로 그의 실천적 삶이 이데올로기적으로 너무 한쪽으로 기울어졌다는 비판이다. 후기로 갈수록 학자와 실천가 사이의 긴장이 사라지고 실천가 쪽으로 기울었으며 그 결과 너무 당파적인 입장이 되어 학술적인 차원이 사라졌다는 비판이다.[169] 셋째는 진보지식인으로서의 김진균이 대한민국의 여느 남성과 그리 크게 다르지 않게 가부장적이었다는 페미니스트들의 비판이 있다.[170] 넷째, 근대화론을 비판하고 계급분석을 중시하는 비판적 사회과학 패러다임으로 이전하면서 정치경제적 차원을 지나치게 강조하고 문화적 차원의 중요성을 경시했다는 비판이다.[171] 마지막으로 김진균이 '한국적 사회학'을 지향했지만

---

169 김경동은 이렇게 썼다. "이념이 지나치게 승한 상태는 학문의 발전 자체는 물론이고 사회학 발전에 대한 기여에서도 부정적인 영향을 남긴다. 지난 60년의 역사에서 한국 사회학이 이념적 편파성과 경직성에 휘말리지 않았다면 적어도 학문적인 성숙도는 지금에 비할 바가 아닐 정도로 가능했을지도 모른다." 김경동, 〈격변하는 시대에 한국 사회학의 역사적 사명을 묻는다―한국 사회학 50년의 회고〉, 《한국사회학》 제40집 4호, 2006, 5~6쪽.

170 이런 세 가지 관점에서의 비판에 대해서는 홍성태, 〈1990년대 한국 사회와 김진균〉, 32쪽을 볼 것. 그러나 김진균은 인생의 말년에 어린이와 여성의 인권에 관심을 기울였다.

171 보기를 들어 김진균은 이렇게 썼다. "전노협은 87년 이후 연고주의와 반공 이데올로기 통제 방식을 전복시키고 나온 노동자계급의 전국적 출현이었다. 이제 한국에서 경제 영역에서 연고주의의 전통적 관계에 의한 통제 방식은 계급적 출현으로 나타난 자주적 노동조합에 의하여 거의 효력을 다하고 있다. 그리고 정치 영역에서도 그 효력의 수명이 다했음을 보여주고 있다." 김진균, 〈마지막 강의〉(2002), 《불나비처럼》, 문화과학사, 2005, 170쪽. 그러나 김진균의 예측과 달리 가족주의에 기초한 혈연, 지연, 학연에 의한 연고주의는 기업의 지배구조나 정치인의 선거

그것을 얼마나 달성했느냐는 질문을 해볼 수 있다.

　김진균은 미국의 주류 사회학 이론을 비판하면서 알튀세르를 비롯한 프랑스 마르크스주의 이론을 수용하여 '인식론적 단절'과 '이론적 실천'을 주장했다.[172] 그러나 그의 학문적 작업은 한국 사회를 설명하는 독자적인 이론으로 발전하지 못했다. 그의 연구는 너무 현장 밀착적이고 실천 지향적이어서 상황을 떠나 보편성을 갖는 이론으로 발전하지 못했다. 또한 그가 실학의 지성사와 일제강점기 사회사 연구에 관심을 가졌다고 하지만 풍부한 경험적 연구를 산출하지 못했음은 안타까운 일이다. 김진균의 학문 세계는 한국적 사회학을 지향했지만 마르크스주의를 비롯한 서구 이론의 수용과 그것의 한국적 적용을 크게 넘어서지 못했다.[173] 김진균이 말했듯이 몰역사적인 사회학도 문제지만 고유한 이론이 없는 실천 지향의 사회학도 문제라고 할 수 있다. 김진균

조직은 물론 일상의 사회적 관계에서도 지속적인 힘을 발휘하고 있다. 계급의식의 형성을 저해하는 '문화적 문법'의 힘을 그 자체로 깊이 연구할 필요가 있는 것이다. 정수복, 《한국인의 문화적 문법》, 생각의나무, 2007 참조.

[172] "1980년대 한국 사회학계의 비판적 이론의 기초가 되었던 마르크스주의의 수용은 구체적인 현실분석과의 연결성을 높이는 데 실패하고 오히려 마르크스주의의 선험적·이념적 측면을 강조하는 방향으로 전개되었다고 평가된다." 신용하, 〈'독창적 한국 사회학'의 발전을 위한 제언〉, 한국사회학회 엮음, 《21세기의 한국 사회학》, 문학과지성사, 1994, 20쪽, 각주 15.

[173] "민중사회학도 결국은 수입된 마르크스주의 이론에서 영감을 받은 것이다. 다시 말하면 주 명제는 마르크스 이론에서 그리고 보조 명제는 한국의 현실에서 도출한 것"이다. 김용학, 〈사회학 이론 및 방법론 연구〉, 대한민국학술원, 《한국의 학술연구: 정치학·사회학》, 대한민국학술원, 2008, 455쪽.

의 후학들은 역사적 차원을 지니면서 우리 나름의 비판이론을 지향하는 한국적 사회학을 추구해야 할 것이다. 그 점에서는 비판사회학과 역사사회학의 결합이 필요하다. 이에 대해 역사사회학자 김백영은 이렇게 말한 바 있다.

역사사회학자들이 패러다임 전환에 기여했다고 할 만한 독창성과 혁신을 갖춘 연구로 높이 평가할 만한 점도 있다. 물론 사회사에서 추구하는 '문제사'로서의 역사 연구라는 것이, 실제로는 체계적인 비교 방법을 동원하거나 논리적으로 말끔한 이론화를 시도했던 것도 아니고, 대개 해석과 설명의 중간적 성격, 사례 연구와 이론화의 과도기적 성격을 띤 미완의 작업에 가까운 것이었다는 점에서, 어느 정도씩은 한계를 띠고 있지만, 그것은 어디까지나 역사학적 연구로서의 사료 실증주의의 학적 엄밀성과 제도화된 강제력으로부터 벗어나지 못하는 범위 내에서 사회학자로서의 고유한 이론적 문제의식을 살리고자 하는 자생적인 문제사적 작업의 산물이기 때문일 텐데, 그런 의미에서 앞으로는 이론의 필요성을 좀 더 본격적으로 제기해서 그것을 보다 큰 틀에서 엮어낼 수 있는 좀 더 높은 추상 수준에서의 이론화 작업을 기획할 필요가 있을 것이다.[174]

한국의 비판사회학자들은 김진균이 남긴 진보적 학문관을 이어받아 앞으로도 한국 비판사회학의 발전을 위해 자기 반성적이고 성찰적인

---

174 김백영·김민환·채오병 외, 〈한국 사회사, 역사사회학의 미래를 말한다—사회사·역사사회학 신진연구자 집담회〉, 132쪽.

태도를 갖추어야 한다. 이와 관련하여 비판사회학회 회장을 역임한 오유석은 2017년 비판사회학회를 중심으로 이루어진 민주화 이후의 학술운동을 이론과 실천 양면에서 다음과 같이 평가했다.

첫째, 지난 20년 동안 비판사회학회의 주제와 소주제들은 비판사회학이 출발할 때 가졌던 새로운 진보적 사회이론을 이끌어갈 수 있는 핵심적인 개념으로 사용해왔던 정치, 국가, 이데올로기, 노동, 계급 등 정통 마르크스주의에서 논의해 왔던 주제에서 크게 벗어나지 못했으며 여전히 이 범주에 머물러 있다. 마르크스주의 위기 이후 이렇다 할 근본적인 변동을 이끌어 갈 사회이론적 실천의 관점에서 보았을 때, 새로운 진보적 사회이론을 이끌어 갈 수 있는 핵심적인 개념 제시가 부재했다. …… 변화에 대한 대응과 이해에 대한 문제의식이 해마다 '전환'이라는 주제로 나타났지만 '한국적' 사회과학이라고 불리는 이론적 담론 생산과 소통을 잘 해왔는지 묻는다면 그 대답은 매우 유보적일 수밖에 없다. 둘째, 그러다 보니, 실상, 더 넓은 차원의 지식생산 구조, 메커니즘 방식을 어떻게 바꿔야 한다는 대안이 부재했다. 사회변화의 속도와 리듬에 호흡하면서 사회학은 공공성이라는 쟁점을 잊지 않고, '비판'을 넘어 현실 가능한 실천 운동이 학문적 입장에서 무엇인가라는 질문은 계속되어야 하는데 오히려 2007년 이후에는 우리가 하고 있는 작업의 이론적·실천적 의미가 더 위축되었다. 이른바 비판사회학이 '비판사회학회'라는 제도권 안에 들어와서 안주하고, 실천성보다는 제도성/전문성/분화가 확

장되었다.[175]

비판사회학회 안에서 자성적 비판이 이루어지는 것은 너무나 자연스러운 일이다. 그러나 비판이 비판으로 끝나지 않고 김진균이 일구어놓은 비판사회학의 전통을 이어가기 위해서는 '한국적' 사회학 이론을 발전시키고 한국의 문제적 상황 개선을 목적으로 다양한 차원에서 학문적 업적을 쌓고 비판적 실천을 전개해야 할 것이다. 그것이야말로 김진균의 비판사회학을 비판적으로 계승하는 길이 될 것이다.

---

175 오유석, 〈지식인운동의 확장과 위축: 민주화와 지식인 사회의 분화—민주화 이후의 학술운동: 비판사회학회를 중심으로〉, 비판사회학대회 발표문, 2017년 10월 21일, 3쪽.

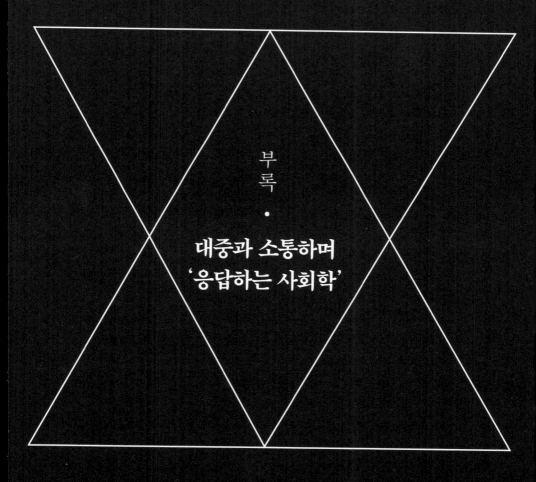

부록
·
대중과 소통하며
'응답하는 사회학'

학문이 현실 문제와 너무 동떨어지면 당연히 대중성을 잃게 마련이다. _강만길

공공의 철학public philosophy으로서의 사회과학은 공중public이 없으면 고사할 수밖에 없다. _로버트 벨라

시민사회가 없어지면 사회학도 사라진다. _마이클 뷰러웨이

1. 학문공동체로서의 사회학 공동체

학문은 차가운 머리와 더불어 뜨거운 가슴이 있어야 앞으로 나아갈 수 있다. 오늘 이 자리에서 열리고 있는 한국사회학대회는 사회학회 외부에 대한 발신의 기회라기보다는 사회학계 내부의 응집력과 연대성 강화를 위한 기회이다. 특히 플레너리 세션은 사회학 공동체의 구성원들이 뜻을 공유하고 강화하는 일종의 공동체 의례儀禮(ritual)이다. 의례는 '집합적 열광collective effervescence'을 불러일으키고 깊은 문제의식을 환기시키는 예식禮式(ceremony)이 되어야 한다.[1]

---

1 이 글은 2020년 12월 19일 한국 사회학대회 플레너리 세션에서 발표한 초고를 수정한 것이다. 비판사회학은 기본적으로 대중과 소통하는 사회학이어야 한다는 생각에서 《한국 사회학의 지성사》 3권 《비판사회학의 계보학》의 부록으로 덧붙였다. 이 글

학문공동체란 학자들이 구성원이 되어 학문을 통해 진리를 추구하는 자원적 결사체voluntary association다.[2] 사회학자들의 공동체인 한국사회학회Korean Sociological Association는 사회학자들이 모여 학문 연마를 통해 진리를 축적하고 그것이 좋은 삶good life이 가능한 좋은 사회good society를 만드는 일에 기여하는 것을 목표로 한다.

한국의 사회학자로서 한국 사회학 공동체의 일원으로서 나는 2012년부터 한국 사회학의 역사 연구에 착수했다. 2015년 진주 경상대학교에서 '한국 사회학의 사회학'이라는 주제로 열린 한국사회학대회 플레너리 세션에서는 〈한국 사회학의 역사와 전통 만들기〉라는 주제로 발제했다. 이후 연구에 박차를 가하여 2020년 '한국 사회학 백년의 지성사'(가제) 초고를 원고지 7200매, 책 5권 분량으로 완성했다.[3] 이 초고에는 미국 사회학과 영·독·불 사회학의 역사도 포함되어 있다. 오늘 이 자리에서는 이를 기본으로 삼아 '사회학의 대중화'라는 주제로 몇 가지 생각을 나누어보려고 한다.

은 사회학자를 대상으로 쓴 글이지만 사회학도는 물론 사회학에 관심이 있는 일반 독자들도 함께 읽고 토론해볼 수 있도록 썼다.

2 Association 대신 Society를 사용할 수 있다. 1905년 미국사회학회 공식 명칭은 American Sociological Society였다가 1936년 American Sociological Association으로 개칭했다.

3 이 초고를 가지고 2020년 9월 24일 서울대학교 아시아연구소 시민사회 프로그램과 한국사회학회 공동 주최로 〈한국 사회학의 뿌리와 줄기를 찾아서: 한국 사회학의 계보학〉이라는 제목의 콜로키움이 열렸다. 이 모임에는 저자를 비롯하여 임현진, 유홍준, 장경섭, 정일준, 이재경, 정준영, 공석기 등이 참여했다.

한국 사회학은 구학문에서 신학문으로 전환하는 시기에 일본과 중국을 통해 한반도에 유입된 후 식민지 시기에는 주로 일본 학계, 해방 이후에는 미국 학계를 통해 문제의식과 연구 주제, 이론과 방법론의 기초를 쌓았다. 제2차 세계대전 이후 다른 분야에서와 마찬가지로 사회학 분야에서도 미국 사회학이 세계 사회학의 중심이 되었다. 해방 직후 이루어진 한국 사회학의 제도화는 일단 미국 사회학의 수용과 적용 과정이었다. 그런 과정에서 주류 사회학mainstream sociology이 형성되었다. 그러나 1970년대 중후반부터 민주화운동과 더불어 비판사회학이 태동했고 그 결과 1980년대 제도권 학계는 주류 사회학과 비판사회학의 흐름으로 양분되었다.[4] 또한 1980년대에는 주류 사회학과 비판사회학 사이에서 한국 근현대사를 사회학적으로 연구하는 역사사회학의 흐름이 형성되었다. 그 결과 1990년대 이후 한국 사회학은 크게 주류 아카데믹 사회학(이상백, 이만갑, 배용광, 이해영, 김경동), 비판사회학(이효재, 한완상, 김진균), 역사사회학(최재석, 신용하, 박영신) 이렇게 세 개의 큰 흐름으로 진행되고 있다.[5]

1990년대에 들어서자 사회학 내에 전공이 세분화되고 여러 독자적

---

4 주류 사회학을 마이클 뷰러웨이의 용어로 하자면 전문가 사회학professional sociology 이라고 부를 수 있고 비판사회학의 입장에서 강단사회학academic sociology이라고도 부를 수 있다. Michael Burawoy, "For Public Sociology", *American Sociological Review* Vol. 70, No. 1, 2005, pp. 4~28. 주류 사회학을 표준사회학standard sociology 또는 통상적 사회학conventional sociology이라고 부르기도 한다.
5 괄호 안의 이름은 각각의 흐름을 대표하는 학자들로서 정수복, 《한국 사회학의 지성사》의 연구 대상 인물들이다.

인 학회들이 만들어지고 각각의 학회지를 발행하게 되었다. 학자 수가 늘어나고 학회 수가 늘어나고 학회지가 늘어나면서 논문 발표량이 급증했다. 그러나 그렇게 분산되고 파편화된 연구를 종합하고 통합하여 일반적인 명제를 만드는 작업은 제대로 이루어지지 않고 있다.[6] 각자 고립·분산적으로 자기 논문 생산에 열중하고 있는 상황이다. 사회학자들의 모임인 한국사회학회는 "어떻게 하면 사회학자들의 개별 연구들을 종합하고 통합하여 한국 사회에 대한 일반 명제를 만들 수 있을 것인가?"라는 질문을 던져야 한다. 그것은 학자들 사이의 활발한 학문적 교류를 통해 이루어진다. 그리고 학회가 존재하는 이유 가운데 하나는 학자들 사이의 지적 대화와 인간적 교류의 장을 제공하는 것이다.

어제 사회학회 회장 임기를 시작한 서울시립대 장원호 교수는 오늘날 우리 학계의 문제점이 많이 있지만 그중에서 안타까운 것이 우리 학계의 "공동체성이 많이 사라진 것"이라면서 "동기들, 선배, 후배들과 밤늦게까지 회포를 풀고 삶과 학문에 관해 토론하던 모습"을 되살리기를 원한다.[7] 차기 회장으로 선출된 연세대 한준 교수도 사회학회 내부가 "세대별로, 지역별로, 지향별로, 지위별로" 분화되고 분리되면서 "서로 관심과 대화가 줄어들고" 서로 동료로 생각하는 분위기도 약해

---

6 Jae-Woo Kim, "The Structural Change of Korean Academic Sociological Community", *Korean Journal of Sociology*, Vol. 43, No. 6, 2009, pp. 45~72.

7 장원호, 〈2020년 한국사회학회장 출마의 변〉, 2019년 10월. 장원호는 총회에서 2021년 1년 동안 사회학자들이 모여 대화하는 '공감식탁'을 50회 정도 마련할 계획이라고 밝혔다.

지고 있기 때문에 앞으로 한국사회학회를 "다수의 다양한 목소리를 들을 수 있고, 차이를 넘어서 서로 대화를 나눌 수 있는 장"으로 만들고 싶다는 의지를 표명했다.[8]

공동체는 상호작용을 통해 구성되고 유지되고 변화를 겪는다. 학문적 교류는 인간적 교류를 바탕으로 동료 학자들의 논문과 저서를 꼼꼼히 읽고 자기 연구에 참조하는 과정에서 이루어진다. 한국 사회학의 발전을 위해 한국의 사회학자들은 각자도생의 상태에서 벗어나 학문적 상호작용의 빈도와 강도를 높여야 한다. 자기 전공 분야뿐만 아니라 사회학계 전반의 연구에 관심을 가지고 동료 학자들의 글을 읽고 토론하고 격려하면서 더 나은 진리를 추구해야 한다. 물론 미국과 유럽을 중심으로 하는 외국 학자들의 글도 읽어야 한다. 그러나 같은 학문공동체에 속하는 동료 학자들의 글을 읽고 토론할 때 학문공동체가 강화되고 그런 과정에서 우리다운 사회학이 창조된다.[9] 원로 사회학자 강신표는 이 같은 맥락에서 한국 사회학계 내부 상호작용의 중요성을 다음과 같이 강조했다.

---

8 한준, 〈2021년 한국사회학회장 출마의 변〉, 2020년 11월 19일.
9 마이클 뷰러웨이는 미국 사회학자들이 미국 사회학을 보편적인 것으로 생각하지만 실상 그것도 특수한 것이므로 "미국 사회학을 지방화Provincializing American Sociology해야 한다"고 주장한다. 그는 각 나라의 사회학 전통local traditions과 서양 사회학을 토착화하려는 열망aspirations to indigenize sociology을 존중해야 한다면서 서로 다른 나라 학자들 사이의 대등한 교류를 주장했다. Michael Burawoy, "For Public Sociology", p. 22. 이런 주장에 응답하려면 우리 나름의 사회학 전통이 있어야 한다.

우리들 한국 사회학자 간의 대화와 토론이 보다 더 활발히 전개되어야 한다. …… 옆에 있는 한국 사회학자의 연구를 주목하고 격려하며, 한국 사회에 살고 있는 사람들의 삶이 보다 더 풍요로울 수 있도록 노력해야 할 것이 아닌가?[10]

사회학계 내부의 학문적 교류를 심화시키는 한편 사회학자들이 산출한 사회학 지식이 사회학계를 넘어 다른 전공 분야의 학자는 물론 언론인, 기업가, 정책입안자와 결정자, 시민운동가, 종교인, 교육자 등 우리 사회를 이끌어가는 주요 집단과 일반 시민에게도 전달될 수 있어야 한다. 그것은 신문 기고, 방송 출연, 기업체나 국회, 행정부, 지방자치단체, 시민단체 등이 초청하는 특별 강연 등을 통해서도 이루어질 수 있고 일반 교양시민이라면 누구나 이해할 수 있도록 서술한 단행본 형태로도 이루어질 수 있다. 프랑스 사회학자들의 경우 사회적 영향력은 저서 발간과 그것을 매개로 다양한 언론매체를 통한 대중과의 접촉에서 나온다.

반면 한국의 경우 대학평가와 교수업적 평가가 강화된 이후 사회학자들도 취업과 승진을 위해 논문 발표에 온 힘을 기울여왔다. 그 과정에서 저서 출간은 이전보다 훨씬 드물어졌다. 논문은 동료 학자들의 평가를 받는 학계 내부의 글쓰기라서 대중에게 전달되지 않는다. 그러나 연구서는 동료를 넘어 다른 분야 학자들에게도 전달되고 교양서는 일

---

10 강신표, 〈전통 문화문법과 세계관의 변화: 한국 사회학 토착이론은 불가능한가? 불필요한가?〉, 《사회와 이론》 제6집, 2005년 1호, 289~290쪽.

반 시민들에게 쉽게 전달될 수 있다. 논문, 특히 영어 논문은 학자 개인의 취직, 승진, 명예를 위해 중요하다. 하지만 사회학의 위기를 돌파하고 사회학의 학문적 위상을 높이기 위해서는 학계 밖의 폭넓은 청중들이 쉽게 접근할 수 있으면서도 수준 높은 사회학 저서 출간이 시급하다. 사회학자들의 발신을 수신하는 청중을 만들고building audience, 대중과 소통하는 사회학communicative sociology, 대중의 요구와 질문에 '응답하는 사회학responsive sociology'이 필요한 때이다.

2. 1950년대 출생 세대의 사회학

오늘의 플레너리 세션은 1950년대에 태어난 사회학자들의 '행진'이다. 유홍준, 송호근, 정수복 모두 1950년대에 출생한 학자들이다.[11] 송호근이 썼듯이 학계에서 이루어지는 학자들의 "행진은 혼자가 아니라 동료들, 동년배 집단, 혹은 세대로 불리는 집단과 같이하는 집합적 행동이다."[12] 한국전쟁 이후 태어난 베이비붐 세대에 속하며 1970년대 유신체제 아래서 대학을 다녔다는 이유로 '유신세대'로 불리기도 하는

---

11 유홍준은 사회, 정수복과 송호근은 발제를 맡았다.

12 송호근, 〈학문 후진성에 대한 지성사적 고찰: 사회학 혹은 사회과학의 역사적 존재와 출구〉, 일송기념사업회 편, 《한국 인문·사회과학 연구, 이대로 좋은가》, 푸른역사, 2013, 95쪽.

1950년대 출생 사회학자들은 김경동, 한완상, 임희섭, 신용하, 김진균, 박영신 등 1930년대에 출생한 세대를 통해 사회학에 입문한 세대이다. 이들은 1980년대 유학하거나 국내에서 박사학위를 받고 1980년대 말 1990년대 초 학자로서의 경력을 시작한 세대이다. 한국사회학회 회장을 역임한 학자들을 보기로 들자면 김문조, 양영진, 박재묵, 이은진, 정진성, 윤정로, 김무경, 조성남, 박명규, 신광영, 박길성, 유홍준 등이다. 장원호에서부터 1960년대생으로 넘어간다. 세대에 따라 사회학적 문제의식이 달라진다고 할 때 586세대로 불리는 1960년대 출생 세대의 사회학자들이 한국사회학회 회장을 맡기 시작했다. 정치나 기업 등 다른 영역에 비해 늦게 시작되었지만 앞으로의 변화가 기대된다. 이번 사회학대회 대학원 세션에는 1990년대 출생 사회학도들이 참가하고 있지만 한국 사회학의 미래를 예측하기 위해 1970년대 출생 세대의 사회학자들과 1980년대 출생 세대의 사회학자들이 그 이전 세대와 어떤 연속과 단절을 겪고 있는지를 살펴볼 필요가 있다.

3. 사회학의 대중화 기획 의도

사회과학 분야에서 사회학은 다른 학문 분야에 비해 점점 더 영향력을 상실하고 있다. 법학은 예나 지금이나 현실 세계에서 힘이 막강하다. 각 대학마다 가장 좋은 건물을 차지하고 있는 법학대학원은 판검사와 변호사만이 아니라 국회의원, 장관, 여야당 대표, 대통령을 배출하면서 한국 사회 지배 엘리트의 요람이 되고 있다. 경제·경영학은 전공 학생 뿐만 아니라 부전공과 복수전공을 하는 학생들을 포함하여 취직을 염두에 둔 학생들의 요구가 크기 때문에 거의 모든 대학에 학과가 설치되어 있고 교수 숫자도 사회학에 비해 몇 배나 된다. 정치학과 행정학은 경제·경영학보다는 수요가 적지만 교수들은 정부의 정책 형성이나 언론을 통한 여론 형성에 사회학자들에 비해 훨씬 더 큰 영향력을 행사한다. 사회복지학은 복지 수요의 증가에 따라 사회학과보다 훨씬 더 많은 대학에 설치되었고 교수와 학생 수도 사회학과를 능가한다. 심리학과는 대학 내에서는 사회학과와 비슷한 규모로 설치되어 있지만 사회 현장에서 상담 중심의 수요가 급증하여 사회학과보다 훨씬 더 인기 있는 학과가 되었다. 언론정보학과는 한때 '언론고시'라는 말이 있었을 정도로 사회학과보다 훨씬 더 큰 인기와 영향력을 행사하면서 많은 수의 기자와 PD를 배출하고 있다.

이와 관련하여 2015년 펴낸 《응답하는 사회학》에서 나는 이렇게 쓴바 있다. "오늘날 사회학은 사회복지학이나 언론정보학에 비해 유용성이 없고 정치학, 행정학, 경제학, 법학과 비교해볼 때 학문의 연구 대상 자체가 모호하며 외국 학자들의 이름과 복잡한 개념어들이 수도 없이 열거되는 골치 아픈 학문이라는 인식이 널리 퍼져 있다. 사회학에 대한 이런 편향된 인식을 깨고 사회학이 더 나은 삶이 가능한 더 좋은 사회를 만드는 데 꼭 필요한 학문임을 인식시키지 못하는 한 사회학의 현실적 위기는 갈수록 심화될 형편이다."[13]

　송호근은 사회학의 영향력이 감소하는 상황을 관찰하면서 그 원인과 경과를 다음과 같이 진단했다.

　(1980년대) 이념의 광장으로 나간 사회학은 대중과 호흡하면서 인기 절정의 시대를 구가했으나 1990년대 문화소비 시대로 전환하면서 대중의 시야에서 멀어져야 했다. 현실을 이념으로 재단하고 가치 개입적 분석을 학문의 가장 중요한 기준으로 강요하면서 이른바 '이념의 시대'를 주도했던 대가는 쓰라렸다. 사회학에 대한 대중적 관심의 급격한 쇠퇴가 일어난 것이다. 한국에서 사회학의 전성시대는 갔다. 대중적 관심도 하락했으며, 학생들의 지원율도 줄었다. 사회학은 비판의식을 필요로 하는 사회적 발전단계에서 수요가 급증하는 경향이 있는 반면 '비판'보다 '적응'이 요구되는 발전단계에서는 보다 전문성을 띤 학문 영역이 각광을 받기 마련이다. …… 사회학은 억압적 정치체제하에서 움텄다가 민주화 이행기간에 대중적 관심이 증폭되고, 이후 민주화가 공고화되는 과정에서 대중적 관심은 서서히 감소하는 경향을 보인다고 할 수 있다.[14]

　2018년 12월 유홍준은 〈한국 사회학회 회장 출마의 변〉에서 한국 사

13　정수복, 《응답하는 사회학》, 문학과지성사, 2015의 3부 1장 〈소통하는 사회학〉, 311~365쪽.

14　송호근, 〈학문 후진성에 대한 지성사적 고찰: 사회학 혹은 사회과학의 역사적 존재와 출구〉, 113, 121, 122쪽.

회학의 현황을 다음과 같이 진단했다.

주위의 여러 학문 분야에서도 사정이 비슷해져 가지만, 최근 사회학계
는 활력을 잃어가고 있는 모습입니다. 학문적 전문성에 대한 사회적 존
중이나 보상도 약해지고 있는 상황이며, 사회학자 개인들도 사회적 선
도자로서 역할을 자임하기보다는 소시민적 기능인으로 만족해가는 것
이 아닌가 하는 생각을 저 역시 자괴감으로 가지고 있습니다. 하지만 한
국 사회는 더욱 복잡해지고 있으며 사회적 문제와 갈등은 다방면에서
첩첩이 쌓여가고 있습니다. 이를 해결할 사회학의 학문적 중요성과 지
적 위상이 새로이 정립될 필요가 있습니다.[15]

유홍준은 이런 문제 제기에 이어 2019년 회장 취임사에서 한국 사회
학계의 분열상을 다음과 같이 요약했다.

1989년과 1990년에 걸쳐 한국사회학회는 파열음을 내고 쪼개졌습니다.
사회변혁의 최전선에 서고자 했던 진보이론가들에게 기존의 표준사회
학은 가치중립성을 애써 강변하는 강단학문에 불과해 보였던 것입니다.
그러곤 30년이 흘렀습니다. 한동안 한국 사회학계는 상당한 외형적 성
장을 하기도 했습니다. 하지만 한국 사회학은 얼마나 발전한 것일까요?
진보사회학자들의 규범인 거대담론이 공허한 만큼, 표준사회학자들의

---

15   유홍준, 〈2020년도 한국사회학회장 출마의 변〉, 2018년 10월.

경험주의 연구도 사회와 유리되긴 마찬가지 아닌가요? 양 진영의 분리는 서로의 연구 주제와 방법론에 대한 멸시로 인해, 이후 한국 사회학의 발전에 걸림돌이 되어온 것으로 보입니다. 주장만 창대한 좌파의 연구나 변수 하나에 유의미성이 좌우되는 우파의 연구 모두, 대중의 관심에서 멀어진 것입니다.[16]

유홍준은 이런 상황에서 '사회학 교육'이라는 문제를 제기했다.

사회학의 정의를 생각해볼 때, 현재 한반도의 남쪽에 살고 있는 우리나라 사람들이 일상에서 관심을 두고 있는 현상과 구체적인 문제들에 대해 우리는 제대로 답변을 제시하고 있습니까? 우리는 강의실에서 제자들에게 어떤 교육을 하고 있습니까? …… 2020년 한 해 동안, 교수님들의 연구는 그대로 지속되더라도, 교육에서만은 변화의 움직임이 일어나기를, 또 그것을 기반으로 우리의 교육과 연구에 대한 고객이 증가하여 사회학의 대중성이 확장되는 계기가 마련되기를 기원합니다.[17]

다시 사회학의 위기론으로 돌아가자면 뒤르켐 사회학의 전문가 민문홍은 "21세기에 들어 어느 시점부터 사회학이라는 학문 자체의 정체성이 의문시되고, 사회학자들의 연구 작업들이 양식 있는 시민들이나

---

16 유홍준, 〈2020년 한국사회학회 회장 취임사: 한국 사회학, 이대로 좋은가?〉, 2019년 12월.
17 유홍준, 〈2020년 한국사회학회 회장 취임사: 한국 사회학, 이대로 좋은가?〉.

일부 인텔리겐치아 집단으로부터도 외면당하는 현실에 직면하게 되었다"고 진단한다.[18] 과연 많은 사람들이 예견하듯 이제 사회학의 전성기는 끝나고 지루한 쇠퇴기만 계속될 것인가? 그렇지 않다. 나는 지금의 시대가 "Sociology, Once Again!"을 요구하는 시대라고 생각한다. 과학과 기술의 급속한 발전, 경제적 불평등, 중산층 붕괴, 지속 불가능한 환경, 청년실업, 노령사회, 높은 자살률, 낮은 출산율 등 사회학자들의 연구 주제가 산적해 있다.[19] 이런 문제들에 대한 사회학자들의 응답이 쏟아져 나온다면 사회학의 쓸모가 인정되고 사회학의 학문적 위상이 다시 높아질 수 있다. "사회학이 우리에게 무슨 소용이 있는가"라는 '사회학 무용론자들'의 비판에 설득력 있는 답변을 내어놓아야 한다.[20] 그러기 위해서는 사회학자들이 학문에 임하는 태도가 달라져야 한다. 위

---

18 민문홍, 〈21세기에 다시 읽는 에밀 뒤르케임의 사회학—한국 사회학의 새로운 이론적 위상 정립을 위하여〉, 《사회이론》 58호, 2020년 가을/겨울, 335쪽. 민문홍은 에밀 뒤르켐의 사회학을 계승한 레이몽 부동의 "일상적 합리성 이론"이라는 새로운 이론적 패러다임으로 "한국 사회의 다양한 위기—이념적 양극화, 국가와 정치의 목표 실종, 시민적 양식의 실종, 지식인 사회의 황폐화, 사회과학 이론들의 무력화 등을 돌파할 수 있다"고 본다. 민문홍, 〈21세기에 다시 읽는 에밀 뒤르케임의 사회학—한국 사회학의 새로운 이론적 위상 정립을 위하여〉, 336쪽.

19 박길성은 "그 어느 때보다 사회학의 요청이 절실하지만, 그 요청에 적절하게 대응하는지는 의문"이라고 썼다. 박길성, 〈공동체의 미래를 디자인하는 사회학〉, 《한국사회학》 54집 1호, 2020, 4쪽.

20 김규원, 〈한국의 사회학과 지방사회학의 자리매김을 위한 하나의 주장〉, 《우리 사회 연구》 1호, 1993, 14쪽. 사회학의 용도에 대한 하나의 답으로 지그문트 바우만 외, 노명우 옮김, 《사회학의 쓸모》, 서해문집, 2015 참조.

기의 시대일수록 위기를 넘어서기 위한 자기반성과 창조적 노력이 필요하다.

사회학의 위기를 돌파하기 위해서는 문제 상황 속에 있는 시민들에게 "사회학이 필요한 시간"임을 알리고 "도대체 세상은 왜 이렇게 돌아가는가?"라는 그들의 일차적 질문에 "응답하는 사회학" 담론이 쏟아져 나와야 한다.[21] 그런데 안타깝게도 현실은 그렇지 못하다. 대다수의 사회학자들은 대중과 유리된 채 상아탑 속에 고립되어 있다. 사회학자들이 지금처럼 대중과 소통하지 못하는 이유는 무엇일까? 연구비 지원을 근거로 하여 이루어지는 교육부와 한국연구재단의 '지침'과 기업 활동에 도움이 되는 지식을 생산하라는 '산학협동' 원칙하에 대학의 시설과 연구비를 후원하는 기업의 요구가 사회학자들의 연구와 글쓰기, 교육과 사회 활동을 일정한 방향으로 몰아가고 있는 것은 아닌가? 언제부터인가 교수 연구 업적 평가제가 실시되면서 사회학자들도 예외 없이 국내의 등재 학술지와 해외의 학술저널에 발표할 논문 쓰기에 열중하고 있다. 젊은 학자들일수록 연구업적 쌓기에 바빠서 사회학의 위기나 사회학의 임무에 대해서는 생각할 겨를이 없다. 그래서 한국 사회학은 점점 더 '영혼 없는 사회학sociology without spirit'이 되어가고 있는

---

21 보기로 노명우, 《세상 물정의 사회학》, 돌베개, 2013; 정태석, 《행복의 사회학》, 책 읽는 수요일, 2014; 김찬호, 《모멸감》, 문학과지성사, 2014; 오찬호, 《나는 태어나자마자 속기 시작했다》, 동양북스, 2018; 이재열, 《다시 태어난다면, 한국에서 살겠습니까》, 21세기북스, 2019; 이철승, 《불평등의 세대》, 문학과지성사, 2019 등을 들 수 있다.

것은 아닌가?[22]

　사회학자라면 누구라도 지금보다 더 나은 사회, 더 정의로운 사회를 만드는 데 기여하는 지식을 추구하기 위해 사회학이라는 학문의 길에 들어섰을 것이다. 그러나 교수 자리를 차지하고 나이가 들어갈수록 젊은 시절 품었던 사회학적 열정sociological passion은 사그라지고 적당히 자리나 지키려는 마음이 커지고 있는 것은 아닌가? 그래서 '왜? 그리고 무엇 때문에, 무엇을 위하여, 그리고 누구를 위하여 사회학을 하고 있는가?'라는 질문을 묻어버리고 있는 것은 아닌가? 대학 내의 사회학 전공 학생들을 볼모로 잡고 스스로를 대학 밖의 대중과 격리시키고 있는 것은 아닌가? 그 결과 사회학과 사회학자들이 사회로부터 고립되고 대중으로부터 외면당하고 있는 것은 아닌가? 이런 상황을 벗어나려면 무엇을 어떻게 해야 할 것인가?

4. 공공의 요구에 응답하는 사회학

사회학은 단수 sociology가 아니라 복수 sociologies다. 사회학은 토머스

22　'영혼 없는 사회학'이라는 표현은 막스 베버의 표현에서 따온 것이다. 뷰러웨이는 사회학적 정신sociological spirit, 사회학적 열정sociological passion, 사회학적 기풍sociological ethos이라는 표현을 사용한 바 있다. Michael Burawoy, "For Public Sociology", p. 5, 20.

쿤이 말하는 하나의 패러다임을 공유하는 정상과학normal science이 아니라 여러 개의 패러다임이 공존하는 탈정상과학post-normal science이다.[23] 자연과학이 '도구적 지식'을 산출하고 인문학이 '성찰적 지식'을 추구한다면 사회학은 수단과 관련된 도구적 지식과 함께 목표와 관련된 성찰적 지식도 포함하는 학문이다. 2004년 미국사회학회 회장 취임 연설에서 마이클 뷰러웨이는 미국 사회학을 염두에 두고 네 가지 사회학을 구별했다.

그는 두 가지 분류 기준을 제시했다. 우선 사회학의 청중을 대학을 중심으로 대학 안의 학자 청중과 대학 밖의 일반 청중으로 구별했다. 그다음 사회학 지식을 수단적 지식과 성찰적 지식으로 구별했다. 이 두 개의 기준을 교차시켜 전문사회학, 비판사회학, 정책사회학, 공공사회학이라는 사회학 내부의 네 가지 지향성을 추출했다. 대체로 대학 내에서 학술적 지식을 생산하는 전문사회학자들은 대학 밖의 고객들로부터 연구비 지원을 받아 실용적 지식을 생산하는 정책사회학자가 되기 쉽다. 한국 사회학계에서는 이만갑, 이해영, 미국 사회학계에서는 폴 라자스펠드, 제임스 콜만 등이 그 보기이다.

---

23 사회학을 정상과학으로 만들 수 있다고 생각하는 사람들에게 현재의 사회학은 미성숙immature하거나 아직 순수하지 못한impure 상태에 있는 과학이다. 사회과학 가운데 정상과학에 가장 가까운 것이 신고전주의 경제학이다. 뷰러웨이는 학계의 규범을 지키지 않으면 퇴출시키는 신고전주의 경제학이 공산주의Communism 모델에 가까운 반면 여러 가지 패러다임이 공존하는 사회학을 무정부주의적 조합주의Anarco-Syndicalism 모델에 가깝다고 보았다. Burawoy, "For Public Sociology", p. 23.

다른 한편 비판사회학은 공공사회학과 친화성을 보인다. 전문사회학의 이론적 전제, 개념틀, 방법론을 비판하는 비판사회학자들은 사회운동단체, 노동조합, 시민단체, 종교단체, 대안 교육기관, 대안 언론기관, 문화예술 단체, 비판적 지식인 단체 등과 연대하여 시민사회의 관점을 대변하는 지식을 생산하는 공공사회학자가 되기 쉽다. 한국 사회학에서는 이효재, 한완상, 김진균 등이, 프랑스 사회학에서는 알랭 투렌, 독일 사회학에서는 위르겐 하버마스가 이에 속한다.

그러나 꼭 그런 것만은 아니다. 네 가지 사회학은 서로 분리되어 혐오하는 관계가 아니라 상호 교류하고 참조하는 관계라야 사회학 전체의 발전이 이루어지고 사회적 영향력도 커질 수 있다. 각각의 사회학이 분리되면 전문사회학은 상아탑 속에 고립된 자폐적 사회학이 되고, 정책사회학은 고객의 기호에 맞게 이미 결정된 정책을 정당화해주는 역할에 머물기 쉽고, 비판사회학은 이념적 도그마에 빠지게 되고, 공공사회학은 시민의 요구를 대변하는 역할에 머무르기 쉽다.

네 가지 사회학이 서로 견제하고 상호작용을 해야 각각의 사회학도 살고 사회학 전체가 살아난다. 특정 고객의 후원을 받아 고객이 정의한 문제를 해결하기 위한 사회학적 지식을 생산하는 정책사회학이나 시민들과 대화하고 토론하면서 사적인 문제를 공적인 문제로 제기하는 공공사회학은 전문사회학의 지지를 받아야 자신들이 생산하는 지식의 정당성legitimacy을 확보하고 자기 분야의 전문가expert로 인정받을 수 있다. 다른 한편 전문사회학은 사회학의 토대를 구성하는 이론, 개념, 분석틀, 방법론의 전제들을 비판적으로 검토하는 비판사회학의 도움을 받아야 기존의 선입관과 편견을 교정하고 사회학적 관점을 새롭게 할 수 있고 공공사회학과 대화하면서 사회학적 지식의 현실 적합성을 높일 수 있다.

뷰러웨이의 논의를 원용하자면 이 자리에서 우리가 논하고 있는 '사회학의 대중화'는 일단 대학 밖의 청중을 염두에 두고 정부와 지방자치단체, 기업 등의 요구에 부응하는 정책사회학과 일반 시민들의 문제의식 형성과 시민참여 확대에 도움을 주는 공공사회학을 발전시키려면 무엇을 어떻게 해야 할 것인가라는 질문에 대한 답변의 모색이다. 다시 말해서 사회학이 '쓸모 있는' 학문이 되려면 무엇을 어떻게 해야 할 것인가라는 문제이다.

다시 최근 사회학의 역사로 돌아가 보면 대중적 인기가 하락하면서 2000년대 이후 사회학은 광장을 떠나 아카데미아로 회귀했고 사회학자들은 방법론적 세련화와 튼실한 자료에 근거한 논리적으로 명증한 논문 생산에 매진했다. 그렇게 지난 20년 동안 한국 사회학의 역사는 전문사회학이 강화되는 시기였다. 대학평가와 교수업적 평가제는 그런 경향을 더욱 가속화했다. 상위권 대학일수록 시카고대학이나 하버드대학 등을 비롯한 미국 명문대 출신 가운데 양적 방법론에 익숙하고 미국의 사회학 저널에 논문을 발표한 사람을 교수로 채용했다.[24] 그 결과 사회학은 전문적 연구 능력은 어느 정도 향상되었지만 대중적 관심에서는 점점 더 멀어졌다.[25] 그렇다면 사회학의 전성기는 지나갔음을 인정

---

24 각 대학 사회학과 교수 초빙 공고문에 심심치 않게 나오는 "통계학 강의 가능자 우대"라는 별도의 문구가 이런 경향을 반증한다.

25 송호근, 〈학문 후진성에 대한 지성사적 고찰: 사회학 혹은 사회과학의 역사적 존재

하고 사회학의 영향력 퇴조를 방관하면서 각자 자기만의 연구업적 쌓기에 몰두하면 그만인가?

이에 대한 원로 교수 김문조의 대안을 들어보자.

(한국 사회학이) 복합적 위기상황을 돌파할 수 있는 지적 소임을 다하기 위해서는 공공성과 종합적 사고 역량의 온축이 필수적이다. 그러나 '경쟁력 강화'를 앞세워 국내외 저명 학술지 등재 논문 수효만 헤아리는 기존의 성과 중심적 학술지원 체제는 상기 두 가지 요건 모두와 대척적 입장에 놓여 있다. 시한부 게재 가능성을 우선시하게 되면 창의적 착상을 기대할 수 있는 종합적 사유 공간이 허용되지 않을 뿐 아니라, 공공적 가치를 외면한 쪼잔한 연구물들이 전문성이라는 미명하에 양산될 가능성이 높다.[26]

와 출구〉, 129쪽.

26 김문조, 〈복합전환 시대의 한국 사회학〉, 《한국 사회학의 미래—고려대학교 사회학과 창립 50주년 기념 특별 심포지엄 자료집》, 고려대학교 사회학과, 2013, 17쪽. "공공적 가치를 외면한 쪼잔한 연구물"을 비판하는 김문조의 논의는 이미 1960년대 미국 사회학계에서 동료 평가 학술지에 실린 논문 편수로 연구업적을 평가하는 방식에 대한 피터 버거의 비판을 연상시킨다. 버거에 따르면 연구업적을 양적으로 평가하는 체제는 "학자들로 하여금 전문지에 쉽게 수록될 수 있을 만한 작고 수수한 논문으로 손쉽고 재빨리 전환될 수 있는 작업에 집중하도록 강요한다. 사회학자들에게 이 같은 작업은 협소하게 한정된 주제에 대한 비교적 작은 경험적 연구를 의미한다. 대부분의 경우 이 같은 연구는 통계적 기술을 요한다. 이 분야의 전문지들 대부분이 적어도 통계적 자료를 포함하지 않는 논문들에 대해 의혹을 갖고 있기 때문에 이 같은 경향이 더욱 조장되는 것이다." 피터 버거, 한완상 옮김, 《사회학에

김문조의 제안대로 사회학이 공공성과 대중적 영향력을 높이려면 사회학뿐만 아니라 이웃 사회과학과 역사학과 철학을 비롯한 인문학 분야에서의 연구 결과를 사회학적 관점으로 종합하여 전체적인 그림을 그려주면서 개별적인 공공 이슈의 위치와 의미를 제시하는 역할을 자임해야 한다. 최근 인민-시민-국민의 '탄생 삼부작'을 완간한 송호근은 그런 사회학의 역할을 "사회발전과 정치발전의 어젠더 세터agenda setter"로서의 역할이라고 말한다.[27] 한국 사회학은 한국 사회의 역사적 전개를 세계사적 맥락과 동아시아적 지정학 속에서 조망하면서 현재에서 미래로 이어지는 한국 사회의 전개 방향을 제시해야 한다. 그 안에서 다양한 공적 이슈들에 대한 자료를 수집하고 새로운 개념을 만들고, 이론적 설명을 제시하면서 문제 해결 방안을 제시해야 한다. 그러기 위해서는 전문사회학, 비판사회학, 정책사회학, 공공사회학이 '공동의 사회학적 에토스common sociological ethos'를 만들고 상호 대화하고 협력해야 한다. 그렇게 되어야 사회학이 살고 시민사회가 살고 한국 사회가 살기 좋은 사회가 될 것이다.

_____

의 초대》, 현대사상사, 1976, 21쪽.

27 송호근, 〈학문 후진성에 대한 지성사적 고찰: 사회학 혹은 사회과학의 역사적 존재와 출구〉.

5. 사회학적 관점 분명히 하기

사회학자가 대중들에게 접근하여 사회적 활력을 불러일으키려면 무엇을 어떻게 해야 할 것인가? 이 문제에 답하기 위해 우선 다른 학문 분과와 구별되는 사회학적 관점sociological perspective을 분명히 해야 한다. 경제학이 시장을 연구하고 정치학이 국가를 연구한다면 사회학은 시민사회를 주요 연구 대상으로 한다. 시민사회는 연구의 대상이면서 연구의 관점이기도 하다.[28] 사회학 안에서 경제사회학은 시민사회의 관점에서 시장을 연구하고 정치사회학은 시민사회의 관점에서 국가를 연구한다.[29] 시민사회에 초점을 맞춰 연구하면서 시장과 국가의 사회적 기초를 연구하는 학문이 사회학이다.[30]

시민사회의 학문으로서의 사회학은 권력, 제도, 정책 등 공적 영역만을 다루지 않고 친밀성과 개인적 고통 등 사적 영역도 다룬다는 점에서 다른 사회과학과 구별된다. 사회학자의 연구는 사적 영역에서 개인이 겪는 문제가 전체 사회의 문제와 어떻게 연관되는가를 밝히려는 지적

---

28 사회학을 하나의 관점으로 보는 피터 버거, 루르빅 켈너, 임현진, 김문조 옮김, 《사회학의 재해석: 방법과 사명에 관한 에세이》(한울, 1984), 13~30쪽 참조.

29 Michael Burawoy, "For Public Sociology".

30 선거 정치의 사회적 기초를 연구한 Seymour Martin Lipset, *Political Man: The Social Bases of Politics*(New York: Anchor Books, 1960)과 노동시장의 사회적 기초를 연구한 Mark Granovetter, *Getting a Job: A Study of Contacts and Careers*(Chicago: University of Chicago Press, 1974) 참조.

노력이다. 그렇게 만들어진 사회학적 지식은 개인에게 고통과 상처를 주는 사회 문제를 이해하는 데 도움을 주고 여러 사람이 함께 나서서 그 문제를 해결하는 데 길잡이가 된다. 사회학적 지식은 개인적 삶이 사회구조와 역사에 의해 어떻게 좌우되는가를 보여줌으로써 각각의 개인이 자기 자신의 삶을 주체적으로 만들어가는 일에 지적 자원이 된다. 미국 사회학의 역사에서 비판사회학과 공공사회학의 모범을 보인 C. 라이트 밀스는 그런 사회학적 의식을 '사회학적 상상력'이라고 부르지 않았던가. 프랑스의 비판사회학자 피에르 부르디외가 추구했듯 사회학은 즐거움과 해방감, 지적 쾌감과 자유를 선사하는 학문이 되어야 하지 않겠는가.[31]

이런 뜻을 담아 대구가톨릭대학교 사회학과 홈페이지에는 사회학을 다음과 같이 소개하고 있다.

사회학은 인간행동을 사회적 상황과 관련하여 이해하고 해석하려는 현실과학이다. 사회학은 결과적으로 현실의 주체로 활동하는 자유로운 인간들로 구성된 시민사회를 꿈꾸려 하기 때문에 현실에 대해 항상 비판적인 태도를 견지한다. 그만큼 사회학은 자유로운 정신을 가진 사람들이 만들어가는 가장 현실적인 학문이다. 여기서 현실 학문이란 인간행동이나 제도, 문화 등을 해석하면서 그것과 관련된 현실을 들추어내기 때문에 쓰는 용어이다. 자유를 꿈꾸며 함께 나눔과 섬김이 이뤄지는 공

---

31 이상길, 〈사회학적 이해의 효용〉, 《상징 권력과 문화: 부르디외의 이론과 비평》, 컬처룩, 2020, 245쪽.

동체를 만들려는 사람들이 만들어가는 현실 학문, 그것이 곧 사회학이다.[32]

사회학자의 일차적 임무는 연구와 강의이다. 그러나 사회학자의 궁극적 임무는 사회학의 청중과 독자들로 하여금 사회학적 상상력을 발휘하여 사회 현실을 왜곡시켜 보게 하는 허위의식에서 깨어나 주체적인 방식으로 자기 자신과 세상을 투명하게 보고 인간적인 사회를 만들어가게 돕는 일이다. 그렇지 않으면 무엇 때문에 평생 사회학이라는 학문을 계속할 것인가?

사회학적 관점은 사회학이 다른 학문과 구별되는 매력이 되기도 한다. 이를 한완상, 박길성, 오찬호 3세대에 걸친 세 사람의 주장을 통해 확인해본다. 1970년대 학번 사회학자들에게 많은 영감을 제공했던 1950년대 학번의 사회학자 한완상은 '사회학적 의식'을 네 가지로 요약했다.[33]

첫째, 사회학적 의식은 "모두가 당연시하는 생활세계의 껍질을 벗기는 의식이다. 이것은 상식적 세계를 꿰뚫어 보는 날카로운 의식이다." 기득권자나 지배 엘리트들은 이런 의식을 달갑지 않게 생각하고 '불온한 의식'으로 낙인찍으려 하지만 사회학자는 당연의 세계에 질문을 던지지 않을 수 없다.[34]

---

32 대구가톨릭대학교 홈페이지 사회학과 소개, 2019년 5월 31일 검색.

33 한완상, 〈역자 후기〉, 피터 버거, 《사회학에의 초대》, 252~253쪽을 볼 것.

34 이상의 단편소설 〈날개〉(1936)에는 주인공이 미쓰코시 백화점 옥상에 올라가 거리

둘째, 사회학적 의식은 "사회 기존 구조의 어두운 구석을 세밀하게 쳐다보는 '점잖지 못한 의식'이다." 부정과 부패, 일탈과 범죄, 저항과 사회적 갈등 등 그냥 덮어두고 넘어가고 싶은, 골치 아픈 주제에 호기심을 보인다.

셋째, 사회학적 의식은 "모든 것을 상대화시키는 동기를 갖고 있다." 세상에 확고부동한 절대적인 것은 없다. 하나의 기준, 하나의 규범으로 사람들의 의식과 행동을 통일하려는 보이지 않는 의도를 간파하고 그것을 상대화시킨다. 사회학은 폐쇄적 의식을 깨트리고 선택의 가능성을 넓히는 '개방적 의식'이다.

넷째, "사회학적 의식은 국지적 시각을 버리고 세계적 시각과 보편적 시각을 존중한다." 사회학적 의식은 부분적이고 특수주의적인 관점에 만족하지 않고 부분과 부분이 이어지면서 만들어지는 전체를 바라보려는 '총체적 의식'이다. 경제와 정치, 문화와 종교를 따로 떨어진 것으로 보지 않고 서로 이어져 있는 것으로 본다. 한마디로 사회학적 의식은 절대적 확신보다는 불신하고 회의하는 의식이다. 겉에 홀리지

를 내려다보며 내뱉는 다음과 같은 독백이 나온다. "나는 또 회탁의 거리를 나려다 보았다. 거기서는 피곤한 생활이 똑 금붕어 지느래미처럼 흐늑흐늑 허비적거렸다. 눈에 보이지 안는 끈적끈적한 줄에 엉켜서 헤어나지들을 못한다." 내가 생각하기에는 그 '눈에 보이지 않는 끈적끈적한 줄'을 드러내 보여주는 게 사회학자의 임무다. 사회학자 오찬호는 "나에게 얽혀 있는 사회라는 실타래"라는 표현을 썼다. 오찬호, 《나는 태어나자마자 속기 시작했다》, 동양북스, 2018. 루소는 "인간은 자유롭게 태어났지만 도처에서 쇠사슬에 얽매여 신음하고 있다"고 썼다. 실타래는 풀어야 하고 쇠사슬은 끊어야 한다.

않고 속을 들여다보고, 무대 앞면에 만족하지 않고 무대 뒷면을 바라보는 의식이다. 사회학적 의식은 굳어진 기성의 시각으로 보면 '불온'하고 '삐딱한 의식'이지만 변화를 추구하는 열린 시각에서 보면 늘 푸른 '젊은 의식'이라고 할 수 있다.

1970년대 학번이자 한국사회학회장을 역임한 박길성은 '사회학의 매력'을 다섯 가지로 요약했다. 첫째, 사회학은 어떤 사회적 현상이 왜 어떻게 그렇게 되었는가라는 질문에 대해 "시대적 배경, 사회적 배경, 역사성, 사회성"을 통해 답변하는 강점을 가지고 있다. "문제 진단과 상황 설명 역량"이 사회학의 첫 번째 매력이다. 둘째, 풍부한 이론적 자원이다. "사회를 해석하고 세상을 보는 스펙트럼 혹은 이론적 자원이 매우 넓고 풍부한 것"이 사회학의 두 번째 매력이다. 사회학의 관심은 의도한 것intended과 공식적formal 관계에 한정되지 않는다. 비의도적인 것unintended과 비공식적informal 관계에도 관심을 기울이는 것이 사회학의 세 번째 매력이다. 네 번째 매력은 사회학이 사회변동과 사회발전에 관심을 기울이는 미래 지향적 학문이라는 점이다. 마지막이자 다섯째 매력은 사실에 근거해 합리적으로 납득시키는 방법론과 연구방법의 풍부함이다.[35]

한마디로 사회학의 매력은 '삐딱한 시선'과 '합리적 설득'의 조합에 있다. 1990년대 학번의 대학 밖 사회학자이자 작가인 오찬호는 대중의 눈높이에 맞추어 《우리는 차별에 찬성합니다》(2013), 《진격의 대학교》

---

35 박길성, 《한 사회학자의 어떤 처음》, 나남, 2020, 155~156쪽.

(2015), 《그 남자는 왜 이상해졌을까》(2016), 《대통령을 꿈꾸던 아이들은 어디로 갔을까》(2016), 《일등에게 박수치는 게 왜 놀랄 일일까?》(2017), 《하나도 괜찮지 않습니다》(2018), 《나는 태어나자마자 속기 시작했다》(2018), 《세상이 좋아지지 않았다고 말한 적 없다》(2020) 등 여덟 권의 저서를 출간했다. 그는 사회학자이자 작가로서 "비판적 글쓰기는 대중과 소통하는 데 한계가 있다는 편견에 맞서 누구나 공감할 수 있는 생생한 일상의 사례를 발굴해 사회가 개인을 어떻게 괴롭히는지를 드러내는 작업을 부단히 하고 있다."[36] 대학에 들어와 사회학을 공부하면서 "세상만사를 청개구리처럼 삐딱하게 보는 사회학이 실제로는 참으로 '인간적'인 학문임을 느낄 수 있었다"는 그는 사회학자를 보통 사람들과 달리 거꾸로 생각하는 '청개구리'로 표상했다.[37] 나는 거기에 하나를 덧붙여 사회학자는 좁고 폐쇄적인 '우물 밖으로 뛰쳐나온 청개구리'라고 생각한다. 그러나 사회학 교육을 통해 일반 대중을 '우물 밖으로 뛰쳐나온 청개구리'로 만드는 일이 그렇게 쉬운 일은 아니다. 이에 대해 프랑스의 비판사회학자 부르디외는 다음과 같이 말했다.

우리는 결정된 채로 태어나지만, 자유로운 상태로 생을 마칠 수 있는 기회를 갖고 있습니다. 또한 우리는 사유하지 않는 상태로 태어나지만, 주체가 될 수 있는 작은 기회를 갖고 있습니다. 우리는 자신이 접하는 사유 대상을 제 것으로 만들고 나아가 사유수단을 제 것으로 만들 때 자기 사

---

36 오찬호, 《세상이 좋아지지 않았다고 말한 적 없다》, 위즈덤하우스, 2020, 소개글.
37 오찬호, 《우리는 차별에 찬성합니다》, 개마고원, 2013, 235쪽.

유의 주체가 될 수 있지만, 그나마 아주 미미한 정도로만 그렇게 될 수 있습니다.[38]

부르디외 사회학의 궁극적 목표는 인간이 사회구조의 구속에서 벗어나 사유의 주체이자 자기 삶의 주체가 되도록 돕는 것이다.[39] 그러나 그의 이론적 입장에 따르면 그럴 수 있는 가능성은 그리 크지 않다. 그런 점에서 부르디외는 '구조 결정론자' 또는 '사회학적 비관론자'에 가깝다. 프랑스 사회학계에서 부르디외와 이론적 대척점에 서는 '행위주의 actionalisme' 사회학자 알랭 투렌은 사회적 행위자가 사회구조의 구속을 벗어나 자유로운 주체가 될 수 있는 가능성을 훨씬 더 크게 본다. 그에게 사회학의 목표는 사회적 행위자들이 최대한으로 삶의 주체가 되는 것을 돕는 일이다. 그런 점에서 그는 '사회적 주체 이론가' 또는 '사회학적 낙관론자'다. 그의 말을 들어보자.

사회학의 목표는 사회를 질서와 이데올로기와 수사학으로부터 벗어나게 만들고 사회적 긴장과 갈등을 통해 사회적 행위체계를 활성화시키는

---

38 피에르 부르디외·로제 샤르티에, 이상길·배세진 옮김, 《사회학자와 역사학자》, 킹콩북, 2019, 49~50쪽.
39 사회학은 사회학적 관점과 개념들을 매개로 현실의 사회적 규칙을 확인함으로써 스스로 주체가 될 수 있는 가능성을 높여준다. 부르디외의 삶과 학문이 그 생생한 보기이다. 정수복, 〈거울 앞의 사회학자—피에르 부르디외의 사회학적 자기분석〉, 《응답하는 사회학》, 문학과지성사, 2015, 172~211쪽과 〈부르디외의 흔적을 찾아서〉, 《응답하는 사회학》, 212~226쪽 참조.

일이다. 사회학의 목표는 사회적 행위자들이 최대한으로 행위하게 함으로써 사회가 스스로의 조직을 변화시키고 변화를 인식하게 만드는 일이다.[40]

구조와 행위자 사이의 관계는 시대와 상황에 따라서 가변적이다. 질서와 안정의 시기보다는 변화와 위기의 시대일수록 주체의 행위 능력이 커질 수 있다. 주체의식을 가진 개인은 사회학적 지식을 활용하여 사회구조의 중력에서 잠시 벗어나 자신에게 영향을 미치는 사회적 요인을 비판적으로 분석할 수 있다. 그렇게 함으로써 그만큼 더 큰 자유를 누리며 주체적 행위의 가능성을 높일 수 있다. 사회학 교육은 개개인이 그렇게 되기 위한 사유의 수단을 제공하여 창조적 행위의 주체가 되도록 돕는 작업이다. 누구라도 사회학적 관점과 사회학적 지식을 갖게 될수록 지금 있는 사회의 질서를 유지하고 재생산하는 다양한 지배와 통제 메커니즘을 더 잘 이해하게 되고 그만큼 더 자유롭고 평등한 사회를 만드는 일에 나서는 주체가 될 수 있다.[41]

---

40 Alain Touraine, *Production de la Société*(Paris: Seuil, 1975).

41 정수복, 〈현대 프랑스 사회학의 한국적 수용을 위하여—피에르 부르디외와 알랭 투렌을 중심으로〉, 《동향과 전망》, 1993년 봄/여름 합본호, 259~276쪽.

6. 사회학자들의 창조적 글쓰기

사회학자라면 실업, 자살, 불평등, 갑질, 빈곤, 혐오, 환경파괴, 부정부
패, 진영논리와 이념적 양극화, 민주주의의 위기와 포퓰리즘, 세대갈
등, 노사갈등, 젠더갈등, 범죄, 결혼율 저하, 출산율 하락, 이혼율 증가,
성폭력, 가정폭력, 노인학대, 입시지옥, 학교폭력, 우울증, 마약중독 등
사회에서 일어나는 각종 사회적 문제를 공적 의제로 만들어 함께 논의
하는 공론장을 만들어야 한다. 사회학자의 연구 결과는 문제를 제기하
고, 현상을 심층적으로 보여주고, 문제의 원인과 결과를 분석하고, 문
제 해결을 위한 성찰의 자료를 제공하면서 공적 토론을 불러일으켜야
한다. 그때 사회학은 공적인 유용성을 갖는 '공공사회학public sociology'
이 된다.[42]

공공사회학자의 글은 독자들이 일상의 의식상태를 벗어나 사태를 깊
이 생각하게 만들고, 책임 있는 시민이 되도록 돕는다.[43] 공공의 문제를
전문가expert가 제시하는 '묘책'에 의존하지 않고 전문가와 시민들이
함께 참여하는 민주적 토론을 통해 함께 해결해나가는 것이 공공사회

---

42 Michael Burawoy, "For Public Sociology", pp. 4~28.
43 뷰러웨이는 미국 사회학사에서 공공사회학의 보기가 되는 네 권의 저서로 W.
    E. B. Du Bois, *The Souls of Black Folk*(1903), Gunnar Myrdal, *An American
    Dilemma*(1944), David Riesman의 *The Lonely Crowd*(1949), Robert Bellah et al.,
    The Habits of The Heart(1985)를 들었다. Burawoy, "For Public Sociology", p. 7.

학의 기본 정신이기 때문이다.

대학에서 가르치는 강단사회학자들의 주요 청중audience은 학생들이
다. 학생들은 학점을 따기 위해 사회학자의 강의를 들어야 한다. 아니
듣는 척이라도 해야 한다. 그러나 대학 밖의 평범한 사람들은 사회학자
들의 복잡한 이야기를 귀담아듣지 않는다. 그들은 마음속으로 "사회학
자는 책 속의 이론이나 알지 세상 물정은 몰라!"라고 생각한다. 전문성
을 추구하는 강단사회학자들이 발표하는 논문의 양은 지속적으로 증가
하고 있다. 하지만 대중의 눈에 비친 사회학은 공허한 이론과 통계숫자
놀음에 갇혀 점점 더 따분한 학문이 되어가고 있다.[44] 노명우는 《세상
물정의 사회학》에서 이렇게 썼다.

상처받은 삶은 상처받은 사회를 치유하지 않은 채 치유될 수 없다. ……
'세상 물정의 사회학'은 죄가 없는 개인들이 죄가 많은 사회에게 불만을
말하는 애처로운 시도이다. 모두가 리얼리티에서 눈을 돌리고 위안을
찾기 위해 위안의 노래만을 듣는 시대에 사회학자는 '콜드 팩트'를 혼자
부르고 있다. 그 외로운 노래가 합창이 될 때, 상처받은 사회는 비로소
치유의 길을 발견하게 될 것이다.[45]

---

44 피터 버거는 시한부 인생을 진단받은 환자가 가장 오래 살 수 있는 방법은 지루한
    말을 계속하는 사회학자와 결혼해서 미국 북부의 밋밋한 노스 다코타North Dakoda
    주로 가서 사는 것이라는 농담을 소개하고 있다. 피터 버거, 노상미 옮김, 《어쩌다
    사회학자가 되어》, 책세상, 2012, 8쪽.
45 노명우, 《세상 물정의 사회학》, 돌베개, 2013, 266쪽.

맞는 말이다. 하지만 사회학자가 혼자 부르는 노래를 어떻게 하면 여러 사람이 함께 부르는 합창으로 만들 수 있을까? '콜드 팩트'의 제시만으로는 혼자 부르는 독창을 벗어나지 못한다. 문제의식을 공유하고 가슴을 따뜻하게 만들고 난 다음에 콜드 팩트를 제시해야 합창을 할 수 있다. 팩트에 기반한 '논리적 명료성logical clarity'이 중요하지만 그에 앞서 '정서적 공감대emotional bond' 형성이 필요하다. 말하자면 독자들에게 개인 문제를 사회 문제와 연결시켜 생각할 수 있는 '사회학적 감수성sociological sensitivity'과 '사회학적 상상력sociological imagination'을 키워주어야 한다.[46] 그러기 위해서는 일단 대중과 소통의 문을 열어야 한다.

사회학이 대중과의 소통을 증진시키려면 어떻게 해야 할 것인가? 독자들이 설렘과 기대를 가지고 사회학자의 말에 귀를 기울이고 사회학자의 저서를 펼치게 해야 한다. 그러려면 무엇을 어떻게 해야 하는가? 말하는 방식이 달라져야 하지만 일단 글쓰기부터 달라져야 한다. 그런데 '마음의 사회학자' 김홍중이 말하듯이 "많은 경우, 사회과학자들은 좋은 글을 써야 한다는 강박관념으로부터 상당히 자유로워 보인다."[47] 건조한 논문체 글쓰기에 사로잡혀 있는 대부분의 사회학자들은 '창조적 글쓰기creative writing'를 고민하지 않는다.

---

46 C. 라이트 밀스, 강희경·이해찬 옮김, 《사회학적 상상력》, 돌베개, 2004; 최현주, 〈사회학적 상상력 개념의 교육적 가치 연구〉, 연세대학교 교육대학원 석사학위논문, 2008.

47 김홍중, 《은둔기계》, 문학동네, 2020, 120쪽.

그러나 사회학자가 대중과 소통하려면 사회학자이자 작가가 되어야한다. 독자와 눈높이를 맞추어야 하고 글을 재미있게 써야 한다.[48] 복잡한 생각이라도 간명하게 전달해야 한다. 차근차근 또박또박 사실을 제시하면서 문제를 제기하고 점차 이해 가능한 방식으로 논리를 전개해야 한다. 구체적인 생활에서 쉽게 발견할 수 있는 보기를 많이 들어야한다. 무엇보다 일단 공감을 불러일으켜야 한다. 왜 사람들은 사회학책보다 소설 책을 많이 읽는가? 소설이 이야기로 되어 있으며 이야기의 전개에는 긴장과 이완이 있기 때문이다. 그보다 더 큰 이유는 소설을 읽다 보면 독자가 이야기에 나오는 사람들의 마음속으로 빠져들기때문이다. 독자는 자기도 모르게 소설 속의 상황으로 이끌려 들어가며소설에 나오는 주인공과 스스로를 동일시하며 흥분하고 분노하고 안도하고 슬퍼하고 기뻐하게 된다.

사회학자도 소설처럼 재미있는 글을 쓸 수는 없는 것일까? 그러려면사회학자들이 글을 통해 제기하는 문제가 일단 독자들에게 관심을 불러일으켜야 한다. 그리고 읽는 독자가 그것이 자기의 문제라고 생각하게 해야 한다. 그래야 감정이입empathy이 일어난다. 그런 과정 없이 곧장 이론과 개념, 연구방법과 자료를 제시하고 분석으로 들어가 결론을내버리면 일반 독자는 글을 읽기도 전에 질려버리거나 읽다가 지루해서 도중에 던져버리게 된다.[49] 대중과 소통하려면 사회학자는 독자들에

---

48 피터 버거의 지적 자서전 격인 책은 '따분한 사람이 되지 않고 세상을 설명하는 법
How to explain the world without becoming a bore'이라는 부제를 달고 있다.

49 프랑스의 사회학자 알랭 투렌은 사회학 책이 소설보다 더 재미있다고 말한 바 있는

게 맨 먼저 자기가 다루는 문제가 어떤 점에서 중요한가를 설득력 있게 이야기할 수 있어야 한다. 사회학이 재미있다는 생각이 널리 퍼져 사회학 책을 읽는 진지한 '독자층의 형성audience creating'이 이루어져야 사회학과 대중 사이의 소통의 길이 열린다.

사회학자로서의 전문성은 계속 추구해야 한다. 그러나 사회학자라면 그와 동시에 대중성도 추구해야 한다. 전문성과 대중성은 대립적인 관계가 아니라 상호보완적인 관계이다. ASR이나 AJS 등 200여 개에 이르는 미국 사회학계의 어느 학술저널에 아주 세부적인 주제로 전문적인 논문 몇 편을 게재했다면 대학에 취직하거나 승진하는 데 도움이 될 것이다. 그러나 사회학자가 그것으로 자기 할 일을 다 했다고 생각하면 대중과 소통할 수 없고 사회가 사회학자를 대접해줄 이유가 없다. 학자로서 일반 대중과 유리되고 대중 위에 군림하면서 도도하게 굴지 말아야 한다. 사회학자들이 그렇게 자기 울타리 안에 갇혀 지내면서 세분화된 전공 분야의 논문만 쓰고 있는 한 대중과의 불통은 계속될 것이며 사회학의 위상은 계속 하락할 수밖에 없다. 다시 강조하지만 대중과 소통하려면 사회학자들의 말하기와 글쓰기가 달라져야 한다. 나무토막처럼 딱딱하게 군은 혀와 아집으로 꽉 막힌 귀로는 일반 시민과 소통할 수 없고, 자기 전공 분야의 전문용어로만 사고하고 학술지 게재를 위한 논문만을 쓰다 보면 일반 교양인이 알아들을 수 있는 글을 쓸 수 있는

데 그건 그가 다른 사회학자가 제기하는 문제의식을 재빨리 알아차리고 책에서 전개되는 논의에 쉽게 몰입할 수 있는 능력을 갖추고 있기 때문이다. 그러나 일반 독자는 사회학자의 글에 그렇게 쉽게 빨려들지 않는다.

능력이 개발되지 않는다. 원로 철학자 이태수는 인문학자들의 소통 역량에 대해 다음과 같이 말했는데 이는 사회학자들에게도 똑같이 적용된다.

(인문학자가) 자각한다고 해서 대중이 알아들을 수 있게 하는 역량이 있느냐는 건 또 다른 문제다. …… 인문학을 하는 사람은 필히, 말하자면 수사학자가 되어야 한다고 본다. 말을 잘 꾸미는 게 아니라 남들과 커뮤니케이션을 잘할 수 있어야 한다는 차원에서 그렇다. 그런 점에서 소크라테스는 전형적인 인문학자였다. 한국 인문학자에게 커뮤니케이션의 일차 상대가 누구인가 하면 한국말을 같이 쓰는 사람들이다. 그래서 언어와 문화와 인문학은 떨어질 수가 없다. 내가 사는 곳에서 한국말을 써서 서로 삶에 관한 얘기를 하는 걸 떠나서 인문학은 성립하지 못한다.[50]

사회학자인 나는 이런 질문을 던진다. 사회학자의 글이 읽는 사람의 머리뿐만 아니라 마음까지 움직일 수는 없는 것일까? 지성과 감성 모두에 호소하는 글을 쓸 수는 없는 것일까? 지적으로 명확하게 해줄 뿐만 아니라 마음을 움직여 그 사람이 남과 더불어 사회를 이루며 살아가는 방식에 변화를 일으키게 할 수는 없는 것일까? 사회학자에게 어떻게 말하고 어떻게 쓸 것인가는 '여가의 문제'가 아니라 '사활의 문제'다. 대학에서 행정학을 전공하다가 박영신 교수의 글을 읽고 대학원에

---

50 전병근, 〈석학 인터뷰: 이태수, 인문학이란 무엇인가?〉, 《조선비즈》 2014년 10월 25일.

서 사회학으로 전공을 바꾼 이황직의 체험은 학자들의 글쓰기가 얼마나 중요한가를 보여주는 생생한 보기다.

학부 재학 시절부터 필자는 시민 정치의 관점으로 독립협회와 서재필을 연구한 사회학자 박영신 선생님의 논문을 읽으며 근대화를 가치 변동의 관점으로 인식하고 그 실현 과정에서 시민참여의 중요성을 깨우쳤다. 이 관점에서 보면, 서재필의 일생을 통틀어 그가 전통사회의 관습적 가치가 짓누르는 의미 세계를 돌파하여 새로이 근대적 정치관을 수용해 가는 의식의 해체/재구성 과정이야말로 가장 극적인 순간이 된다. 당신은 이 관점으로 서재필과 독립협회의 사유체계를 분석했고 나아가 한국 근대의 사회변동 연구의 이론적 틀로 확장했다. (서재필) 평전 저술 초기부터 제자를 믿고 격려해 준 선생님께는 아무리 감사를 표해도 그 가르침을 다 드러내는 데 부족할 뿐이다.[51]

7. 기초 학문으로서의 인문학적 사회학

"사회학은 기본적으로 인문학적 기초 학문이다. 실생활에 필요한 지식을 생산·전파하는 것이 주 목적이 아니다."[52] 사회학자는 실용적 상담

---

51 이황직, 《서재필 평전: 시민정치로 근대를 열다》, 신서원, 2020, 16쪽.
52 김경동, 〈격변하는 시대 한국 사회학의 역사적 사명을 묻는다—한국 사회학 50년

가나 사회복지사가 아니라 공공의 문제에 대해 연구하고 발언하는 지식인이라고 할 수 있다. 사회학자라면 논문과 저서의 형태로 학문적 지식을 산출하고 대학 강의실에서 학생들을 가르치고 대학 밖 사회에서 벌어지는 일에 자신의 연구를 바탕으로 개입해야 한다. 사회학의 활로는 대학 안에서 연구와 교육에 충실하면서도 대학 밖 사회에 사회학의 존재 이유와 쓸모를 광범위하게 인식시키는 작업에서 찾을 수 있을 것이다. 그러기 위해 사회학은 대학 내에서 정치학, 경제학, 인류학, 심리학, 역사학, 철학, 문학, 법학, 언론정보학, 사회복지학, 종교학, 교육학 등 인접 사회과학과 인문학 분야와 긴밀하게 대화하면서 그 분야 학자들의 연구업적을 활용하고 그들 또한 사회학자들이 산출한 지식을 활용하는 학문적 공생관계를 만들어야 한다. 그런 점에서 김호기는 사회학자로서 왕성한 지적 대화 능력을 보여준다. 그는 문학과 역사, 철학과 자연과학, 정치와 경제, 사회, 문화, 여성, 환경 등의 분야에서 고전이라고 할 수 있는 저서 40권을 소개하는 기사를 신문에 연재하고 책으로 펴냈으며 최근에는 지난 100년 동안 한국의 지식인 사회에서 중요한 역할을 담당한 종교, 철학, 문학, 역사, 법, 정치, 경제, 사회, 문화, 여성, 환경, 자연과학 분야의 지식인 60명을 다룬 신문 특집을 보완하여 저서로 펴냈다.[53]

물론 다른 학문과의 대화가 대중을 위한 소개와 요약의 수준을 넘어

의 회고〉, 《한국사회학》 40집 4호, 2006, 1~18쪽.

53 김호기, 《세상을 뒤흔든 사상》, 메디치미디어, 2017; 《현대 한국 지성의 모험》, 메디치미디어, 2020.

사회학의 연구 범위를 넓히고 심화시키는 방향으로 가야 할 것이다. 그렇게 함으로써 대학체제 내에서 사회학이라는 학문이 꼭 필요한 기초학문이라는 평판을 만들어야 한다. 사회학은 정치학이나 경제학, 법학이나 역사학이 연구하고 남은 잔여 부분을 다루는 학문이 아니라 인문학과 사회과학의 모든 학문 분야와 대화하면서 스스로를 강화하고 여러 학문 분야 사이의 대화를 촉진하는 '공통분모common denominator'가 되어야 한다. 그것은 좋게 보면 '보약', 겸손하게 말하면 '감초'의 역할이다. 사회학은 여러 학문들 사이의 장벽을 뛰어넘어 관심 가는 분야를 자유롭게 오가며 학문들 사이의 대화를 촉진하는 '사회자 facilitator' 역할을 담당해야 한다.

사회학은 다만 저항과 비판의 학문이 아니라 사회를 전체적 시각에서 조망하고 구체적 개별 작업이 이루어지는 맥락을 제공하며 새로운 문제의식을 제공하는 '융합학문'이 되어야 한다. 사회학은 정치, 경제, 사회, 문화, 법, 종교, 교육 가운데 하나로서의 소문자 '사회society'가 아니라 그 모든 것을 아우르는 대문자 '사회Society'를 다루는 학문이 되어야 한다.

요즈음 과학기술 분야와 사회학의 융합 가능성을 논의하는 분위기가 형성되었지만 일단 사회학은 이웃 사회과학은 물론 인문학과 대화하는 융합학문이 되어야 한다. 그것이 콩트 이래 사회학이 지향해온 바이고 그래야 사회학이 살아난다. 정치사상과 정치사를 전공하는 학자들, 경제이론이나 경제사를 공부하는 사람들은 물론 행정 이론, 법사회학, 종교학, 문화인류학, 인문지리학, 사회심리학 등을 포함하고 역사학, 철학, 문학을 연구하는 인문학자들과도 깊이 있게 교류해야 한다. 그렇다면 인문학이란 무엇인가?

인문학은 삶의 가치와 의미 세계와 맞붙어 고투하고 삶의 방향을 논의하는 것이기에 근본에서 그것은 그러한 차원과 영역에 대한 연구자의 감수성과 품격과 깊이와 관련된다. …… 인문학은 다른 영역과 달리 양과 크기를 재는 '수단의 학문'이 아니라 품격과 깊이를 추구하는 '본질의 학문'이다. 이러한 뜻에서 인문학이야말로 재정에 대한 '의존성'으로부터 독립할 수 있는 운명을 타고난 학문이다. 인문학의 역사에 기록되어 있는 위대한 사상과 학문은 근본에서는 물질의 풍부함과 아무런 관계도 없었다. 그것은 인기나 유행 같은 것에는 등을 돌리고 다만 연구 주제에 사로잡혀 일생을 산 연구하는 연구자들의 헌신이 낳은 열매이었을 따름이다.[54]

원래 한국 대학에서 사회학과는 문과대 또는 인문대에 속해 있었다. 고려대 사회학과는 아직도 문과대학 소속이지만 1975년 서울대 사회학과가 문리대를 떠나 사회과학대학에 소속되면서 연세대를 비롯한 대부분의 사회학과가 문과대학을 떠나 사회과학대학으로 이전했다. 이런 제도상의 변화에 따라 철학, 역사학, 문학 등 인문학과 대화하던 사회학의 모습은 크게 약화되었다. 사회과학 안에서 '과학'으로서의 사회학은 경제학보다 수준이 낮은 학문이며 사회복지학이나 언론정보학보

---

54 박영신, 〈정복자와 노예—'시장 유추'에 묶인 대학의 운명〉, 《현상과 인식》 25권 4호, 2001, 76쪽.

다 실용성이 없는 학문으로 인식되고 있다. 다른 한편 사회학은 비판의식만 강하지 실용적 대안을 내놓지 못하는 '쓸모없는' 학문으로 여겨져 한때 졸업생들이 취업하는 데 불리한 학과로 인식되기도 했다.[55]

이런 상황에서 여러 대학 사회학과에서 졸업생들의 취직을 돕기 위해 사회조사방법 등의 기술적 지식을 강화하기도 했으나 실질적인 효과는 거의 없었다. 사회학과의 교육 내용을 실용성을 강화하는 방향으로 바꿔봤자 기업의 인사 담당 임직원을 포함한 일반인들의 사회학에 대한 '사회적 표상social representation'이 바뀌지 않는다면 그 효과는 계속 미미할 것이다. 그럴 바에야 사회학은 인간과 사회에 대한 기초 학문으로 돌아가야 한다. 인간다운 삶이 가능한 인간다운 사회의 모습을 질문하기 위해 사회학은 인문학과 대화하는 '인문학적 사회학'이 되어야 한다.[56]

세상의 모든 사람들, 특히 청년들은 어느 순간 '의미 추구Quest for Meaning'라는 실존의 병을 앓게 된다. 산다는 게 뭔가? 왜 살아야 하고 어떻게 살아야 하는가? 세상은 왜 이렇게 나를 못살게 굴고 정의롭지 못한가? 어떻게 하면 지금보다 더 나은 삶을 살 수 있을까? 이런 질문들을 던지게 된다. 이런 실존적인 질문에 대한 답을 위해 인문학과 더

---

55 강희경, 〈시대와 불화하는 사회학과 교육: 취업률 중심으로 살펴보는 전문성 시대와 일반성 추구간의 부조화〉, 《지역사회학》 14권 1호, 2012, 37~72쪽; 박길성, 〈공동체의 미래를 디자인하는 사회학〉, 《한국사회학》 54권 1호, 2020, 1~25쪽 참조.

56 하나의 시도로 정수복, 《응답하는 사회학: 인문학적 사회학의 귀환》, 문학과지성사, 2015 참조.

불어 사회학을 공부해야 한다는 지적 분위기를 만들어야 한다.[57] 인문학이 인간과 삶의 문제에 관심을 갖는 학문이라면 사회학은 인간적 삶이 가능한 사회적 조건을 탐색하는 학문이다. 우리 모두는 각자 자신의 삶을 살아가지만 홀로 살지 못하고 다른 사람과 더불어 살아간다. "나는 어떻게 살아야 하는가?"라는 질문 뒤에는 언제나 "남과 더불어"라는 후렴구가 따라올 수밖에 없다. 인간사회는 가치와 규범, 관습과 관행, 법과 제도 등을 통해 남과 함께 살아가도록 짜여 있다. 나 혼자 아무리 바르고 의미 있게 살아보려고 해도 내 주변의 가족, 학교, 직장을 지배하는 조직원리와 관행이 잘못되어 있으면 자기가 원하는 삶을 살수가 없다. 좋은 삶은 좋은 사회에서만 실현 가능하다.

바로 그렇기 때문에 인간다운 좋은 삶을 추구하는 인문학은 더 나은 삶이 가능한 좋은 사회의 조건을 모색하는 사회학을 만나야 하고, 더 나은 삶이 가능한 사회를 추구하는 사회학은 인간다운 좋은 삶이 무엇인가를 질문하는 인문학과 만나야 한다. 그때 시민교양으로서의 '인문학적 사회학'이 만들어진다. 사회학 교육의 목표는 단순한 지식이나 기술의 습득이 아니라 좋은 삶이 가능한 좋은 사회란 무엇인가를 성찰하게 만들고 그런 사회를 만드는 일에 참여하는 자율적인 개인 주체 형성을 돕는 데 있다. 인문학적 사회학은 청중과 독자에게 "나는 어떤 사회에서 어떤 삶을 살 것인가?"라는 인생의 가장 근본적이고 심오한 질문을 던지며 품위 있는 삶을 모색하는 데 도움을 줄 수 있다.

---

57 "이 세상에 적응이 안 되는 당신을 위한 사회학 특강"이라는 문제의식으로 쓴 오찬호, 《나는 태어나자마자 속기 시작했다》, 동양북스, 2018 참조.

사회학자 스스로 더 나은 인간이 되어 좋은 삶이 가능한 좋은 사회를 만드는 사회학을 한다면 그 사람을 '인문학적 사회학자'라고 부를 수 있을 것이다. 대중과 소통하고 대화하는 공공사회학자라면 과학과 인문학 사이로 난 사잇길인 '인문학적 사회학'의 길을 걸어야 한다. 그런 사회학자들이 각 대학의 사회학과에 더 많이 자리잡아야 한다. 그러기 위해서는 각 대학 사회학과의 연구 과제와 교육 프로그램이 달라져야 한다. 대규모 여론조사 업체들의 등장으로 사회학이 자료 수집과 조사 방법과 통계분석을 정체성으로 내세우던 시기는 지나갔다. 미세한 문제를 이론적 관점에서 엄밀한 자료를 통해 검증하는 전문적 연구도 필요하다. 사회학이 '과학'의 하나임을 자처하려면 그렇게 해서 축적된 연구들을 집대성해서 일반화된 명제를 산출해야 한다. 그러나 사회학이 활력을 되찾기 위해서는 그와 동시에 대중과 소통하며 대중에게 응답하는 사회학이 되어야 한다. 대중이 제기하는 문제를 사회학적 연구 주제로 만들어 그들과 함께 공적인 문제를 제기하는 공적으로 쓸모 있는 사회학 지식이 긴급하게 필요하다.

8. 사회학 교육 어떻게 할 것인가

앞에서도 넌지시 언급했지만 교수의 세 가지 직무는 연구research, 교육 teaching, 사회적 기여service다. 연구업적 평가제가 실시된 이후 교수들은 정년이 보장되는 부교수가 될 때까지 연구에 가장 많은 시간을 보낸다. 그다음이 교육이고 사회적 기여를 할 여유는 거의 없다. 그러나 사회학의 위상을 높이고 영향력을 강화하기 위해서는 사회학과를 넘어서고 대학의 울타리를 넘어서서 사회학을 어떻게 교육하고 사회학의 학문적 연구 성과를 어떻게 사회에 알리고 사회적 문제 해결에 어떻게 기여할 것인가를 고민해야 한다. 특히 대학 밖에서 이루어지는 사회학 교육과 사회적 기여는 서로 밀접하게 연결되어 있다.

사회학 교육은 무엇을 가르칠 것인가의 문제일 뿐만 아니라 어떻게 가르칠 것인가의 문제이기도 하다. 초중고등학교 교사들은 교수법에 관한 교육을 받고 교생 실습을 거쳐 교단에 서지만 대학교수는 그런 교육을 받지 않고 강단에 선다. 그러기에 교수법은 개인적으로 처리하는 문제로 인식된다. 그러나 학생들과 어떻게 소통할 것인가의 문제는 강의실에서 가장 중요한 문제이다. 준비된 강의안을 바탕으로 일방적으로 지식을 전달하는 방법 말고 창조적이고 실험적인 교육방법을 다양하게 개발해야 한다.

미국사회학회ASA는 이미 1973년부터 *Teaching Sociology*라는 학회지를 발행하고 있다. 이 학회지는 "과학적 학문이자 공공선에 봉사하는 직업으로서의 사회학sociology as a scientific discipline and profession serving the public good"의 활력, 가시성, 다양성을 증진시키기 위해 사회학 교육이 중요하다는 생각에서 창간되었다. 이 학술지는 실험적인 교육방법과 사회학 교육에서 중요한 주제pedagogically important issues를 논문, 연구노트, 서평 등의 형식으로 다루고 있다. 세계사회학회에서도 사회학 교육은 중요한 문제로 다루어지고 있다. 이미 1977년 토론토에서 열린 8차 세계사회학대회World Congress of Sociology의 특별분과회의에서 "사회학 교육의 문제"가 다루어진 바 있다. 이 회의에는 한국 대표로 홍승직이 참가해서 참관기를 남겼다.[58] 한국 사회학계는 1993년 신용하 교수가 한국사회학회 회장 시절 변화하는 시대에 맞추어 새롭게 확장해야 할 사회학 교육 문제를 학회의 연구 주제로 선정하여 공동 발표하고 그 결과를 《21세기의 한국 사회학》으로 출간했다.[59] 그러나 교육은 무엇을 가르칠 것인가의 문제일 뿐 아니라 어떻게 가르칠 것인가의 문제다. 교수들이 강의에 전심전력하여 학생들의 상상력을 키워주고 논리적 설명력을 강화시킬 때 학생들의 존경을 받게 되고 사회학 연구와 사회학 교육이 서로 상승 작용을 일으킬 수 있다. 예를 들어 1980년대 학번 사회학자 장덕진은 학부 시절 김용학 교수의 강의를 들었을 때의 지적 환희를 다음과 같이 표현한 바 있다.

머릿속이 탁 트인다고 할까, 맑아진다고 할까. 마치 머릿속에 고속도로를 내는 것처럼 생각의 길이 쭉쭉 열리면서 혼자 몇 년 동안 공부하며 여기저기 흩어져 쌓여 있기만 하던 지식의 조각들이 서로 연결되고 또 그렇게 연결된 지식의 조각들은 새로운 생각의 길을 내주었다. 말로 표현할 수 없는 감동이었다. 아! 이게 진짜 공부구나! 세 시간의 강의를 듣는 동안 아무도 모르는 행복이 수십 번 찾아왔다.[60]

---

58 홍승직, 〈제8차 세계사회학대회 참가기〉, 《한국사회학》 9집, 1978, 80쪽.
59 한국사회학회 편, 《21세기의 한국 사회학》, 문학과지성사, 1994. 특히 양춘, 이재열, 정진성, 송호근, 박명규, 한영혜, 박재묵 등의 글을 참조할 것.
60 장덕진, 〈행복해도 괜찮아: 학생들에게 주는 교육사회학〉, 송호근 외, 《위기의 청년

학생들에게 "아하!" 하는 깨달음을 전달하는 사회학 강의를 하기 위해서는 어떤 준비가 필요한가? 코로나19 시대의 사회학 개론 강의 체험을 책으로 펴낸 박길성의 사례를 살펴보자. 그에 따르면 "교육이란 정보나 지식을 전달하는 것이 아니라 잠재력, 사고력, 창의력을 끄집어내고 이끌어내는 것"이다. "가르치는 사람의 보람은 내가 한 이야기, 보여준 행동, 쓴 글에 대해 학생들로부터 반응이 있을 때 가장 크다."[61] 수업은 "교실에서 펼치는 일종의 라이브 공연"이고 풍성한 수업은 학생들과의 교감에서 온다. "수업에서의 기본은 나의 강의 노트도 아니고 학생들의 예습도 아니고 나와 학생 사이의 교감이다."[62] 라이브 공연은 의상과 옷매무새에 신경을 쓰고 강단에 올라 "학생들의 눈빛, 표정, 손놀림, 몸짓 하나하나와의 교감"이다.[63] 그렇게 청중과 소통하는 강의가 가장 성공적인 강의다. 박길성은 강단에 올라서기 전에 옷차림에도 신경을 쓴다. 평소에 그는 댄디한 "넥타이와 정장 차림"을 강의의 에티켓으로 여긴다. "녹화 수업을 할 때는 주로 청바지와 양복 윗도리 차림"을 했지만 대면 수업을 하는 날은 제대로 '차려'입는다. "그것이 학생들에 대한 예의라고 생각하기 때문이다."[64]

박길성은 창조적인 사회학 교육을 위한 네 가지 원칙을 제시했다. 첫

세대: 출구를 찾다》, 나남, 2010, 43~108쪽.
61 박길성, 《한 사회학자의 어떤 처음》, 나남, 2020, 116쪽.
62 박길성, 윗글, 44쪽.
63 박길성, 윗글, 43쪽.
64 박길성, 윗글, 106~107쪽.

째 '상상력Imagination'의 중요성이다. 아인슈타인이 강조했듯이 "지식보다 중요한 것이 상상력이다Imagination is more important than knowledge". 두 번째로 '폭로debunking'이다. "당연시하는, 상식의 이름으로, 신화의 이름으로, 루틴routine의 이름으로 아무 의심 없이 진행되는 것을 깊이 뚫어보는 날카로운 시각, 호기심, 폭로, 문제 드러내기를 사회학의 생명으로 여겨야 한다." 세 번째로 '상대화'다. "모든 것을 상대화하려는 동기", "하나의 기준, 하나의 규범, 하나의 창구, 하나의 시각으로 세상만물을 내다보려고 하는 폐쇄적 의식을 거부"해야 한다. 네 번째로 '질문question'의 중요성이다. "좋은 질문은 가장 빛나는 답보다 위대하다A good question is greater than the most brilliant answer." "질문하고, 질문하고, 질문하는 과정이 답이고, 공부란 곧 질문하는 것"이다.[65]

9. 대학생을 위한 사회학 개론

좋은 강의를 하려면 좋은 교재가 필요하다.[66] 특히 좋은 개론서가 필요

---

65 박길성, 《한 사회학자의 어떤 처음》, 153~155쪽.
66 버나드는 20세기 초 미국 사회학 초창기 사회학 발전의 걸림돌로 적절한 교과서의 부족lack of suitable textbook을 들었다. Luther L. Bernard, "The Teaching of Sociology in the United States", *American Journal of Sociology*, No. 15, 1909, p. 212. 1921년 시카고대학 사회학과 교수 두 사람이 편집한 교과서는 'Green Book' 이라고 불리며 사회학도들의 바이블이 되었다. Robert Park and Ernest Burgess,

하다. 개론서는 한 학문의 대상과 방법을 포괄적으로 제시하고 세부적인 연구 주제들을 개괄적으로 소개하는 형식의 책이다. 사회학 개론서는 내용의 수준과 필자 구성에 따라 첫째, 대학 신입생들에게 사회학을 평이하게 소개하려는 입문서, 둘째, 이미 어느 정도의 사회학 지식을 가진 독자에게 한층 더 높은 전문적 지식 전달을 목표로 한 개론서, 셋째, 한 사람의 저자가 자기의 고유한 사회학적 체계에 따라 집필한 개론서, 넷째, 사회학 자체 내의 전공 분야에 따라 여러 학자들의 공동 작업에 의해 출간된 개론서 등으로 구별할 수 있다.[67]

역사사회학자 신용하가 "우리 학계는 물론이고 전 세계 학계가 교수직을 정년하는 60세 또는 65세이면 연구를 포기하고 유람하는 것이 보통이다. 오직 위대한 대가이거나 학문에 초인적으로 성실한 학자만이 자기 전공 분야의 개설서나 전사全史를 써왔다"고 언명한 바 있지만 개론서를 쓰는 일은 얼핏 생각하듯이 그렇게 만만한 일이 아니다.[68] 그것은 지적 열정과 더불어 자기 학문 분야의 전체를 포괄하는 종합적 지식과 그것을 하나의 틀로 체계화할 수 있는 사람만이 할 수 있는 작업이다.

우리나라에서 사회학이라는 학문이 시작된 이후 수많은 '사회학 개

Introduction to the Science of Society(Chicago: University of Chicago Press, 1921)이 그것이다.

67 주낙원, 〈서평: 고영복 저, 《社會學要論》, 민조사, 1965〉, 《한국사회학》 2집, 1966, 183쪽.

68 신용하, 〈연민선생 《조선문학사》 독후감〉, 《연민학지》 제7집, 1999, 346쪽.

론Introduction to Sociology'이 나왔다.[69] 독일에서 사회학과 언론학을 공부하고 귀국한 김현준이 1930년에 펴낸 《근대사회학》은 한글로 쓴 최초의 사회학 개론서로 알려져 있다.[70] 1933년에는 미국에서 사회학과 철학을 공부하고 돌아온 한치진이 《사회학개론》을 발간했고 프랑스에서 사회학을 공부한 공진항이 《사회과》라는 교재를 간행했다.[71] 해방 직후에도 다른 사회학 개론서가 없었기 때문에 김현준과 한치진의 책이 계속 발간되었다. 새로운 사회학 개론서가 시급히 요청되는 상황에서 변시민이 1952년 한국전쟁 중에 《사회학》이라는 개론서를 출간했다.[72] 이 책은 해방 후 처음 나온 사회학 개론서였다. 전후 부산 등의 전시 대학들이 서울로 환도한 후 각 분야의 개론서가 필요했다. 이에 따라 1950년대에 변시민의 《사회학 신강》(장왕사, 1954), 배용광의 《사회학 강의안》(신생출판사, 1957)이 나왔고 1960년대에는 양회수의 《사회학요

---

69 구한말에서 해방에 이르기까지 발간된 사회학 개론에 대해서는 최재석, 〈한국의 초기 사회학〉, 《한국사회학》 제9집, 1974, 5~29쪽, 특히 9~18쪽을 볼 것.

70 김현준, 《근대사회학》, 경성: 광한서림, 1930. 총 256쪽. 이 책은 1948, 1949, 1950, 1952, 1955, 1961년에 이르기까지 중쇄되었다.

71 한치진, 《사회학개론》(1933), 이 책도 1948, 1950, 1951, 1952, 1955년에 걸쳐 중쇄를 거듭했다. 공진항, 《사회과》, 천도교 청년당본부, 1933.

72 변시민, 《사회학》, 장왕사, 1952. 한국 사회학의 '제도적 아버지' 이상백은 을유문화사에서 사회학 개론서를 간행하겠다는 광고를 냈지만 끝내 개론서를 쓰지 못했다. 한국 현대 학문의 역사를 알려면 일단 각 분야의 최초의 교과서 발간 연대를 조사할 필요가 있다. 참고로 철학 분야에서는 이종우의 《철학개론》(을유문화사, 1953), 박종홍의 《철학개설》(백영사, 1954), 행정학 분야에서는 정인흥의 《행정학》(제일문화사, 1955) 등이 1950년대에 나온 개론서들이다.

강》(신구문화사, 1960), 노창섭의 《사회학—일반원리를 위하여》(일신사, 1960), 변시민의 《문화와 사회—사회학적 고찰》(박영사, 1963), 고영복의 《사회학 요론》(민조사, 1965), 김대환의 《사회학》(법문사, 1965) 등이 출간되었다. 1970년대 초반에는 고영복의 《현대 사회학》(법문사, 1972), 김영모의 《한국사회학》(법문사, 1972), 황성모의 《일반사회학》(대왕사, 1975) 등이 출간되었다. 1970년대 후반으로 가면서 전국 여러 대학에 사회학과가 만들어지고 대학생과 일반 시민들의 사회학에 대한 관심이 증가하면서 다양한 사회학 개론서가 쏟아져 나왔다. 정철수의 《사회학》(학문사, 1978), 김경동의 《현대의 사회학: 사회학적 관심》(박영사, 1979), 옥양련의 《사회학》(제일문화사, 1979), 김한초의 《오늘의 사회학》(제일문화사, 1980), 이홍탁의 《사회학의 제이론 및 방법론》(법문사, 1981), 홍승직의 《사회학이란 무엇인가: 입문서》(헤스, 1982), 이장현의 《사회학의 이해: 대학생을 위한 교양사회학》(법문사, 1982), 안계춘 등이 공저한 《현대 사회학의 이해》(법문사, 1988), 홍승직·임희섭·김문조·노길명·정태환 공저로 출간된 《사회학개설》(고려대학교출판부, 1989) 등이다.

법문사와 박영사는 대학 교재를 출간하는 양대 출판사였는데 법문사에서는 김대환, 고영복, 김영모, 이홍탁, 이장현, 안계춘 등 여러 사회학자들의 사회학 개론서를 출간했고 김경동의 저서는 박영사에서 나왔다.[73] 1960년대까지 나온 개론서들은 주로 일본의 사회학 개론서를 참

---

73 1979년에 출판되었지만 몇 번의 개정판을 내면서 오랫동안 고시준비생을 비롯하여 사회학계 밖의 독자들에게도 널리 읽힌 책은 박영사에서 펴낸 김경동의 《현대의 사회학》이었다. 이 책은 내용과 체제에서 다른 개론서들을 압도했다.

조했지만 1970년대 후반으로 가면서 미국 사회학 개론서를 참조한 책들이 출간되었다. 사회학 개론 교재들은 필자는 다르지만 내용은 거의 대동소이하게 짜여 있다.[74] 그렇다면 비슷비슷한 내용의 개론서들이 여러 권 출간된 이유는 무엇일까? 교수들은 자신이 저술한 교재로 강의해야 학문의 권위를 가질 수 있었고 출판사는 새 책을 찍어내야 수익을 올릴 수 있었기 때문이다.

짜깁기식 저술과 더불어 영미권 사회학자들이 쓴 사회학 개론을 번역해서 출간하는 경우도 많았다.[75] 1958년 이상백은 루섹Godeph Rousseck과 와런Roland Warren이 지은 책을 번역하여 《사회학개론》(정음사)으로 출간했다. 이후 킹슬리 데이비스Kingsly Davis의 책을 이만갑과 고영복이 번역하여 《사회학》(을유문화사, 1964)으로 출간했고, 1966년에는 알렉스 인켈스Alex Inkeles의 저서 《사회학》(법문사)을 최홍기가 번역하여 펴냈다. 1977년에는 미국에서 베스트셀러가 된 피터 버거의 《사회학에의 초대》(현대사상사)를 한완상이 번역하여 펴냈고 1979년에는 빅터 볼드리지Victor Baldrige의 책을 이효재와 장하진이 옮겨 《사회학: 비판사회학의 입장에서》(경문사)를 펴냈다.

1980년대는 사회운동권과 연계된 사회과학 출판사들이 수많은 해

---

74 한국에서 출간된 사회학 개론서에 대한 내용 분석으로 최정배, 〈한국 사회학 입문서에서 나타나는 사회학 정체성의 변화〉, 서울대학교 사회학과 석사학위 논문, 2018 참조.

75 사회학 개론 교과서는 미국에서 가장 많이 발간되었지만 프랑스에서 발행된 사회학 9종의 개론류에 대해서는 Philippe Besnard, "La sociologie en manuels", *Revue française de sociologie*, Vol. 32, No. 3, 1991, pp. 493~502 참조.

외 저서들을 번역 출간하면서 한국 사회학자들이 쓴 개론서들은 시대에 뒤떨어진 느낌을 주게 되었다. 그에 따라 대학 안팎에서 비판사회학에 대한 요구가 커졌다. 박영신은 1980년 쿨슨과 리들의 책을 번역하여 대왕사에서 《사회학에의 접근: 비판적 사회인식》으로 펴냈으며, 1983년에는 앤서니 기든스Anthony Giddens의 책을 한상진과 함께 옮겨 현상과인식사에서 《비판사회학: 쟁점과 문제점》으로 펴냈다. 기든스는 이 책을 출발점으로 삼아 1989년 《현대 사회학》이라는 대형 사회학 개론서를 집필했다. 이 책은 1992년 김미숙(청주대), 김용학(연세대), 박길성(고려대), 송호근(서울대), 신광영(중앙대), 유홍준(성균관대), 정성호(강원대) 등 7명이 함께 번역했다.[76] 2000년대에 들어서도 번역이 계속되었다. 2011년 박창호는 지그문트 바우만과 팀 메이가 공저한 《사회학적으로 생각하기 Thinking Sociologically》(서울경제경영출판사)를 번역 출간했고, 2016년 김봉석 등은 하워드 베커의 《사회에 대해 말하기 Telling About Society》(인간사랑)를 번역 출간했다.

현재 한국의 대학에서 가장 많이 쓰이고 있는 사회학 개론서는 기든스의 《현대 사회학》과 비판사회학회에서 펴낸 《사회학: 비판적 사회읽기》(한울아카데미, 2012, 2014)이다. 그 가운데 기든스의 《현대 사회학》

---

76 앤서니 기든스, 김미숙 외 공역, 《현대 사회학》, 을유문화사, 1992, 1994, 1998, 2003, 2009, 2011, 2014, 2018. 원저는 Anthony Giddens, *Sociology*(Cambridge: Polity Press, 1989)이다. 기든스의 책은 새 판본이 나오면 곧 우리말 개정판이 나온다(1994, 1998, 2003, 2009, 2011, 2014, 2018년 번역판 참조). 현재까지 8판이 나왔다. 번역자는 서울 소재 대학을 중심으로 하되 두 명의 지방대학 교수를 포함하고 있다.

이 강세를 보이고 있다. 이 책에 대해 이재열은 다음과 같은 평가를 내렸다.

기든스가 저술한 훌륭한 교과서가 있지만, 친절한 이론과 개념 설명에도 불구하고, 정작 내 실존이나 우리 사회의 문제를 인식하는 데는 충분하지 못했다. 영국 사회의 주된 문제가 우리와 다르기 때문이다.[77]

그렇다면 한국 사회의 현상을 풍부하게 고려하는 한국 사회학 개론서가 나와야 한다. 1998년 한국산업사회학회가 기획해 출간한 《사회학》은 그런 의도를 가지고 출간된 책이다.[78] 한국산업사회학회가 한국비판사회학회로 이름을 바꾼 이후 2012년 이 개론서의 개정판이 《사회학: 비판적 사회 읽기》라는 제목으로 다시 출간되었다.[79] 그러나 여러 학자가 공동 집필한 이 책은 일관성이 부족하고 이후 한국 사회의 변화를 포괄하는 개정판 출간도 지연되고 있어 기든스의 책에 밀리고 있는

---

77 이재열, 《다시 태어난다면, 한국에서 살겠습니까》, 12~13쪽. 기든스의 책은 개정을 거듭할수록 영국 사회에 대한 보기가 많아지는데 번역자 가운데 영국에서 공부한 사람이 없음은 다소 유감이다.

78 한국산업사회학회 편, 《사회학》, 한울, 1998, 1999, 2002, 2004, 2009의 저자는 유팔무, 정태석, 최태룡, 김해식, 신광영, 이종구, 공제욱, 노중기, 구도완, 김정훈, 강이수, 황정미, 장세훈, 정수복, 김호기 등 15명이다.

79 비판사회학회 엮음, 《사회학: 비판적 사회 읽기》, 한울, 2012, 2014의 저자는 정태석, 유팔무, 지주형, 신경아, 엄한진, 정영철, 신광영, 조효래, 김정훈, 박준식, 공제욱, 노중기, 장세훈, 강이수, 김해식, 김호기, 강정구, 최태룡, 구도완 등 19명이다.

형편이다.

사회학 강의의 수요 측면에서 보자면 1980년대와 1990년대에는 여러 대학에서 교양과목으로 사회학 개론이 개설되었지만 지금은 그 수요가 줄어들고 있는 형편이다. 그럼에도 불구하고 사회학과에 입학한 1학년 학생이나 교양과목으로 사회학을 수강하는 학생들을 위한 사회학 개론 교재의 출간은 여전히 필요하다. 대학생뿐만 아니라 일반 교양시민들을 위해 사회학이라는 학문을 널리 소개할 필요성도 상존한다. 우리 사회가 정치적으로 민주화되었지만 사회 여러 분야에서 불평등, 억압, 비합리주의, 권위주의, 사회적 편견 등이 널리 존재하기 때문에 이에 대한 사회학적 설명이 필요하다. 사회학이 널리 확산되어야 제도적 민주화를 넘어 삶의 구체적 영역에서 민주적인 사회적 관계가 형성될 수 있다. 사회학은 사회학자들끼리만 알고 있기에는 너무 아까운 학문이다. 한국 사회의 사례를 풍부하게 담으면서 누구라도 쉽게 읽을 수 있는 방식으로 쓴 '응답하는 사회학' 개론서가 나와야 한다.

2000년대 이후 사회학자가 단독으로 쓴 사회학 개론서가 거의 나오지 않다가 2018년 함인희의《인간 행위와 사회구조》라는 개론서가 출간되었다.[80] 총 14장으로 구성된 이 책은 "기존의 사회학 기본서들이 서구 중심적 설명과 사례를 제시하고 있는 데 반해 급변하는 한국 상황에 맞게 개념을 설명하고 풍성한 국내 사례들을 소개하고 있다."[81] 독자의 능동적 학습을 돕고 저자와 독자의 교감을 증진시키기 위해 "저

---

80   함인희,《인간 행위와 사회구조》, 이화여자대학교 출판문화원, 2018.
81   이화여자대학교 출판문화원 웹사이트의 책 소개에서 인용했음.

자가 진행한 인터넷 강의 게시판에 실린 글과 댓글, 인터뷰와 설문 등 학생들의 다양한 의견을 수록"했다. "중간중간 독자가 추가로 찾아보거나 주변 사람들과 의견을 나눠보면 도움이 될 만한 자료들이 '생각할 거리', '볼거리', '읽을거리'를 통해 제시되며, 꼭 짚고 넘어가야 할 사회학 이론과 사상가들은 각 장의 뒤에 부록으로 처리했다. 또 더 깊이 공부하고 싶은 학습자들을 위해 별도로 추가 설명과 참고문헌, 주요 개념과 인물들의 색인을 제공하고 있다." 이 책에 이어 한국 사회학자들의 심혈을 기울인 사회학 개론서가 계속 출간되기를 기대한다.

개론서를 넘어 사회학 내 여러 전공과목도 한국 사회학자들이 연구 결과를 종합하는 교재가 출간되어야 한다. 이와 관련하여 1990년 김영모는 한국사회학회 회장 취임강연에서 다음과 같이 언급한 바 있다.

사회학의 보편성과 특수성이 존재한다고 하지만 사회학은 엄격히 말하면 사회에 따라 모두 다를 수 있다. 따라서 한국의 사회학 교육은 한국 사회에 필요한 교과과정과 그것에서 발견된 사회학 교육이 중심이 되어야 할 것이다. 그럼에도 불구하고 한국의 사회학 교육은 구미의 사회학 교육과 매우 유사하다는 것이 가장 큰 문제이다. 다시 말하면 미국의 교과과정과 교육내용을 거의 그대로 모방하기 때문에 우리나라의 실제와 심한 괴리 현상이 교육에 나타나고 있는 것이다. 이러한 교육을 받을 경우 미국에 유학할 때 필요할지는 모르지만 한국 사회에 대한 올바른 분석과 이해는 불가능해진다. 따라서 학문의 자주성과 주체성의 문제가

제기될 수 있는 것이다.[82]

한국사회학회는 2013년부터 현재까지 《현대사회학이론》, 《사회사/역사사회학》 등 십여 권의 교재를 출간했으나 그것들이 한국 사회학자들의 연구를 어느 정도 반영하고 종합하고 있는지는 의문이다. 또한 글을 쓰는 방식이 일반인이 접근하기는 어려운 수준이다. 따라서 이미 나온 교재들의 내용에 한국의 사례 연구를 대폭 확대하고 대중들이 이해하기 쉬운 방식으로 개정하여 출간해야 한다. 아니면 처음부터 일반 대중을 상대로 하는 대학 밖 시민을 위한 다양한 사회학 교재를 기획 출간할 수도 있을 것이다.

10. 대중을 위한 사회학 저서

사회학은 대학 안의 연구실과 강의실을 박차고 나와 광장과 다양한 모임의 현장으로 가서 각계각층의 시민들과 만나고 대화해야 한다. 그러기 위해서는 대중을 위해 대중을 향해 쓴 사회학 저서가 있어야 한다. 미국 사회학의 역사를 보면 데이비드 리스먼의 《고독한 군중Lonely Crowd》(1950), 피터 버거의 《사회학으로의 초대Invitation to Sociology》

---

[82] 김영모, 〈한국에 있어서 사회학 교육의 과제〉, 《한국사회학》 24권 1호, 1990, 4~5쪽.

(1963)와 로버트 벨라와 제자들이 미국 사회의 문화적 문법을 분석한 《마음의 습관*Habits of the Heart*》(1985) 등이 사회학계를 넘어 일반 교양 대중들에게도 널리 읽힌 베스트셀러가 되었다.[83] 이런 저서들을 통해 시민들은 자신들의 삶이 이루어지는 미국 사회에 대한 성찰력을 높이게 되었고 사회학이라는 학문이 사회를 더 살 만한 곳으로 만드는 데 꼭 필요한 학문이라는 인식을 가지게 되었다. 그에 따라 사회학을 전공하는 학생들이 계속 대학에 들어오고 대학 내에 사회학과가 유지되고 사회학연구소에 연구 기금이 제공된다. 한국에서도 사회학이 활기를 되찾기 위해서는 일반 시민들에게 널리 읽힐 수 있는 품격과 대중성을 갖춘 베스트셀러가 나와야 한다.

대중들은 언론 매체를 통해 전달되는 사회학자들의 저서를 통해 사회학이 어떤 학문인가를 알게 된다. 전상인의 《아파트에 미치다》, 김상준의 《맹자의 땀, 성왕의 피》, 정수복의 《한국인의 문화적 문법》, 김홍중의 《마음의 사회학》, 김찬호의 《모멸감》, 노명우의 《세상 물정의 사회학》, 오찬호의 《우리는 차별에 찬성합니다》, 송호근의 《그들은 소리 내어 울지 않는다》, 조은의 《사당동 더하기 25》, 정태석의 《행복의 사회학》, 김경만의 《글로벌 지식장과 상징폭력》, 김종영의 《지배받는 지배자》, 전상진의 《음모론의 시대》, 최종렬의 《복학왕의 사회학》, 이재열의 《다시 태어난다면, 한국에서 살겠습니까》, 이철승의 《불평등의 세

---

83 데이비드 리스먼·네이선 글레이저·루일 테니, 이상률 옮김, 《고독한 군중》, 문예출판사, 1999; 피터 버거, 한완상 옮김, 《사회학에의 초대》, 현대사상사, 1979; 로버트 벨라, 김명숙 외 공역, 《미국인의 사고와 관습: 개인주의와 책임감》, 나남, 2001.

대》, 양승훈의《중공업 가족의 유토피아》등 사회학자들의 저서를 통해 대중들의 사회학에 대한 '사회적 표상social representation' 또는 '사회학의 공적 이미지public image of sociology'가 만들어진다.

사회학자가 대중들의 관심을 자아내는 사회 문제에 개입하여 글을 쓸 수 있는 주제와 범위는 광범위하다. 그러나 현실에서는 사회학자들보다는 타 분야 전공자나 기자 등 대중적 지식인들이 펴낸 책이 대중들의 질문에 훨씬 더 가깝게 응답하면서 공감대를 형성하고 있다. 보기를 들어 세대와 불평등이라는 주제에 있어서 우석훈과 박권일의《88만원 세대》에서 조귀동의《세습중산층 사회》에 이르기까지 사회학자보다 경제학자나 기자들이 청년 세대의 미래나 한국 사회의 불평등 문제를 더 알아듣기 쉽게 제시하고 있다.[84]

한국 사회학계에서 학문적 능력이 있는 사회학자들로 구성된 '불평등연구회' 소속 학자들이 내놓는 엄밀하지만 부분적이고 미시적인 주제를 다루는 논문들은 대중에게 전달되기 어렵다. 세대나 불평등이라는 주제뿐만 아니라 사회학이 다루는 다양한 주제를 사회학계가 산출한 기존의 연구 결과를 종합하여 대중들의 탐구심을 자극하고 그들의 관심을 불러일으키는 방식으로 쓴 사회학 저서들이 속속 출간되어야

---

84 우석훈, 박권일,《88만원 세대》, 레디앙미디어, 2007; 조귀동,《세습중산층 사회—90년대생이 경험하는 불평등은 어떻게 다른가》, 생각의힘, 2020. 조귀동의 책은 이철승의 불평등 세대론과 최종렬의 지방대학생들의 의식 연구를 포괄하고 한국 사회의 세대에 불평등에 관한 부분적 연구들을 포괄해서 '세습중산층 사회'라는 이름으로 한국 사회의 불평등 현상의 총체적 모습을 제시했다.

한다. 그런 작업을 사회학 외부의 사람들에 맡겨두기에는 사회학자들의 능력이 너무 아깝다. 사회학자는 각자 자기 연구 분야에서 개인적 연구 결과를 학술등재지에 논문으로 발표하는 것으로 그치지 말고 자신의 연구는 물론 동료 학자들의 연구를 참조하면서 일반 대중을 위해 전체적인 그림을 그려주는 저술 작업을 해야 한다. 이철승이 《한국사회학》에 발표한 논문을 확대하여 저서로 출간한 것은 그 보기다.[85] 그런 작업이야말로 공공선에 기여하는 '직업으로서의 사회학자'가 해야 할 중요한 임무의 하나이다.

11. 대중을 위한 사회학 강의

사회학자는 시민들이 자신이 살고 있는 세상이 어떻게 움직이고 있으며 거기에 자신이 어떻게 연루되고 있는지를 이해하고 어떤 방향으로 자신의 삶을 꾸려나가고 어떻게 하면 더 나은 사회를 만드는 데 기여할 수 있는지를 성찰하는 데 도움을 줄 수 있어야 한다. 그러려면 동료 학자들과 사회학 전공 학생들을 넘어 일반 시민을 대상으로 자신의 연구 결과를 누구나 쉽게 알아들을 수 있는 방식으로 전달하는 '강의 능력'을 개발해야 한다.

---

85 이철승, 〈세대, 계급, 위계: 386세대의 집권과 불평등의 확대〉, 《한국사회학》 53권 1호, 2019, 1~48쪽과 이철승, 《불평등의 세대》, 문학과지성사, 2019.

보통 사람들이 공유하는 일반적인 지식을 '상식'이라고 한다면 사회학자들은 상식에 만족하지 않고 상식을 의심하며 상식 속에 숨어 있는 편견과 오류를 찾아내려는 사람들이다. 학자들은 체계적이고 포괄적이며 근거 있고 믿을 만한 '지식'을 추구한다. 그런 지식을 '학식'이라고 부를 수 있다면 학식의 세계와 상식의 세계는 때로 충돌할 수 있다. 그런데 사회 생활을 하면서 사람들과 상호작용하며 살아가는 사람들에게 필요한 것은 상식이지 학식이 아니다. 사회 생활에 대한 상식은 많은 경우 관습이고 관례이고 관행이고 처세술이며 때로 사기술일 수도 있다.[86] 상식은 많은 경우 편견이나 선입견이고 관습이나 스테레오타입에 물들어 있는 경우가 많다. 근거 없는 상식을 근거 있는 학식으로 설득하여 학식을 상식으로 만드는 게 사회학자의 일이다.

혈연, 지연, 학연을 포함하여 자기가 가진 모든 연줄망을 활용해서 자기 이익을 추구하며 살아가는 사람들에게 좋은 삶이 가능한 좋은 사회를 위해 필요한 사회학적 지식을 전달하는 일은 생각만큼 그리 쉬운 일이 아니다. 외국에서 박사학위를 받고 귀국한 젊은 사회학자가 벌어먹고살아가기에 바쁜 사람들이나 은퇴한 노인에게 사회학을 가르친다

---

86 보기를 들자면 내가 말하는 '한국인의 문화적 문법'을 구성하는 현세적 물질주의, 가족주의, 연고주의, 권위주의, 갈등 회피주의, 감상적 민족주의, 국가중심주의, 속도지상주의, 근거 없는 낙관주의, 수단방법 중심주의, 이중규범주의 등은 보통사람들에게 '상식'으로 통한다. 문화적 문법을 변화시키기 위해서는 일단 한국인들이 살아가는 '사회적 세계social world'가 상호주관적으로 짜여 있는 방식, 서로 합의된 행위의 문법을 공유하고 그 위에서 일상의 삶이 이루어지고 있는 방식을 연구해야 한다.

고 생각해보라. 대학물이라도 먹은 사람은 좀 낫겠지만 제도교육을 별로 받지 않고 그야말로 자수성가한 사람이나 사고가 굳어버린 은퇴한 노인에게 사회학 교과서에 나오는 내용을 그대로 강의해보라. 그 사람들은 강의를 듣고 나서 "사회학자들은 세상 물정을 몰라도 너무 몰라!"라는 반응을 보일 것이다.[87] 그들 앞에서는 외국의 유수한 대학에서 받은 박사학위 증서도 안 통할 것이고 사회학자는 보통사람들과 달리 실용적 상식이 아니라 학문적 지식을 추구한다고 말해도 꿈쩍도 안할 것이다. 이제 외국 대학의 박사학위는 '말의 권위'를 갖기에는 너무 흔해졌고 구체적 삶에 직접 도움이 되는 실용적 지식이 아니면 관심을 끌기 어렵게 되었다. 각자도생의 사회에서 사람들은 자기 이익을 챙기는 데 혈안이 되어 사투를 벌이고 있다. 이런 분위기 속에서 살아가는 사람들에게 좋은 삶이 가능한 좋은 사회를 만드는 일에 필요한 지식을 전달하는 일은 난공불락이다.

공론장의 확장과 공공성 증진을 목표로 하는 사회학적 지식으로 일상 생활의 경험을 통해 얻은 '상식'의 보수성과 관습의 허구성을 극복하려면 어떻게 해야 하는가? 이 문제는 사회학자 모두가 고민해야 할 문제이다. 사회학자들이 개인적 가치와 감정을 배제하고 중립적인 입장에서 객관적 자료를 분석하여 얻은 연구의 결과를 제시해도 이미 세상이 돌아가는 방식을 잘 안다고 생각하는 '세상 물정의 달인'들은 그것을 그대로 받아들이지 않는다. '사회학자의 사회학sociological

---

87   노명우, 《세상 물정의 사회학》, 돌베개, 2015.

sociology'이 세속의 사람들이 그들 나름으로 세상을 설명하는 '자생적 사회학spontaneous sociology'보다 우월한 진리라고 주장할 수 있는가? 할 수 있다면 어떻게 설득력 있게 제시할 것인가? 그들의 실용적 처세술에서 나온 진위 판단 기준에 맞설 수 있는 사회학자의 설득력은 어디서 나오는가? 일반인들은 표본집단 구성 방식이나 방법론적 엄밀성에 대해 아무리 설명해도 관심을 보이지 않는다.

　보통 사람들은 세상을 사는 데 도움이 되는 지식, 자기 개인의 이익을 증진시키는 일에 도움이 되는 '쓸 만한' 지식을 찾는다. 경제경영서, 자기계발서, 심리상담서, 힐링 서적 등은 그런 요구에 부응하는 책들이다. 사회학은 공공성을 증진하고 시민의식을 함양해서 좋은 삶이 가능한 좋은 사회를 만드는 데 기여하는 지식을 추구한다. 그런데 정작 보통 사람들이 그런 사회학적 지식에 관심이 없다면 어떻게 할 것인가? 주식시장이나 부동산 가격의 변화 등 돈과 관련된 정보에 관심이 더 많은 사람들에게 돈과 무관한 사회적 삶의 의미와 관련된 지식을 어떻게 전달할 것인가?

　오늘날 사회학 강의의 주요 청중은 20대의 대학생들이다. 그러나 사회학의 임무를 수행하기 위해서는 청중의 범위를 초·중·고등학생과 장년층, 중년층, 노년층으로 넓혀 그들의 관심을 불러일으켜야 한다. 특히 기자, 방송인, 법조인, 공무원, 타 분야 교수, 초중고 교사, 목사, 스님, 신부, 시민운동가, 작가, 문화예술인, 출판인 등 공적 문제에 대해 발언하는 사람들에게 사회학자들의 관련 분야 연구 결과를 알기 쉽게 전달해야 한다. 그러기 위해 사회학자들은 무엇을 어떻게 할 것인가? 사회의 약자나 소수자, 비판의식을 가진 사람들뿐만 아니라 권력

층과 기득권층에게도 사회학적 지식이 정말 흥미롭고 유용하다는 생각을 갖게 하려면 어떻게 접근해야 할 것인가?

김홍중이 주장하듯이 우선 "사회학은 사회를 가르치는 학문이 아니라 사회로부터 배우는 학문"이라는 생각을 가져야 한다.[88] 대중과 소통하기 위해 사회학자는 일단 대학 강의실 밖으로 나와 세상 사람들의 이야기를 듣고 그들과 대화하려는 마음을 가져야 한다. 미국사회학회가 사회학의 대중화를 위해 2002년 창간한 *Contexts*라는 잡지의 창간호에서 편집자가 썼듯이 "사회학자들이 상아탑 안에 고립되어 있기에는 사회적 세계에서 살아가는 보통 사람들을 이해하는 일이 너무나도 중요하다."[89] 외국어 원서와 통계숫자에 빠져 있지 말고 일단 사람들이 겪고 있는 세상 물정을 파악해야 한다. 그렇게 세상 물정을 파악한 다음에는 거기에서 나온 문제를 연구 주제로 삼아 전문적인 연구를 진행하고 연구 결과를 보통 사람들에게 설명할 수 있는 새로운 글쓰기를 개발해야 한다.[90] 박길성이 주장하듯이 논문이라는 형식에 집착해온 "지금까지와는 결이 많이 다른 우아하고 생생한 글쓰기"를 시도해야 한다.[91] 그렇게 쓴 교재를 가지고 다시 세상으로 돌아와 어깨에 힘을 빼고 보통 사람들이 알아들을 수 있는 방식으로 이야기해야 한다. 관습과 상

---

88 김홍중, 《은둔기계》, 문학동네, 2020, 154쪽.

89 Claude Fisher, "Letters from Editor", *Contexts*, Vol. 1, Issue 1, 2002, p. iii.

90 제주 제2공항 건설을 막아내기 위해 제주도청 맞은편 길가에 천막을 치고 모여든 사람들 속으로 뛰어들어 체험한 현장을 오십 편의 단장으로 쓴 윤여일, 《광장이 되는 시간》, 포도밭출판사, 2019 참조.

91 박길성, 《한 사회학자의 어떤 처음》, 나남, 2020, 97쪽.

식의 세계에서 살아가는 사람들이 "사회학자들은 나보다 세상 물정을 몰라!"라고 말할 때 "어이구 무식한 놈들!"이라는 반응을 보이는 대신 "네, 그렇지만 제 이야기도 잠깐 들어보시겠습니까?"라는 방식으로 대응하며 사회학적 지식을 설파할 수 있어야 한다.

금수저와 흙수저, 헬조선과 '이생망'에 이어 '혐오'와 '벌레'와 '기생충'과 바이러스의 시대에 접어든 한국 사회에서 나는 "다시 사회학이 필요한 시대Sociology Once Again!"를 예감한다. 사회학적 지식은 위기의 시대를 넘어서기 위해 꼭 필요한 지식이기 때문이다. 사회학의 미래는 사회학자들이 연구실과 강의실을 벗어나 일상의 세속을 살아가는 보통 사람들의 삶을 절실하게 공감하고 그 느낌을 사회학적으로 풀이할 수 있는 능력에 달려 있다. 사회학자는 보통 사람들이 각자 자신의 삶이 갖는 '사회적 의미'를 큰 틀에서 파악하고 이해하는 데 도움을 줄수 있는 해석적 지식을 제공할 때, 더 좋은 삶을 살 수 있는 더 나은 사회를 만드는 데 기여하는 지식을 널리 확산시킬 때, 자신의 임무를 다하는 것이다. 물론 사회학자는 새로운 학술 지식을 창출하는 일에 매진해야 한다. 그러나 그 지식이 정말 의미 있는 사회적 지식이 되려면 그 지식을 사회의 여러 구성원들과 공유해야 한다. 학술 연구의 결과를 논문으로 작성하여 공인된 학술지에 발표하는 작업은 계속되어야 한다. 그러나 사회학의 궁극적인 목표는 사회학자 개인의 연구업적을 쌓는데 있지 않다. 직업으로서의 사회학자가 수행할 임무는 더 좋은 삶better life이 가능한 더 좋은 세상better world을 만드는 데 필요한 지식을 생산하고 공유하고 유통하는 일이다. 그런 과정에서 기존의 상식을 수정하고 교정하고 확장하고 심화시키는 것이다. 사회학자의 임무는 지식 생산에 그치지 않고 지식의 유통과 공유와 활용에 이르는 지식 순환의 전 과정에 걸쳐 있음을 인식해야 한다.

사회학은 민주주의와 시민사회가 살아 있고 공론 형성을 위한 토론과 대화가 가능한 땅에서만 자라는 나무와 같다. 스스로 푸르게 빛나면서 시원한 그늘을 제공하는 늠름한 느티나무가 되기 위해서도 사회학은 대중과 소통해야 한다. 공공의 학문으로서의 사회학은 공중이 없으면 살아갈 수 없다. 사회학은 대중mass이 '즐거운 로봇cheerful robot'으로 떨어지지 않고 '공중public'으로 거듭 나는 일에 도움을 주어야 한다. 이제 힐링과 위로, 좌절과 분노의 시간을 지나 다시 "사회학이 필요한 시간"이 다가오고 있다. 각자도생의 헬조선에 살고 있는 익명의 대중들은 "세상이 도대체 왜 이런가? 응답하라 사회학!"이라는 희미한 신호를 보내고 있다. 그런 신호에 사회학자들이 응답할 차례다.

12. 한국사회학회의 과제

마지막으로 한국 사회학의 발전을 위해 일하는 한국사회학회에 몇 가지 제안을 하면서 이 글을 마감하고 싶다. 첫째, 이제 한국사회학회는 분열에서 상호 협력의 시대로 나아가야 한다. 아카데믹 사회학, 비판사회학, 역사사회학, 이론사회학, 문화사회학 등 사회학 안의 여러 흐름 사이에 상호 이해와 창조적 교류를 위한 논의의 장을 마련해야 한다.

앞서 말했지만 사회학 내의 다양한 학문 경향들이 서로 고립될 때 사회학의 전체적 힘은 약화된다. 서로 다른 학문적 지향성을 가진 사회학자들 사이에 상호 이해가 높아져 시너지 효과를 낼 수 있어야 사회학 전체의 힘이 강화되고 학문적 위상도 높아질 수 있다. 구체적으로는 1년에 한 번씩 치르는 정기 사회학대회가 연구 주제별 분과학회를 아우르는 큰 우산 역할을 하는 데 그치지 않고 서로 고립되어 활동하는 분과학회들 사이의 교류와 상호 작용을 증진시키는 다양한 프로그램을 만들어야 한다. 작게는 발표와 토론을 서로 다른 학회 구성원들로 하는 방안도 생각해 볼 수 있고 크게는 《한국사회학 연보Annual Review of Korean Sociology》를 창간하여 그해에 주류 사회학, 비판사회학, 역사사회학, 이론사회학, 문화사회학, 불평등사회학, 젠더사회학, 산업사회학, 인구학, 가족사회학, 종교사회학, 농촌사회학 등 주제별로 이루어진 주요 사회학 연구 성과를 정리하여 공유하는 작업도 하나의 과제가 될 것이다.

둘째, 한국사회학회는 사회학계가 산출한 의미 있는 연구 성과를 사회학계 밖으로 알리는 일을 주도적으로 담당해야 한다. 시의적절하고 의미 있는 사회학 연구의 결과를 정기적으로 언론에 알리는 일press release이 필요하다.[92] 한국사회학회의 언론홍보 담당 이사에게 예산과

---

92 영국사회학회BSA는 학회 회원들에게 대중적 미디어에 적극 출연하여 사회학에 대한 사회적 관심을 높이기를 적극적으로 권장하고 있다. 앤서니 기든스·필립 서튼, 《현대사회학》, 2017, 50쪽. 프랑스 사회학계는 사회학자들이 미디어에 적극 참여하는 것을 당연하게 여긴다. 레이몽 아롱, 알랭 투렌, 피에르 부르디외 등이 그 보기이다.

인력을 제공하여 다양한 매체에 체계적으로 접근할 수 있는 여건을 만들어야 한다. 그와 더불어 대중들이 쉽게 접근할 수 있는 방법으로 사회학 연구 결과를 종합하는 (온라인) 잡지와 저서를 발간해서 널리 학계 밖에 알리기 위해 노력해야 한다. 미국사회학회는 2002년부터 사회학의 최신 연구 결과를 전문용어를 사용하지 않고 대중에게 전달하는 *Contexts*라는 잡지를 발간하고 있다. 미국사회학회는 이 잡지를 미국 '사회학의 공식적 얼굴public face of sociology'로 발전시키고 있다. 연세대 사회학과에서는 사회학과 일반 대중 사이에 교량 역할을 담당하는 온라인 잡지 *sociological.com*을 창간했으나 지속하지 못하고 폐간했다.[93] 이런 일을 하기 위해서는 한국사회학회가 나서서 안정적인 인력과 재원을 마련해야 할 것이다.

셋째, 한국사회학회는 학계의 희소 자원을 사회학의 미래를 위해 공정하게 배분하는 풍토 조성에 앞장서야 한다. 모든 공동체에는 구성원들 사이에 경쟁과 협력, 갈등과 합의가 공존한다. 사회학 공동체도 마찬가지다. 거기에는 협력과 합의만 존재하지 않는다. 부르디외가 말하듯 학술장은 보이지 않는 지배와 투쟁의 공간이다. 학문 분야 사이에, 중앙과 지방 사이에, 세대와 젠더 사이에, 이론과 연구방법에 차이가

---

93 김영미와 강정한이 주도한 이 온라인 잡지는 사회학자들이 자신의 연구 결과를 직접 소개하는 '알짜사회학', 학술지에 실린 사회학 연구나 사회학 관련 단행본을 소개하는 글 등을 실었고 한국 대학의 사회학과에서 어떤 과목을 개설하고 있는지를 파악하고 학생들의 수업 후기를 소개하는 글, 학생들이 배우고 싶은 과목에 대한 정보 등을 실을 예정이었다.

존재한다. 그런 차이에도 불구하고 더 나은 진리를 추구하기 위한 창조적 경쟁은 필요하다. 학문공동체 내에서 희소 자원(교수 자리, 연구비, 학술지 게재 여부, 우수 연구 선정 등)을 놓고 벌어지는 경쟁은 공정하고 투명하고 민주적인 방식으로 이루어져야 한다.

사회학을 전공하는 여학생 수가 남학생 수를 능가하고 있지만 여성 교수는 대부분의 대학 사회학과에 단 한 명에 불과하고 SKY대학 학부를 졸업하고 미국 대학에서 박사학위를 받은 사람들이 신임 교수직과 외부 연구비, 명예가 있는 직위, 상금이 큰 수상의 대부분을 과점하고 있는 게 현실이다. 사실 오늘날 대학의 상황은 연구에 전념할 수 있는 분위기가 아니다. 비전임 교수는 말할 것도 없고 전임 교수도 연구와 교육 외에 다양한 행정업무에 시달리고 있다. 비전임 교수들은 특히 과로와 연구 시간 부족은 물론 생활상의 곤경에 처해 있다. 그런 상황은 불평이나 불만 표출로 해소되지 않는다. 학회는 그런 문제의 해결에 적극적으로 나서야 한다. 물론 이런 문제들은 하루아침에 해결될 수 있는 문제가 아니고 학회의 차원을 넘어서는 문제이기도 하다.

13. '소명'으로서의 사회학

그렇다면 이런 상황에서 사회학자 개인은 어떻게 연구하는 삶을 영위해나갈 것인가? 개인적 차원으로 돌아가 이야기하자면 '그럼에도 불구하고' 사회학자 각자는 학문의 세계에 헌신하기로 마음먹은 초심으로 돌아가 자신의 연구를 일생의 작품life-long work으로 만들어나아가야 한 다. '소명'으로서의 사회학에 헌신해야 한다. 그러려면 학자로서의 존 엄과 자존과 체면을 지키기 위한 기본적인 물질적 조건이 마련되어야 할 것이다. 그러나 어렵고 불편하고 부족한 상황일지라도 학문에의 열 정과 더 나은 사회를 만드는 일에 기여하는 지식을 창출하겠다는 굳은 결의가 있다면 대학 안팎에서 요구하고 있는 사회학적 상상력을 불러 일으키는 연구 결과가 쏟아져 나올 수 있다. 그렇게 되면 사회학의 쓸모 가 널리 인정되고 사회학의 연구 상황도 점차 개선될 수 있을 것이다.

사회학자들은 객관적 진리를 추구하는 '과학'으로 평가받기 위해 행 위자 밖에 존재한다고 가정된 '사회구조적 조건' 연구에 몰두하면서 사회적 행위자의 '창조적 행위 능력'을 과소평가했다. 이제야말로 사 회학자 스스로 그런 직업적 선입관을 벗어나 창조적 주체로 거듭날 때 가 되었다. 사회구조는 사회적 행위자에 의해 유지되고 변화한다. 사회 학자들은 스스로의 삶을 사회학적으로 분석하고 일반 시민과 정치인, 기업인과 언론인, 교육자와 종교지도자, 문화예술인과 체육인들에게 사회학적 상상력을 불러일으켜야 한다. 그들에게 사회학적 설명력을 보여주고, 사회학적 통찰력과 사회학적 지혜를 선사할 수 있어야 한다. 그러기 위해서는 먼저 사회학 공동체 내에 그런 분위기가 형성되어야 한다. 그런 과정이 대학 안팎으로 확산되는 과정이 '사회학의 대중화' 과정이라고 할 수 있다. 사회학의 대중화 과정을 통해 한국 사회를 구 성하는 각계각층의 행위자들이 성찰적 행위 능력이 증가하게 되면 그 에 따라 좋은 삶good life이 가능한 좋은 사회good society가 서서히 그 모 습을 드러낼 것이다.

참고문헌

1부

□ 이효재의 저서 및 논문

이효재, 〈사회학적으로 본 가족: 서울시 가족조사의 중간보고〉,《思潮》1권 7호, 1958, 225~238쪽.

_____, 〈협력과 경쟁〉,《한국평론》6호, 1958, 157~159쪽.

_____, 〈서울시 가족의 사회학적 고찰〉,《한국문화연구원 논총》1호, 1959, 9~72쪽.

_____, 〈이상적인 가족계획: 사회학적 입장에서〉《형정》10호, 治刑협회, 1961, 30~33, 38쪽.

_____, 〈한국의 인구 번식에 대한 사회학적 접근〉,《이화》15호 1961, 32~44쪽.

_____, 〈자주적 여성: 내 자신을 위한 권리와 의무를 이행하는 여성〉,《새길》88호, 법무부 형정부, 1961, 30~33, 38쪽.

_____, 〈여성과 지도자〉,《기독교사상》6권 1호, 1962, 62~67쪽.

_____ ·고황경·이만갑·이해영, 《한국농촌가족의 연구》, 서울대학교출판부, 1963.

_____, 〈한국 사회학의 과제: 고영복 씨의 '한국 사회구조의 분석'을 비판함〉, 《사상계》 13권 9호, 1965, 238~244쪽.

_____, 〈여성의 사회진출: 안방살림에서 사회 전역으로〉, 《사상계》 13권 11호, 1965, 211~217쪽.

_____, 〈변하는 여성의 역할〉, 《서울여대》 1호, 1966, 42~51쪽.

_____, 〈이스라엘의 여성〉, 《서울여대》 1호, 1966, 180~207쪽.

_____, 〈한국 결혼제도를 통하여 본 변동의 유형〉, 《진단학보》 31호, 1967, 177~196쪽.

_____ ·고영복·황성모 외, 〈한국 민족주의의 주도층과 리더쉽〉(토론), 《국제정치논총》 6호, 1967, 140~182쪽.

_____, 〈체계 없는 '상식'의 단계 너머: 사회학, 한국 사회과학의 시련〉, 《정경연구》 45호, 1968년 1월호, 140~146쪽.

_____, 《가족과 사회》, 민조사, 1968.

_____ ·정충량, 〈여성단체활동에 관한 연구〉, 《한국문화연구원 논총》 14호, 1969, 117~222쪽.

_____, 〈안방생활과 어린이의 성격형성〉, 《신상》 3권 1호, 1970, 9~15쪽.

_____, 〈안방과 신앙생활〉, 《신상》 3권 2호, 1970, 42~47쪽.

_____, 〈미래대학의 사회적 요청〉, 《학생생활연구》 4호, 숙명여자대학교 학생생활지도연구소, 1970, 77~81쪽.

_____, 〈도시화와 여성문제〉, 《복지연구》 5호, 1970, 15~26쪽.

_____ ·정충량, 〈도시 주부생활에 대한 실태조사〉, 《한국문화연구원 논총》 16호, 1970, 233~286쪽.

_____, 《도시인의 친족관계》, 한국연구원, 1971.

_____, 〈영성과 선거〉, 《신상》 4권 1호, 1971, 9~14쪽.

_____, 〈개화기의 여성운동〉, 《신상》 4권 2호, 1971, 28~32쪽.

_____, 〈사회의 변화와 여성의 역할〉, 《여성문제연구》 1호, 효성여자대학교 한국여성연구소, 1971, 169~181쪽.

_____·이동원, 〈대학출신 여성의 취업구조와 취업의식에 관한 조사〉, 《한국문화연구원 논총》 18호, 1971, 273~318쪽.

_____·김주숙, 〈도시 가족연구 및 지역적 협동에 관한 연구〉, 《한국문화연구원 논총》 19호, 1972, 331~373쪽.

_____, 《개화기 여성의 사회진출》, 발행자 불명, 1972.

_____, 〈도시 중류 가정의 문제와 여성의 역할〉, 《여성문제연구》 3호, 효성여자대학교 한국여성연구소, 1973, 250~266쪽.

_____, 〈한국인의 아들에 대한 태도와 가족계획〉, 《한국문화연구원 논총》 21호, 1973, 63~72쪽.

_____·정충량, 〈일제하 여성근로자 취업실태와 노동운동에 관한 연구〉, 《한국문화연구원 논총》 22호, 1973, 307~344쪽.

_____, 〈흑인 사회학Black Sociology의 대두〉, 《한국사회학》 9집, 1974, 71~75쪽.

_____, 《인간과 환경》, 이화여자대학교출판부, 1974.

_____·이동원, 〈남녀 대학생의 가족계획에 대한 태도〉, 《한국문화연구원 논총》 23호, 1974, 395~434쪽.

_____, 〈이스라엘의 키브츠―새로운 공동체의 모색〉, 《신학사상》 9호, 1975, 306~331쪽.

_____·이동원, 〈가외家外활동여성의 출산행위 및 태도에 관한 연구〉, 《한국문화연구원 논총》 25호, 1975, 237~285쪽.

_____·조형, 〈여성 경제활동 및 취업에 관한 연구: 1960~1970년의 추이〉, 《한국문화연구원 논총》 27호, 1976, 267~293쪽.

_____·김주숙, 《한국 여성의 지위》, 이화여자대학교출판부, 1976.

_____, 〈현대 가족사회학의 이론적 기본문제〉, 효강 최문환 선생 기념사업추진위원회 편, 《효강 최문환 박사 추모논문집》, 효강 초문환 선생 기념사업추진위원회, 1977, 409~420쪽.

_____, 〈개신교 선교와 한국여성 개화〉, 《논문집: 인문사회과학편》, 7권 1호, 숭전대학교, 1977, 401~427쪽.

_____, 〈여성과 사회구조〉, 이화여자대학교 한국여성연구소 편, 《女性學新論》, 이화여자대학교출판부, 1977, 64~87쪽.

_____·김주숙, 〈농촌 지역사회 발전을 위한 여성의 역할〉, 《한국문화연구원 논총》 30호, 1977, 323~364쪽.

_____, 《여성의 사회의식》, 평민사, 1978.

_____, 《여성과 사회》, 정우사, 1979.

_____, 〈분단시대의 사회학〉, 《창작과 비평》 14권 1호, 1979a, 250~268쪽.

_____, 〈현대 이스라엘 이민 통합과 민족국가〉, 《기독교사상》 23호, 1979b, 54~62쪽.

_____·박순·박민자, 〈한국 저소득층 노인생활에 관한 사회·경제 및 공간 문제 연구〉, 《한국문화연구원 논총》 34호, 1979, 239~288쪽.

_____, 〈전환기에 선 가족주의〉, 《고대문화》 19권, 1979, 43~55쪽.

_____·백낙청 외, 〈오늘의 여성문제와 여성운동〉, 《창작과 비평》 14권 5호, 1979, 2~52쪽.

_____·박은경, 〈한국 화교 및 화교 이동에 관한 연구〉, 《한국문화연구원 논총》 37호, 1981.

_____, 〈분단시대의 가족상황〉, 《정경문화》 205호, 1982, 76~94쪽.

_____, 〈사회발전을 보는 새로운 시각〉, 이효재·허석렬 공편역, 《제3세계의 도시화와 빈곤》, 한길사, 1983, 7~12쪽.

_____, 《분단시대의 사회학》, 한길사(이화여자대학교출판문화원), 1985(2021).

_____, 《여성의 사회의식》, 평민사, 1985.

_____, 〈한국 여성 노동사 연구 서설―조선사회와 여성노동〉, 《여성학논문집》 2집, 이화여자대학교 한국여성연구원, 1985, 147~167쪽.

_____, 〈분단시대의 여성운동〉, 변형윤 외, 《분단시대와 한국사회》, 까치, 1985, 275~315쪽.

_____, 〈가부장제에 대한 이론적 고찰〉, 《한국여성학》 2호, 1986, 39~44쪽.

_____, 〈한국여성 노동주기work cycle에 관한 연구〉, 《한국문화연구원 논총》 49호, 1986, 143~170쪽.

_____, 〈한국 여성노동사 연구서설―조선사회와 여성노동〉, 《여성학논집》 2호, 1986, 147~167쪽.

_____, 〈고전사회학의 가족이론과 파슨스의 핵가족론〉, 이효재 편, 《가족연구의 관점과 쟁점》, 까치, 1988, 11~32쪽.

_____·지은희, 〈한국 노동자계급 가족의 생활 실태〉, 《한국사회학》 22호, 1988, 69~97쪽.

_____ 편역, 《여성해방의 이론과 현실》, 창작과비평사, 1989.

_____, 《여성과 사회》, 정우사, 1990.

_____, 〈한국 가부장제의 확립과 변형〉, 여성한국사회연구회 편, 《한국가족론》, 까치, 1990, 3~34쪽.

_____, 〈개정 가족법에 대한 학제적 고찰: 여성학적 고찰〉, 《가족학논집》 2집, 한국가족학회, 1990, 218~233쪽.

_____, 〈가족의 민주화와 혼인〉, 이효재 외, 《자본주의 시장경제와 혼인》, 또하나의문화, 1991, 9~16쪽.

_____, 〈한일관계 정상화와 정신대 문제〉, 《기독교사상》 36호, 1992, 8~17쪽.

_____, 《자본주의 경제와 혼인》, 또하나의문화, 1993.

_____, 〈한국여성학과 여성운동〉, 《한국여성학》 10호, 1994, 7~17쪽.

_____, 〈이데올로기와 가족〉, 한국가족학회 편, 《현대가족과 사회》, 교육과학사, 1994, 3~14쪽.

_____·이승희, 〈나의 학문, 나의 인생: 이효재〉, 《역사비평》 24호, 1994, 237~257쪽.

_____, 〈한국 사회의 민주화와 가족〉, 여성한국사회연구회 편, 《한국 가족문화의 오늘과 내일》, 사회문화연구소 출판부, 1995, 9~22쪽.

_____, 《한국의 여성운동, 어제와 오늘》(증보판), 정우사, 1996(1989).

_____, 〈한국 가부장제와 여성〉, 《여성과 사회》 7호, 1996, 160~176쪽.

_____·이은영, 〈대담: 우리 시대의 사상가, 이효재〉, 《여성과 사회》 8호, 1997, 149~164쪽.

_____, 〈한국 여성운동 100년〉, 《동덕여성연구》 제3호, 동덕여자대학교 한국여성연구

소, 1998, 173~190쪽.

_____, 〈21세기 미래가족: 열린가족, 평등한 가족을 위하여〉, 한국여성사회연구소 10
주년 기념 심포지엄 자료집, 《세기 전환기 여성운동과 여성이론》, 1999.

_____, 〈가부장제 사회의 극복과 풀뿌리 민주주의〉, 《기억과 전망》 4호, 2003,
153~167쪽.

_____, 《조선조 사회와 가족—신분상승과 가부장제 문화》, 한울, 2003.

_____, 〈앞서 떠나신 김 선생에게 보내는 편지〉, 《벗으로 스승으로》, 문화과학사,
2005, 138~139쪽.

_____, 《아버지 이약신 목사》, 정우사, 2006.

_____, 〈나와 여성학〉, 이화여자대학교 한국여성연구원 30년 편찬위원회 편, 《한
국여성연구원 30년: 1977~2007》, 이화여자대학교 한국여성연구원, 2008,
306~309쪽.

Lee, Hyo-Chai, "A Study of Social Mobility in the Yi Dynasty of Korea, in the Light of
the Functional and Value Theories of Social Stratification", 《문리대학보》 6권 2호,
1958, 43~53쪽.

_____, "Size and Composition of Korean Families on the Basis of Two Recent Sample
Studies", *Bulletin of Korean Research Center*, No. 15, 1961.

_____, "Sociological Review of Population Growth in Korea", *Koreana Quarterly*, Vol. 5,
No. 1, Spring, 1963, pp. 135~151.

_____, "Book Review: 'A Study of Three Developing Rural Communities' by Roh
Chang-Sub", *Journal of Social Science and Humanities*, Korea Research Center,
No. 23, December, 1965, pp. 45~48.

_____, "Patterns of Change Observed in the Korean Marriage Institution", *Bulletin of
Korean Research Center*, No. 26, 1967.

_____, "The Changing Profile of Women Workers in South Korea", Noeleen Hazer ed.,
Daughters in Industry(Kualalumper, APDC, 1988).

□ 편저 및 번역서

클럭혼, 클라이드, 이효재 역, 〈문화의 개념〉, 《사상계》 7권 9~10호, 1959.

이효재 편, 《여성해방의 이론과 현실》, 창작과비평사, 1979.

볼드리지, 빅터, 이효재·장하진 공역, 《사회학: 비판사회학의 입장에서》, 경문사, 1979.

이효재·허석렬 공편역, 《제3세계의 도시화와 빈곤》, 한길사, 1983.

이효재 편, 《가족연구의 관점과 쟁점》, 까치, 1988.

소콜로프, 나탈리, 이효재 역, 《여성노동시장이론: 여성의 가사노동과 시장노동의 변증
법》, 이화여자대학교출판부, 1990.

□ 그 밖의 참고문헌

강남식·오장미경, 〈한국 여성학의 발달과 서구(미국)페미니즘〉, 한국학술단체협의회
편, 《우리 학문 속의 미국: 미국적 학문 패러다임 이식에 대한 비판적 성찰》, 한
울, 2003, 288~324쪽.

강만길, 《분단시대의 역사인식》, 창작과비평사, 1978.

_____, 《역사가의 시간》, 창비, 2018.

강인순, 〈이효재와 분단시대의 사회학〉, 《한국사회학》 50집 4호, 2016, 1~25쪽.

_____, 〈나의 비판사회학: 월영별곡〉, 《경제와 사회》 125호, 2020, 454~464쪽.

강정구 엮음, 《북한의 사회》, 을유문화사, 1990.

_____, 《민족의 생명권과 통일》, 당대, 2002.

강진웅, 《주체의 나라 북한—북한의 국가권력과 주민들의 삶》, 오월의봄, 2018.

고영복, 《한국사회 구조의 분석》, 《신동아》 1965년 2월호, 1965, 58~89쪽.

_____, 〈한국 사회구조의 분석 재론—이효재 씨의 반론에 답함〉, 《동아일보》 1965년 8
월 5일.

고황경·이효재·이만갑·이해영, 《한국 농촌가족의 연구》, 서울대학교출판부, 1963.

김경일, 《여성의 근대, 근대의 여성》, 푸른역사, 2004.

_____, 《신여성, 개념과 역사》, 푸른역사, 2016.

김귀옥, 《월남민의 생활경험과 정체성: 밑으로부터의 월남민 연구》, 서울대학교출판부, 1999.

_____, 《이산가족, '반공전사'도 '빨갱이'도 아닌》, 역사비평사, 2004.

_____, 《그곳에 한국군 '위안부'가 있었다》, 선인, 2019.

김동춘, 《분단과 한국사회》, 역사비평사, 1997.

김성경, 〈북한주민의 일상과 방법으로서의 마음〉, 《경제와 사회》 109호, 2016년 봄, 153~190쪽.

_____, 〈이동하는 북한여성의 원거리 모성〉, 《문화와 사회》 23호, 2017년 4월, 265~309쪽.

_____, 《갈라진 마음들—분단의 사회심리학》, 창비, 2020.

김수진, 《신여성, 근대의 과잉》, 소명출판, 2008.

김영선, 〈한국 여성학 제도화 과정과 지식생산의 동학—장소, 사람, 프로젝트〉, 서은주·김영선·신주백 편, 《권력과 학술장: 1960년대~1980년대 초반》, 혜안, 2014, 133~156쪽.

_____, 〈1970년대 '여성' 담론의 비판적 재구성—인간·민중·여성해방〉, 김보현 외, 《근대화론과 냉전 지식체계》, 혜안, 2018, 307~330쪽.

김정인, 〈분단과 통일에 관한 인문학적 성찰: 강만길, 백낙청, 송두율〉, 김경일·김동춘·조희연 외, 《우리 안의 보편성—학문 주체화의 새로운 모색》, 한울, 2006, 266~298쪽.

_____, 〈한국 여성학의 선구자 이효재 선생님 인터뷰: '이제 서울. 그들만의 잔치에 관심 없어요〉, 《월간 참여사회》 110호, 2006년 1월호, 8~11쪽.

김종엽, 《분단체제와 87체제》, 창작과비평, 2017.

김활란, 《그 빛 속의 작은 생명: 우월 김활란 자서전》, 이화여자대학교출판부, 1965.

문소정, 〈이효재 가족 연구에 대한 고찰〉, 《가족과 문화》 16집 2호, 2004, 167~200쪽.

박명규, 《남북 경계선의 사회학》, 창작과비평사, 2012.

박정희, 《이이효재—대한민국 여성운동의 살아있는 역사》, 다산초당, 2019.

변형윤 외, 《분단시대와 한국사회》, 까치, 1985.

서재진, 《또 하나의 북한사회》, 나남, 1995.

손세일 편, 《한국논쟁사 4—사회·교육편》, 청람출판사, 1976.

신기영, 〈글로벌 시각에서 본 일본군 '위안부' 문제: 한일관계의 양자적 틀을 넘어서〉,
《일본비평》 15호, 2016, 282~309쪽.

양현아, 《한국가족법 읽기》, 창비, 2012.

오한숙희, 〈한국 여성운동에 관한 연구: 1920년대를 중심으로〉, 이화여자대학교 대학원
여성학과 석사학위논문, 1988.

여성평우회 편, 《제3세계 여성노동》, 창작과비평, 1985.

여성한국사회연구회 편, 《한국가족론》, 까치, 1990.

유팔무, 《사회학으로 세상보기》, 한울, 2017.

윤미향, 〈일본군 '위안부' 문제의 진실, 정의, 배상 실현과 재발 방지를 위하여〉, 《이화젠
더법학》 5권 2호, 2013, 35~52쪽.

윤영민, 〈최근 미국 사회학의 위기와 대응—버클리대와 워싱턴대의 사례를 중심으로〉,
한국 사회학회 엮음, 《21세기의 한국 사회학》, 문학과지성사, 1994, 69~106쪽.

이나영, 〈페미니스트 인식론과 구술사의 정치학: 일본군 '위안부' 문제를 중심으로〉,
《한국사회학》 50집 5호, 2016, 1~40쪽.

이동원·함인희, 〈한국 가족사회학 연구 50년의 성과와 반성〉, 《가족과 문화》 창간호,
1996, 1~58쪽.

이순구, 〈조선시대 여성사 연구동향〉, 강영경 외 엮음, 《한국 여성사 연구 70년》, 한국학
중앙연구원 출판부, 2017, 124~152쪽.

이온죽, 《북한사회연구—사회학적 접근》, 서울대학교출판부, 1988.

이재경, 〈이효재, 우리 여성학의 시작: 한국적 특수성을 소재로 일군 우리 여성학〉, 교
수신문 편, 《오늘의 우리 이론 어디로 가는가—한국의 자생이론 20》, 생각의나
무, 2003, 303~336쪽.

_____, 〈이효재의 여성·가족사회학〉, 한국가족문화원 20주년 기념 심포지엄발표문,

한국가족문화원, 2004.

_____, 〈한국 사회학에서의 여성연구〉, 조대엽·신광영 외, 《한국 사회학의 미래: 사회학의 위기 진단과 미래 전망》, 나남, 2015, 358~409쪽.

_____, 〈여성 구술생애사로 본 한국의 근대: 이효재〉, 《근대와 여성의 기억 아카이브》, 이화여자대학교 한국여성연구원, 2015.

이화여자대학교 한국여성연구원 편, 《女性學新論》, 이화여자대학교 한국여성연구소, 1977.

임영일, 〈여성해방의 길에 놓인 큰 디딤돌〉, 《사회와 사상》 5호, 1990, 345~354쪽.

임지현, 《적대적 공범자들》, 소나무, 2005.

장세훈, 《냉전, 분단 그리고 도시화》, 알트, 2017.

정병준, 〈일제하 한국여성의 미국 유학과 근대경험〉, 《이화사학연구》 39집, 2009, 29~99쪽.

정수복, 《의미세계와 사회운동》, 민영사, 1994.

정진성, 〈전시하 여성 침해의 보편성과 역사적 특수성—일본군 '위안부' 문제에 대한 국제사회의 인식〉, 《한국여성학》 19권 2호, 2003, 39~61쪽.

조순경, 〈한국 여성학 지식의 사회적 형성—지적 식민성 논의를 넘어서〉, 《경제와 사회》 45호, 2000, 172~197쪽.

조은, 《사당동 더하기 25》, 또하나의문화, 2012.

한완상, 《한반도는 아프다—적대적 공생의 비극》, 한울아카데미, 2013.

함인희, 〈가족사회학 연구 60년: 연구 주제 영역의 변화와 이론적 패러다임의 교차〉, 대한민국학술원, 《한국의 학술연구: 정치학·사회학》, 대한민국학술원, 2008, 492~528쪽.

현영학·정세화·이남덕·이효재, 〈여성 능력 개발을 위한 여성학과정 설치의 제안〉, 《한국문화연구원 논총》 28호, 1976, 377~390쪽.

호프스테터, 리처드, 유강은 옮김, 《미국의 반지성주의》, 교유서가, 2017.

Alkalmat, A. and Gerald McWhoter, "The Ideology of Black Social Science", *Black Scholar*, Vol. 1 No. 2, December, 1969, pp. 28~35.

Blackwell, James and Morris Janowitz ed., *Black Sociologists: Historical and Contemporary Perspectives*(Chicago: University of Chicago Press, 1974).

Coleman, James, "Columbia in the 1950s", Bennett Berger ed., *Authors of Their Own Lives: Intellectual Autobiographies by Twenty American Sociologists*(Berkeley and Los Angeles: University of California Press, 1990), pp. 75~103.

Lengerman, Patricia Madoo and Gillan Niebrugge, *The Women Founders: Sociology and Social Theory, 1830~1930*(New York: Mcgraw Hill, 1997).

MacLean, Vicky M. and Joyce E. Williams, "Sociology at Women's and Black Colleges, 1880~1940", Anthony J. Blaisi ed., *Diverse Histories of American Sociology*(Leiden: Brill, 2005), pp. 260~316.

McDonald, Lynn, "Classical Social Theory with the Women Founders Included", Charles Camic ed., *Reclaiming the Sociological Classics—The State of Scholarship*(Malden and Oxford: Blackwell, 1997).

_____, *Women Theorists on Society and Politics*(Waterloo, Ontario, Canada: Wilfrid Laurier University Press, 1998).

_____, *The Women Founders of Social Sciences*(Ottawa: Carlton University Press, 1994).

Mills, C. Wright, *The Sociological Imagination*(New York: Oxford University Press, 1959).

Ram, Uri, *Israeli Sociology: Text in Context*(London: Springer, 2018).

Wallace, Ruth ed., *Feminism and Sociological Theory*(Newbury Park, CA.: Sage, 1989).

Watson, Wilbur, "The Idea of Black Sociology", *The American Sociologist*, Vol. 11, No. 2, May 1976, pp. 115~123.

참고문헌

2부

□ 한완상의 저서 및 논문

한완상, 〈Generalized Other론: 양심의 사회학적 해석〉, 《문리대학보》 16호, 1962, 73~79쪽.

_____, 〈사회학적 이론에 대한 새로운 이해〉, 《한국사회학》 2호, 1966, 164~169쪽.

_____, 〈한국에 있어서 소년비행과 원망수준에 관한 연구: 한국에서의 아노미 이론의 타당성 검증〉, 《한국사회학》 6호, 1971, 23~36쪽.

_____, 〈한국에 있어서 지위불일치와 사회의식〉, 《동아문화》 11호, 1972, 353~394쪽.

_____, 〈현대사회와 기계적 인간관〉, 《인문과학》 2호, 성균관대학교 인문과학연구소, 1972, 45~68쪽.

_____, 《현대사회와 청년문화》, 법문사, 1973.

_____·김옥렬·김태희, 〈전문직 여성의 직업 및 사회참여에 관한 연구〉, 《아세아여성연구》 12호, 1973, 5~58쪽.

_____, 《현대 젊은이의 좌절과 열망》, 배영사, 1975.

_____, 〈중간집단은 다원사회를 통합한다〉, 크리스찬아카데미 편, 《한국사회의 진단과 전망》, 삼성출판사, 1975, 57~69쪽.

_____, 《증인 없는 사회》, 민음사, 1976.

_____, 〈서평: 김광웅 지음, 《사회과학연구방법론》〉, 《북한》 59호, 1976, 241~243쪽.

_____, 《현대 사회학의 위기: 개방적 사회와 자율적 인간을 위하여》, 경문사, 1977.

_____, 〈인도주의 사회학〉, 《한국문학》 5권 11호, 1977, 270~281쪽.

_____, 《지식인과 허위의식》, 현대사상사, 1977.

_____, 《민중과 지식인》, 정우사, 1978.

_____, 《저 낮은 곳을 향하여》, 전망사(뉴스앤조이), 1978(2003).

_____, 《밖에서 본 자화상》, 범우사, 1979.

_____,《하느님은 누구 편인가?》, 동광출판사, 1980.

_____,《민중과 사회: 민중사회학을 위한 서설》, 종로서적, 1980.

_____,《민중사회학》, 종로서적, 1982.

_____ 편,《한국 교회 이대로 좋은가》, 대한기독교출판사, 1982.

_____,《민중시대의 문제의식―한완상 사회평론집》, 일월서각, 1983.

_____,《새벽을 만드는 사람들》, 동광출판사, 1984.

_____,〈권위주의적 사고와 개방적 사고〉, 한완상 외,《역사 속에 남은 것》, 한밭출판
사, 1984, 103~121쪽.

_____,《민중사회학》, 종로서적, 1984.

_____,《역사에 부치는 편지》, 삼민사, 1985.

_____,《뿌리 뽑힌 몸으로: 한국과 미국을 다시 생각한다》, 일월서각, 1985.

_____,《인간과 사회구조―사회학이론과 문제점들》, 경문사, 1986.

_____,《지식인과 현실인식》, 청년사, 1986.

_____,《역사의 벼랑 끝에서: 한완상 사회평론》, 동아일보사, 1986.

_____, 백욱인,〈민중사회학의 몇 가지 문제점들―그 총체적 바탕을 다지기 위하여〉,
장을병 외,《우리 시대 민족운동의 과제》, 한길사, 1986, 134~191쪽.

_____,〈인간화와 해방을 위한 사회학―나의 사회학 순례〉,《철학과 현실》 창간호,
1988, 253~268쪽.

_____,《청산이냐 답습이냐: 냉전문화의 극복을 위하여》, 정우사, 1988.

_____,《돌물목에서: 한완상 칼럼》, 철학과현실사, 1990.

_____,《한국현실, 한국사회학》, 범우사, 1992.

_____,〈한국에서의 시민사회, 국가, 계급: 과연 시민운동은 개량주의적 선택인가〉,
한국 사회학회·한국정치학회 편,《한국의 국가와 시민사회》, 한울, 1992,
9~25쪽.

_____,〈나의 삶, 나의 생각: 사회의사의 길, 민중사회학으로 개안〉,《한국일보》 1992
년 10월 31일 자, 9면.

_____·박명규, 〈한국사회 연구와 한국전쟁 연구〉, 한국 사회학회 편, 《한국전쟁과 한국 사회변동》, 풀빛, 1992, 3~19쪽.

_____, 〈민족통일, 사회통합, 그리고 사회학〉, 《통독 10주년 기념 한독 특별심포지엄 자료집》, 한국 사회학회, 1999, 161~180쪽.

_____, 《다시 한국의 지식인에게》, 당대, 2000.

_____, 〈서울의 짧은 봄, 긴 겨울, 그리고…〉, 이문영 등 엮음, 《김대중 내란음모의 진실》, 문이당, 2000, 245~265쪽.

_____·한균자, 《인간과 사회》, 한국방송통신대학교출판부, 2002.

_____·길희성 외, 《깊은 신앙, 넓은 신학: 한 평신도 교회의 증언》, 새길, 2002.

_____, 〈작가의 투철한 사회학적 상상력—《아리랑》을 읽고〉, 조남현 편, 《조정래 대하소설 아리랑 연구》, 해냄, 2003, 332~334쪽.

_____, 《예수 없는 예수교회》, 김영사, 2008.

_____, 〈민중신학의 현대사적 의미와 과제—21세기 줄씨알의 신학을 바라며〉, 《신학사상》 143호, 2008, 7~34쪽.

_____, 《우아한 패배》, 김영사, 2009.

_____, 《바보 예수》, 삼인, 2012.

_____, 《한반도는 아프다》, 한울, 2013.

_____, 〈장공사상의 적합성: 오늘의 위기와 장공애長空愛의 힘〉, 《장공기념사협회 회보》, 2014년 겨울호, 10~33쪽.

_____, 《피스메이커 한완상 이야기》, 국경선평화학교출판부, 2016.

_____, 《사자가 소처럼 여물을 먹고》, 후마니타스, 2017.

_____, 《돌 쥔 주먹을 풀게 하는 힘: 한완상 에세이》, 동연, 2021.

_____, 《예수, 숯불에 생선을 굽다: 한완상 시대 증언집》, 동연, 2021.

Han, Wan Sang, "Levels of Aspiration and Perception of Opportunity", 《한국사회학》 2호, 1966, 110~119쪽.

_____, "Discrepancy in Socioeconomic Level of Aspiration and Perception of Illegitimate Expediency", *American Journal of Sociology*, Vol. 74, No. 3, 1968, pp.

240~247.

_____, "Two Conflicting Themes: Common Values vs. Class Differential Values", *American Sociological Review*, Vol. 34, No. 5, 1969, pp. 679~690.

_____, "Alienation, Deviation-Proneness, and Perception of Two Types of Barriers Among Rural Adolescents", *Social Forces*, Vol. 49, No. 3, 1971, pp. 398~413.

□ 한완상의 번역서

존슨, 찰머스, 한완상 옮김,《혁명의 미래》, 현대사상사, 1972.

잉거, 밀턴, 한완상 옮김,《종교사회학》, 대한기독교서회, 1973.

달, 로버트, 한완상·이재호 옮김,《현대 위기와 민주혁명》, 탐구당, 1976.

말리노프스키, 브로니스라우, 한완상 옮김,《미개사회의 성과 억압/문화의 과학적 이론》, 삼성출판사, 1976.

버거, 피터, 한완상 옮김,《사회학에의 초대》, 현대사상사, 1977.

그루버, 파멜라, 한완상 옮김,《불의의 사슬들》, 한국기독교교회협의회, 1977.

유네스코 편, 한완상 옮김,《새로운 세계를 향하여》, 배영사, 1979.

프롬, 에리히, 한완상·마상조 옮김,《소유냐 존재냐?》, 전망사, 1979.

스타브리아노스, L. S., 한완상 옮김,《제3세계의 변동과 구조》, 일월서각, 1986.

오도넬, 슈미터, 한완상·김기환 옮김,《독재의 극복과 민주화: 권위주의 이후의 정치생활》, 다리, 1987.

□ 그 밖의 글들

강수택,《다시 지식인을 묻는다: 현대 지식인론의 흐름과 시민적 지식인상의 모색》, 삼인, 2001.

강신표, 〈인류학적으로 본 한국 사회학의 오늘—김경동과 한완상의 사회학〉, 《현상과 인식》 7권 1호, 1983, 255~262쪽.

강인순, 〈이효재와 분단시대의 사회학〉, 《한국사회학》 50권 4호, 2016, 1~25쪽.

강인철, 《한국 기독교회와 국가·시민사회: 1945~1960》, 한국기독교역사연구소, 1996.

_____, 《한국의 개신교와 반공주의》, 중심, 2007.

_____, 《한국의 종교, 정치, 국가: 1945~2012》, 한신대학교출판부, 2013.

강정구, 《허물어진 냉전 성역, 드러난 진실》, 선인, 2010.

_____, 《냉전 성역 허물기의 발자취》, 선인, 2012.

_____, 김진환·손우정·윤충로·이인우, 《시련과 발돋움의 남북 현대사》, 선인, 2009.

고은, 《만인보 10, 11, 12권》, 창비, 2010.

골드만, 뤼시앙, 조경숙 옮김, 《소설사회학을 위하여》, 청하, 1982.

권태선·차기태, 〈한겨레가 만난 사람: 한완상 부총리 겸 교육인적자원부 장관〉, 《한겨
레》 2001년 7월 16일 자, 13면.

권헌익, 《또 하나의 냉전》, 민음사, 2013.

김건우, 〈한국 현대지성사에서 한신韓神이 가지는 의미〉, 《상허학보》 42집, 2014,
503~531쪽.

_____, 《대한민국의 설계자들》, 느티나무책방, 2017.

김경만, 《담론과 해방: 비판이론의 해부》, 궁리, 2005.

_____, 《글로벌 지식장과 상징폭력》, 문학동네, 2015.

_____, 《진리와 문화변동의 정치학》, 아카넷, 2015.

김귀옥 외, 《북한 여성들은 어떻게 살고 있을까》, 당대, 2000.

_____, 《이산가족》, 역사비평사, 2004.

_____ 외, 《전쟁의 기억, 냉전의 구술》, 선인, 2008.

김동길, 〈한완상론〉, 한완상, 《밖에서 본 자화상》, 범우사, 1979, 8~13쪽.

김동춘, 《한국사회 노동자 연구》, 역사비평사, 1995.

_____, 《분단과 한국사회》, 역사비평사, 1997.

_____, 《근대의 그늘》, 당대, 2000.

_____, 《전쟁과 사회》, 돌베개, 2006.

김성기, 〈후기구조주의 시각에서 본 민중—주체 형성 논의를 중심으로〉, 《한국 사회학 연구》9호, 1987, 171~205쪽.

김용기·박승옥 공편, 《한국노동운동논쟁사: 자료모음 80년대를 중심으로》, 현장문학사, 1989.

김재준, 《낙수落穗: 김재준 목사 논문집》, 교문사, 1940.

_____, 《낙수 이후落穗以後》, 종로서관, 1954.

김진균, 《한국의 사회현실과 학문의 과제》, 문화과학사, 1997.

김학재, 《판문점 체제의 기원》, 후마니타스, 2015.

김형준, 〈신문의 이데올로기적 역할 수행의 자율성: '한완상 사건'과 '최장집 사건' 보도 비교 분석〉, 연세대학교 신문방송학과 석사학위 논문, 2000.

박명규, 《남북경계선의 사회학》, 창비, 2012.

박지향·김철·김일영·이영훈 엮음, 《해방전후사의 재인식》, 책세상, 2006.

박재홍, 〈세대연구의 이론적·방법론적 쟁점〉, 《한국인구학》24권 2호, 2001, 47~78쪽.

박현채·조희연 공편, 《한국사회구성체논쟁, 1·2》, 죽산, 1989.

_____, 《한국사회구성체논쟁, 3》, 죽산, 1991.

_____, 《한국사회구성체논쟁, 4》, 죽산, 1992.

백욱인, 《한국사회운동론》, 한울아카데미, 2009.

서관모, 《한국사회의 계급구성과 계급분화》, 한울, 1984.

_____, 〈학회 30주년과 비판사회학의 전망〉, 비판사회학회, 《학회 30주년과 비판사회학의 전망》, 2015, 1~3쪽.

_____, 〈한 마르크스주의자의 회고〉, 《경제와 사회》120호, 2018, 356~383쪽.

유종호, 《그 겨울 그리고 가을—나의 1951년》, 현대문학, 2009.

유종호, 《회상기》, 현대문학, 2016.

이기홍, 《사회과학의 철학적 기초: 비판적 실재론의 접근》, 한울, 2014.

_____, 〈양적 방법의 지배와 그 결과: 식민지근대화론의 방법론적 검토〉, 《한국사회

참고문헌

학》 50권 2호, 2016, 123~164쪽.

이기홍, 〈양적 방법은 미국 사회학을 어떻게 지배하게 되었나?〉, 《사회와 이론》 32집, 2018년 5월, 7~60쪽.

이만갑·한완상·김경동, 《사회조사방법론》(개정증보판), 진명출판사, 1979.

이상백, 《이상백저작집》 3권, 을유문화사, 1978.

이진경, 《사회구성체 논쟁과 사회과학방법론》, 아침, 1987.

이영훈, 《대한민국 이야기》, 기파랑, 2007.

이효재, 《분단시대의 사회학》, 한길사, 1985.

이희영, 〈사회학 방법론으로서의 생애사 재구성: 행위이론의 관점에서 본 이론적 의의와 방법론적 원칙〉, 《한국사회학》 39권 3호, 2005, 120~148쪽.

임지현, 《적대적 공범자들》, 소나무, 2005.

임현진, 〈헌사〉, 한민 한완상 박사 화갑기념논문집 간행위원회 편, 《한국사회학 1: 21세기 한국사회에 대한 전망》, 민음사. 1996, 9~10쪽.

전상진, 〈세대사회학의 가능성과 한계〉, 《한국인구학》 25권 2호, 2002, 193~230쪽.

_____, 《세대 게임》, 문학과지성사, 2018.

정근식·강성현, 《한국전쟁사진의 역사사회학》, 서울대학교출판문화원, 2016.

정수복, 《의미세계와 사회운동》, 민영사, 1994.

_____, 〈해설: 알랭 투렌의 학문과 사상—노동사회학에서 정치사상까지〉, 알랭 투렌, 정수복·이기현 옮김, 《현대성 비판》, 문예출판사, 1995, 487~512쪽.

_____, 《시민의식과 시민참여》, 아르케, 2002.

_____, 〈이상백과 한국 사회학의 성립〉, 《한국사회학》 50권 2호, 2016, 1~39쪽.

_____, 〈김경동과 아카데믹 사회학의 형성〉, 《한국사회학》 50권 4호, 2016, 67~108쪽.

_____, 〈사람들이 살아가는 이야기가 있는 사회학〉, 《한국사회학》 50권 4호, 2016, 275~317쪽.

정일준, 〈최문환과 한국 사회학의 문제틀: 민족주의와 자본주의를 넘어〉, 《한국사회학》 51집 1호, 2017, 399~435쪽.

정태석·조형제·서동진·백승욱·윤상철·홍일표, 〈집담회: 비판사회학의 어제와 오늘 그리고 내일〉, 《경제와 사회》 108호, 2015, 12~31쪽.

조은, 《침묵으로 지은 집》, 문학동네, 2003.

_____, 《사당동 더하기 25》, 또하나의문화, 2012.

조형제, 《한국 자동차산업의 전략적 선택》, 백산서당, 1993.

_____, 〈30주년을 맞이한 비판사회학회: 다시 무엇을 할 것인가?〉, 비판사회학회, 《학회 30주년과 비판사회학의 전망》, 2015, 5~8쪽.

최문환, 《민족주의의 전개과정》, 백영사, 1959.

최샛별, 《한국의 세대 연대기》, 이화여자대학교출판문화원, 2018.

한국사회연구소 편, 《한국사회노동자연구》, 백산서당, 1989.

한민 한완상박사 화갑기념논문집 간행위원회, 《한국 사회학 I : 21세기 한국사회에 대한 전망》, 민음사, 1996.

_____, 《한국 사회학 II: 전환기 한국의 사회문제》, 민음사, 1996.

한완상·김성기, 〈한에 대한 민중사회학적 시론: 종교 및 예술 체험을 중심으로〉, 서울대학교사회학연구회 편, 《현대자본주의와 공동체이론》, 한길사, 1987, 253~290쪽.

한상진, 《민중의 사회과학적 인식》, 문학과지성사, 1987.

한석정, 《만주모던: 60년대 한국 개발체제의 기원》, 문학과지성사, 2016.

한태선, 《소통하는 시민사회론》, 경문사, 1993.

_____, 〈서평: 한완상의 《한국 현실·한국 사회학》(범우사, 1992)〉, 《한국사회학》 28호, 1994, 200~207쪽.

황성모, 〈근대화의 제 과제: 사회구조와 민주주의의 관련하에서〉, 《동아문화》 3호, 1965, 69~118쪽.

Burawoy, Michael, "For Public Sociology", *American Sociological Review*, Vol. 70, No. 1, 2005, pp. 4~28.

Feagin, Joe, Hernan Vera and Kimberly Ducey, *Liberation Sociology*, 3rd edition(New York: Routledge, 2014).

Gouldner, Alvin, *The Coming Crisis of Western Sociology* (New York : Basic Books, 1970)

Kim, Kyong-Dong, "Korean in America : Their Cultural Adaptation and Contributions", *Rethinking Development*(SNU Press, 1985), pp. 141~159.

Touraine, Alain, *La voix et le regard*(Paris: Seuil, 1978).

_____, *The Voice and the Eye*(Cambridge: Cambridge University Press, 1981).

3부

□ 김진균의 저서

김진균, 《비판과 변동의 사회학》, 한울, 1983.

_____, 《사회과학과 민족현실 1》, 한길사, 1986.

_____, 《사회과학과 민족현실 2》, 한길사, 1991.

_____ · 홍성태, 《군신과 현대사회》, 문화과학사, 1996.

_____, 《한국의 사회 현실과 학문의 과제》, 문화과학사, 1997.

_____ · 정근식 편, 《근대 주체와 식민지 규율권력》, 문화과학사, 1997.

_____, 《진보에서 희망을 꿈꾼다》, 박종철출판사, 2003.

_____, 《21세기 진보운동의 기획》, 문화과학사, 2003.

_____, 《불나비처럼》, 문화과학사, 2003.

_____ 편, 《저항, 연대, 기억의 정치 1 · 2》, 문화과학사, 2003.

□ 김진균의 한국 사회학 비판과 대안

김진균, 〈소아마비 못 면한 사회학〉, 《청맥》 제20호, 1966년 8월, 64~73쪽.

_____, 〈박지원의 사회학적 안목에 관하여〉, 《진단학보》 제44호, 1977, 81~94쪽.

_____, 〈인력개발〉, 이해영 · 권태환 공편, 《한국 사회: 인구와 발전, 2: 인력 · 자원》, 서

울대학교출판부, 1978, 389~450쪽.

_____, 〈발전과 내생적 변동이론의 필요성〉, 《한국사회학연구》 제3호, 1979, 11~31쪽.

_____, 〈산업민주주의: 그 배경과 몇 가지 명제에 관하여〉, 《사회과학과 정책연구》 3권 2호, 1981, 269~290쪽.

_____, 〈이데올로기와 사회과학〉, 《정경연구》 204호, 1982년 2월호.

_____, 〈한국 사회학, 그 몰역사성의 성격〉, 《한국사회연구 1》, 한길사, 1983, 87~107쪽.

_____, 〈제3세계 이론의 전개와 평가〉, 《제3세계와 사회이론》, 한울, 1983.

_____, 〈역사 현실과 대결하는 사회과학〉, 계간 《오늘의 책》 창간호, 1984년 봄호, 한길사.

_____, 〈1980년대 한국 사회과학의 과제〉, 한국산업사회연구회, 《산업사회연구》 제1집, 한울, 1985, 7~21쪽.

_____, 〈사회발전 이론의 주체적 탐구〉, 한길사, 《한길》 2호, 1985년 10월호.

_____ ·조희연, 〈분단과 사회상황의 상관성에 관하여〉, 변형윤 외, 《분단시대와 한국사회》, 까치, 1985, 397~432쪽.

_____, 〈한국사회에 대한 사회과학의 인식〉, 《역사비평》 제1집, 1987년 가을, 368~376쪽.

_____, 〈사회학이 본 한국 자본주의와 분단문제〉, 역사문제연구소 편, 《한국 근현대 연구 입문》, 역사비평사, 1988, 171~200쪽.

_____, 〈민족적·민중적 학문을 제창한다〉, 학술단체연합심포지엄 준비위원회 편, 《80년대 한국 인문사회과학의 현단계와 전망》, 역사비평사, 1988, 13~25쪽.

_____, 〈민중사회학의 전망〉, 한신대학교 제3세계문화연구소 제9회 심포지엄, 《한국 민중론의 학문적 정립을 위한 대토론회》, 1988년 11월 7일(《민중사회학의 이론화 전략》이라는 제목으로 확대 수정되어 《사회과학과 민족현실 2》에 재수록).

_____, 〈민족민중 지향적 학문의 전개〉, 《리영희 선생 화갑 기념 논문집》, 두레, 1989, 301~326쪽.

_____, 〈한국 사회에 대한 과학적 인식을 위하여〉, 한국산업사회연구회 편, 《새로운 사회학 강의》, 미래사, 1990, 13~24쪽.

_____, 〈한국 사회의 교육과 지배 이데올로기〉, 한국산업사회연구회 편, 《한국 사회와 지배 이데올로기》, 녹두, 1991, 435~444쪽.

참고문헌

_____, 〈민중민주주의의 전망〉, 한국 사회학회·한국정치학회 편, 《한국의 국가와 시민 사회》, 한울, 1992, 360~375쪽.

_____, 〈강변에 엄마〉, 김진균 외, 《바람 찬 날 우리들의 사랑은》, 참세상, 1992, 84~97쪽.

_____편, 《사회주의 노동과정 연구: 1992학년도 제1학기 서울대학교 대학원 사회학과 조직사회학연구 연구보고서》, 서울대학교 대학원 사회학과, 1992.

_____, 〈사회과학 인식의 전환 문제〉, 한국산업사회연구회 편, 《한국 사회의 변동: 민주주의, 자본주의, 이데올로기》, 한울, 1994, 9~25쪽.

_____, 《《노동과 독점자본》, 헤리 브레이버만〉, 김진균·임현진·전성우 편, 《사회학의 명저 20》, 새길, 1994, 277~292쪽.

_____, 〈해방 이후 한국 사회과학: 비판과 과제〉, 창원대학교 사회과학연구소 창립기념학술대회 발제문, 1995년 10월 11일.

_____, 〈한국에서의 '근대적 주체'의 형성—식민체제와 학교 규율〉, 《경제와 사회》 제32호, 1996년 겨울호.

_____, 〈한국의 학문 기반 조성을 위한 하나의 성찰—세계화와 한국학 본거지 구축 문제〉, 《문화과학》 11호, 1997년 봄호, 36~47쪽.

_____, 〈87년 이후 민주노조운동의 구조와 특징〉, 조돈문·이수봉 엮음, 《민주노조운동 20년》, 후마니타스, 2008, 17~85쪽.

□ 김진균의 번역서

아이젠슈타트, S. N., 김진균·여정동 공역, 《근대화: 저항과 변동》, 탐구당, 1972.

듀크, 제임스, 서울대학교 사회학연구실 역, 《권력과 갈등: 갈등론적 사회학의 전개》, 법문사, 1979(1985).

버거, 피터, 김진균 옮김, 《제3세계의 희생: 그 발전과 정치윤리》, 인동, 1980.

터너, J. H., 김진균 외 공역, 《사회학 이론의 구조》, 한길사, 1980(1982, 1989).

클레그, 스튜어드·데이비드 던클리, 김진균·허석렬 공역, 《조직사회학》, 풀빛, 1984.

□ 그 밖의 글들

고은, 《만인보 13, 14, 15권》, 창비, 2010.

김경동, 〈격변하는 시대에 한국 사회학의 역사적 사명을 묻는다—한국 사회학 50년의 회고〉, 《한국사회학》 제40집 4호, 2006, 5~6쪽.

김백영·김민환·채오병 외, 《한국 사회사, 역사사회학의 미래를 말한다—사회사·역사사회학 신진연구자 집담회》, 《사회와 역사》 100호, 2013, 103~152쪽.

김용학, 〈사회학 이론 및 방법론 연구〉, 대한민국학술원, 《한국의 학술연구: 정치학·사회학》, 대한민국학술원, 2008, 436~467쪽.

김인수, 《서울대학교 사회발전연구소 50년사, 1965~2015》, 한울아카데미, 2015.

김일철 외 12인, 〈심포지엄 보고: 한국 사회학 어디로 가야 하나〉, 《한국사회학》 22집, 1988년 여름호, 205~227쪽.

김진균기념사업회 편, 《김진균 기념사업회 백서: 2004~2015》, 진인진, 2017.

김필동, 〈75학번의 수업시대〉, 서울대학교 사회학과 60년 편집위원회, 《다시 출발선에 서서: 동문들이 쓰는 사회학과 60년》, 선인, 2006, 290~301쪽.

박노영, 〈나는 아직도 마르크스주의자다〉, 《경제와 사회》 111호, 2016, 335~361쪽.

백승욱, 〈서평: 사상사 부재의 한국 현실에 대한 성찰의 요구—연광석, 《사상의 분단: 아시아를 방법으로 박현채를 다시 읽다(나름북스, 2018)》, 《경제와 사회》 123호, 2019년 가을호, 419~435쪽.

신광영, 〈한국 계층과 계급연구사〉, 이화여자대학교 한국문화연구원 편, 《사회학 연구 50년》, 혜안, 2004, 93~129쪽.

염무웅, 《문학과의 동행》, 한티재, 2018.

이시재, 〈한국 사회학의 발전변동론 연구〉, 《한국사회학》 19집, 1985년 여름호, 49~72쪽.

이종오, 〈김진균 선생님의 추억〉, 《벗으로 스승으로》, 문화과학사, 2005, 159쪽.

이지영, 〈신년 연속 인터뷰—그가 남긴 자리: '토착 사회학' 일군 김진균 서울대 교수〉, 《교수신문》 2003년 1월 11일.

임현진, 〈우리 시대의 대인 김진균〉, 《벗으로 스승으로》, 문화과학사, 2005, 265~266쪽.

유초하, 〈발문—역사 현실을 껴안는 통합학문의 길〉, 김진균, 《한국의 사회 현실과 학문의 과제》, 문화과학사, 1997, 299~302쪽.

유팔무·김호기, 〈한국 비판사회과학의 궤적, 1988~1998〉, 학술단체협의회 편, 《한국 인문사회과학의 현재와 미래》, 푸른숲, 1998, 97~124쪽.

윤상철, 〈한국의 비판사회학, 1998~2008〉, 《경제와 사회》 85호, 2010, 121~151쪽.

이기홍, 〈사회현실과 사회이론: 김진균의 '연줄 결속체' 개념을 범례로〉, 한국산업사회연구회 편, 《사회이론과 사회변혁》, 한울, 2003, 223~248쪽.

정수복, 《의미 세계와 사회운동》, 민영사, 1994.

_____, 《한국인의 문화적 문법》, 생각의나무, 2007.

_____, 〈한완상과 비판사회학의 형성〉, 《한국사회학》 51집 1호, 2017, 359~398쪽.

조돈문, 〈계급론자, 연구자·활동가로 살아가기〉, 《경제와 사회》 123호, 2019, 445~468쪽.

_____, 이수봉 엮음, 《민주노동운동 20년: 쟁점과 과제》, 후마니타스, 2008.

조희연, 《박정희 개발독재 시대》, 역사비평사, 2007.

_____, 《동원된 근대화》, 후마니타스, 2010.

한국산업사회연구회 편, 《사회이론과 사회변혁》, 한울, 2003.

_____, 《노동과 발전의 사회학》, 한울, 2003.

홍성태, 《김진균 평전—민중을 위한 학문과 실천의 삶》, 진인진, 2014.

_____, 〈1990년대 한국사회와 김진균〉, 한국산업사회학회 엮음, 《사회이론과 사회변혁》, 한울, 2003, 13~34쪽.

Yoon, Jeong-Ro, "In Search of Identity in Korean Sociology", *Contemporary Sociology*, Vol. 26, No. 3, 1997, pp. 308~310.

부록

김경동, 〈격변하는 시대에 한국 사회학의 역사적 사명을 묻는다: 한국 사회학 50년의 회고〉, 《한국사회학》 제40집 4호, 2006, 1~18쪽.

김영모, 〈한국에 있어서 사회학 교육의 과제〉, 《한국사회학》 24권 1호, 1990, 1~6쪽.

강희경, 〈시대와 불화하는 사회학과 교육: 취업률 중심으로 살펴보는 전문성 시대와 일반성 추구간의 부조화〉, 《지역사회학》 14권 1호, 2012, 37~72쪽.

김호기, 《세상을 뒤흔든 사상》, 메디치미디어, 2017.

_____, 《현대 한국 지성의 모험》, 메디치미디어, 2020.

권재원, 《쓸모 있는 인문 수업, 사회학》, 이룸, 2016.

김규원, 〈한국의 사회학과 지방 사회학의 자리매김을 위하 하나의 주장〉, 《우리 사회 연구》 1호, 1993, 7~20쪽.

김홍중, 《은둔기계》, 문학동네, 2020.

노명우, 《세상 물정의 사회학》, 돌베개, 2015.

민문홍, 〈21세기에 다시 읽는 에밀 뒤르케임의 사회학—한국 사회학의 새로운 이론적 위상 정립을 위하여〉, 《사회이론》 58호, 2020년 가을/겨울, 333~407쪽.

바우만, 지그문트, 《사회학의 쓸모》, 서해문집, 2015.

박길성, 《한 사회학자의 어떤 처음》, 나남, 2020.

_____, 〈공동체의 미래를 디자인하는 사회학〉, 《한국사회학》 54집 1호, 2020, 1~25쪽.

박영신, 〈정복자와 노예—'시장 유추'에 묶인 대학의 운명〉, 《현상과 인식》, 25권 4호, 2001, 55~84쪽.

박홍규, 〈교양과 교양교육의 방향〉, 《인문연구》 49호, 영남대학교 인문학연구소, 2005 77~105쪽.

버거, 피터, 한완상 옮김, 《사회학에의 초대》, 현대사상사, 1977.

_____, 노상미 옮김, 《어쩌다 사회학자가 되어》, 책세상, 2012.

버거, 피터·루드빅 켈너, 임현진·김문조 옮김, 《사회학의 재해석: 방법과 사명에 관한 에세이》, 한울, 1984.

벨라, 로버트, 김명숙 등 공역, 《미국인의 사고와 관습: 개인주의와 책임감》, 나남, 2001.

변종헌, 〈시민성 함양을 위한 교양교육의 과제〉, 《윤리연구》 84호, 2012, 193~216쪽.

부르디외, 피에르·로제 샤르티에, 이상길·배세진 옮김, 《사회학자와 역사학자》, 킹콩북, 2019.

송호근, 〈학문 후진성에 대한 지성사적 고찰: 사회학 혹은 사회과학의 역사적 존재와 출구〉, 일송기념사업회 편, 《한국 인문·사회과학 연구, 이대로 좋은가》, 푸른역사, 2013, 91~132쪽.

오찬호, 《우리는 차별에 찬성합니다》, 개마고원, 2013.

_____, 《나는 태어나자마자 속기 시작했다》, 동양북스, 2018.

윤여일, 《광장이 되는 시간》, 포도밭출판사, 2019.

이기라, 《프랑스 교양교육의 역사와 이념: 인문교양에서 시민교육으로》, 《한국교육》 42권 2호, 2015, 5~28쪽.

이상길, 《상징 권력과 문화: 부르디외의 이론과 비평》, 컬처룩, 2020.

이재열, 《다시 태어난다면, 한국에서 살겠습니까》, 21세기북스, 2019.

이황직, 《서재필 평전: 시민정치로 근대를 열다》, 신서원, 2020.

이철승, 《불평등의 세대》, 문학과지성사, 2019.

_____, 〈세대, 계급, 위계: 386세대의 집권과 불평등의 확대〉, 《한국사회학》 53권 1호, 2019, 1~48쪽.

전병근, 〈석학 인터뷰: 이태수, 인문학이란 무엇인가?〉, 《조선비즈》 2014년 10월 25일.

전상진, 〈사회학과 사회진단: 사회학적 시대진단의 학술적 사회적 쓸모에 대한 독일 학계의 논의를 중심으로〉, 《한독사회과학논총》 21권 3호, 2011, 107~134쪽.

장덕진, 〈행복해도 괜찮아: 학생들에게 주는 교육사회학〉, 송호근 외, 《위기의 청년 세대: 출구를 찾다》, 나남, 2010, 43~108쪽.

정수복, 〈현대 프랑스 사회학의 한국적 수용을 위하여—피에르 부르디외와 알랭 투렌을 중심으로〉, 《동향과 전망》 봄/여름 합본호, 1993, 259~276쪽.

_____, 《한국인의 문화적 문법—당연의 세계 낯설게 보기》, 생각의나무, 2007.

_____, 《응답하는 사회학: 인문학적 사회학의 귀환》, 문학과지성사, 2015.

_____, "질적 자료를 활용한 창조적 글쓰기", 《문화사회학의 관점으로 본 질적 연구방법론》, 휴머니스트, 2018, 378~404쪽.

정태석, 《행복의 사회학》, 책읽는수요일, 2014.

조귀동, 《세습 중산층 사회》, 생각의힘, 2020.

최종렬, 《복학왕의 사회학》, 오월의봄, 2018.

한국사회학회 편, 《21세기의 한국 사회학》, 문학과지성사, 1994.

홍춘욱·박종훈, 《밀레니얼 이코노미》, 인플루엔셜, 2019.

Bernard, Luther, L, "The Teaching of Sociology in the United States", *American Journal of Sociology*, No. 15, 1909, pp. 164~213.

Besnard, Philippe, "La sociologie en manuels", *Revue française de sociologie*, Vol. 32, No. 3, 1991, pp. 493~502.

Burawoy, Michael, "For Public Sociology", *American Sociological Review*, Vol. 70, No. 1, 2005, pp. 4~28.

_____, "Forgong Global Socioligy From Below", Sujata Patel ed,, *The ISA Handbook of Diverse Sociological Traditions*(London: Sage, 2010), pp. 52~65.

Connell, Raewin, "Learning from Each Other: Sociology on a World Scale", Sujata Patel ed., *The ISA Handbook of Diverse Sociological Traditions*(London: Sage, 2010), pp. 40~51.

Fisher, Claude, "Letters from Editor", *Contexts*, Vol. 1, Issue 1, 2002, p. iii.

Gans, Hebert, "Public Sociology and its Publics", *The American Sociologist*, Vol. 47, No. 1, 2016, pp. 3~11.

Granovetter, Mark, *Getting a Job: A Study of Contacts and Career*(Chicago: University of Chicago Press, 1974).

Kim, Jae-Woo, "The Structural Change of Korean Academic Sociological Community", *Korean Journal of Sociology*, Vol. 43, No. 6, 2009, pp. 45~72.

Lipset, Seymour Martin, *Political Man: The Social Bases of Politics*(New York: Anchor Books, 1960).

Mills, C. Wright, *The Sociological Imagination*(Oxford: Oxford University Press, 1959).

Park, Robert and Ernest Burgess, *Introduction to the Science of Society*(Chicago: University of Chicago Press, 1921).

Touraine, Alain, *Production de la Société*(Paris: Seuil, 1975).

찾아보기

【ㄱ】

찾아보기

찾아보기

비판사회학의 계보학 — **한국 사회학의 지성사 3**

2022년 1월 9일 초판 1쇄 인쇄
2022년 1월 19일 초판 1쇄 발행
글쓴이   정수복
펴낸이   박혜숙
펴낸곳   도서출판 푸른역사
　우) 03044 서울시 종로구 자하문로8길 13
　전화: 02)720－8921(편집부) 02)720－8920(영업부)
　팩스: 02)720－9887
　전자우편: 2013history@naver.com
　등록: 1997년 2월 14일 제13–483호

ⓒ 정수복, 2022

ISBN 979－11－5612－211－1 94330
ISBN 979－11－5612－208－1 94330 (SET)